FREEDOM OF
TEACHING AND
LEARNING IN FIVE AREAS
THE NEW JUNIOR HIGH SCHOOL

"五大解放"

初中学校新样态

汪建红　屈　强　等著

ZHEJIANG UNIVERSITY PRESS
浙江大学出版社

序

现代学校教育发轫于工业革命,诸如"效率至上""批量制造""标准化生产"等工业革命特征深深地影响着传统教育,并渗入学校管理的方方面面,表现为以知识传授为主导的班级授课制和统一标准、统一内容、统一进度和统一评价的管理样态。

这些年来,通过改革开放和理念转变,人们已逐渐认识到:传授知识并不是学校教育的终极目标,"育人"比"育分"更重要;学生是具有多样化诉求的群体,学校教育需要满足学生的兴趣与特长,促进学生的适性发展;教育或教学方式必须与时俱进,必须充分应用当代社会的新技术、新成果来改造教育,提高教育的成效……

杭州市十三中教育集团是省城一所高质量的初中,也是一所锐意改革的名校。自世纪之交以来,这所学校一直在追求自身的变革,从单项改革到整体改革,从教学改革到课程改革,从未间断。经过近 20 年的执着探索,学校初步形成了以"五大解放"为标杆的办学模式,经过认真梳理和总结写成的《"五大解放":初中学校新样态》这本新作,从一个侧面为我们展示了一所基层学校的教育追求与情怀。

就学校教育而言,长期以来形成的应试教育模式事实上已成为学生健康成长的枷锁,当下教育中出现的种种乱象,例如课业负担过重,高分低能,分数GDP,苦学苦教甚至厌教厌学,等等,究本溯源盖因应试教育使然。因此,在社会已进入信息化、多样化的今天,在个性化发展成为社会共识的今天,学校教育亟待反思,亟待做出变革,把学生从应试教育的桎梏下解放出来。在这个意义上,杭州市十三中教育集团的探索就具有格外重要的价值。

我以为,在"五大解放"中,最有意义也是最为艰难的是"理念解放"。应试教育的理念是什么?是"师云亦云",是"上所施下所效"。十三中几年前就十分大胆地提出一个振聋发聩的口号："按孩子想象构建现代学校"，这需要勇气，当然更需要自信。事实上，十三中的其他几个"解放"，都是"按孩子想象构建"这一理念的逻辑演绎，是在"按孩子想象构建现代学校"的框架中形成的。我不敢断言学校的种种改革是否都真真切切地体现了"孩子想象"，但至少开启了"按孩子想象构建现代学校"这一新认知，至少迈出了"以学生发展为本"办学宗旨十分坚实的一步。

也正是基于"按孩子想象构建现代学校"这一新理念，分层走班、合作学习、翻转课堂、探究课堂这些新的学习样态才能在这所学校行得通，进而在与其他学校无异的一方校园里深耕，才能让我们浓浓地感受到学子们洋溢出来的勃勃青春活力。通过"五大解放"的探索与实践，读者也许会欣喜地看到十三中悄然发生的种种变化，尤其是在教育教学理念方面的种种"逆袭"，用本书作者的话来说，就是"教师从专制教学到民主教学"，"学生从依赖教学到自主学习"，"课堂从固有模式到混合学习"。虽然这些变化可能还是初步的，但其背后所蕴含的改革势能和创新意义将令世人刮目相看。

万事开头难。我相信杭州市十三中教育集团的改革与探索顺应了教育发展的方向，也坚信在"五大解放"的旗帜下学校的明天会更灿烂，并且因灿烂而更辉煌。

是为序。

方展画

2018 年 1 月

C ONTENTS
目 录

第一章　21世纪学校变革

21世纪,是一个变化的世纪,与时俱进的世纪,杭州市十三中教育集团,这所西湖边的美丽学校,也如西湖的龙井茶一样,在时代的阳光照耀下,迎着风雨,汲取天地之精气,沿着中国改革的大方向,大步奔走在教育的前列。虽然有不少的曲折,但更多的是喜悦,杭州十三中教育集团的人,在天穹的旭日下迈出矫健的步伐,一路上有我们爽朗的欢声笑语……

第一节　学校概况

这是一所老牌学校,许多前人为我们留下了宝贵的文化,在一代代的教师与学生辛勤的耕耘下,每一个春夏秋冬,都留下沉甸甸的丰硕的果实。

一、初高中并存阶段(1969—2000年):夯实基础、立足杭城、超越自我

杭州市十三中教育集团的前身为杭州市第十三中学,创办于1969年。1969年杭州市革命委员会决定停办杭州师范学校并改为普通中学,命名为杭州市第十三中学,隶属杭州市教育局革命委员会领导,时值国家第四次课程改革。1979年,浙江省教育厅决定将杭州市第十三中学改名为杭州师范学院附属中学,归属杭州师范学院党委领导。

"文革"时期,原有课程全部废止,各省、直辖市、自治区自行编订教学计划、教学大纲、教材,处于严重无政府状态,所有课程都以阶级斗争为纲,教材片面突出政治,开设工业基础知识、农业基础知识类的课程,严重破坏了学科科学体系,削弱了基础学科的地位,教学质量低劣。

1984年,浙江省教育厅批准杭州师范学院附属中学为省重点中学。1986年起杭州师范学院附属中学隶属杭州市教育局领导。1994年,被评定为合格

重点中学。1981年第六次课改,颁发《全日制六年制重点中学教学计划(试行草案)》,取消农业基础知识课,开设劳动技术课,高中设置选修课。1985年第七次课改,颁发《中共中央关于教育体制改革的决定》,教科书制度由"国定制"向"审定制"转变,一纲多本。1986年《中华人民共和国义务教育法》颁布,人民教育出版社编写出版了新教材——第七套中小学通用教材。1988年颁发《义务教育全日制小学初级中学教学计划(试行草案)》[1992年更名为《九年义务教育全日制小学、初中课程计划(试行)》],并对九年制义务教育各科教学大纲修改审定,据此编写出版了第八套中小学教材。

1995年5月,因初中入学高峰,仅公办初中已不能满足社会的需求,随着教育体制改革的展开,杭州市教委批准筹建杭州民办公益中学,同年9月招收初一学生,教育教学管理依托杭州师范学院附属中学,由杭州师范学院附属中学教师任教。1997年,杭州师范学院附属中学被浙江省教育委员会批准为浙江省一级重点中学。

二、21世纪教学改革(2000年至今):立足需求、深化改革

2000年4月,杭州市教育体制改革,杭州师范学院附属中学进行初、高中分离。高中部搬迁至三墩镇,初中部改名为杭州市第十三中学,保留原有校址及设施,划归西湖区教育局领导、管理,其中包括杭州师范学院附属中学分校、杭州民办公益中学。2000年9月,学校举行"杭师院附属二中"授牌仪式,从此"杭州市第十三中学"又名"杭师院附属二中"。

第八次课改是新一轮基础教育课程改革,是新课改的全称,新课改的目的就是要在21世纪构建起符合素质教育要求的基础教育课程体系。全面贯彻中共中央、国务院提出的"深化教育改革,全面推进素质教育"。新课改主要有六大"改变":课程目标、课程结构、课程内容、课程实施、课程评价、课程管理等改革。十三中也走在课改的前列,主动进行课程改革。

学校抓住第八轮课改的历史机遇,除了响应国家课程改革之外,学校内部也进行课堂教学改革,并取得不错的成绩。2003年,时任浙江省省委书记习近平同志视察了杭十三中,习近平同志在时任杭州市委书记王国平、市长蔡奇、市教育局局长徐一超、西湖区教育局局长胡吉春等有关领导陪同下,来到杭十三中看望全体教师。校长汪建红代表全体教工向省市领导介绍学校的发展。习近平同志对学生的社团活动表现出了极大兴趣,鼓励孩子们好好学习,并接受学生自己动手制作的作品。他强调,要因材施教,关爱每一个孩子,培

养优秀学子,鼓励我们大胆改革,放眼国际,积极吸取国内外优秀的办学经验,办好老百姓家门口的优质学校。

2004年4月,西湖区教育局撤销杭州市第十三中学,成立杭州市十三中教育集团(总校),集团下设杭州市第十三中学、杭州市丰潭中学和杭州市公益中学。集团隶属西湖区教育局领导、管理,是兼容公办和民办两种办学体制的全日制初级中学教育集团,下辖国有公办的杭州市第十三中学、杭州市丰潭中学两所学校,有杭城初中教育的"航空母舰"之称。

2007年12月,集团与杭州师范大学决定将"杭师院附属二中"改名为"杭州师范大学附属十三中教育集团",现在"杭州市十三中教育集团"又名"杭州师范大学附属十三中教育集团"。2012年9月,杭州市公益中学独立办学;2013年7月,杭州市嘉绿苑中学创办;2015年9月,杭州市丰潭中学独立办学。

学校严格遵照教育规律和法律法规办学,坚持"规模和效益"并举,"优质和特色"共生的办学理念,让学生获得最大限度的发展,学校也得到社会和政府的认同,各级领导也纷纷来校调研和指导。2013年9月7日上午9点10分,时任北京市委常委、市委教育工委书记苟仲文同志一行在浙江省委常委、宣传部部长葛慧君,浙江省委教育工委书记、省教育厅厅长刘希平等省市区有关领导的陪同下,莅临十三中视察工作,总校长汪建红等校领导热情地接待了各位来宾。本次考察,各社团学生充分展示学校学子积极向上、开拓创新的精神,苟仲文同志一行对学校的"按孩子的想象构建现代教育集团"的办学理念给予了高度评价,认为学校社团活动丰富多彩,内容翔实,符合学生成长规律,成绩突出,很有特色。各位领导也希望十三中能继续坚持社团的发展,争取在新一轮推进学生全面发展方面做出更大的贡献(见图1-1)。

2015年9月10日,正值第31个教师节,带着对教育事业的重视和对人民教师的关爱,上午9点15分,时任浙江省委书记、省人大常委会主任夏宝龙在省委常委、宣传部部长葛慧君,杭州市市长张鸿铭,浙江省教育厅厅长刘希平,杭州市教育局局长沈建平,西湖区区委书记王立华,西湖区教育局局长钱志清等省、市、区领导的陪同下来到杭州市十三中教育集团,亲切慰问辛勤耕耘在教育一线的教职工,并代表省委、省政府向全省广大教育工作者致以节日的问候。夏书记强调要把学生当小树一样呵护,也希望十三中继续保持改革精神,只有通过不断的改革,才能培养出更高质量的学生。现在的孩子都很聪明,掌握的信息量也很大,教育好现在的孩子是不容易的,他们一个个都是"小精灵",希望十三中的老师们能把"小精灵"培养成"大栋梁"!

图 1-1　2013 年 9 月 7 日，时任北京市委常委、市委教育工委书记苟仲文同志一行前来视察

2016年9月10日,在第32个教师节来临之际,带着对教育事业的关心和对人民教师的关爱,时任浙江省省长李强同志在浙江省教育厅厅长刘希平、西湖区区委书记王立华、西湖区教育局局长钱志清等省、市、区领导的陪同下轻车简从来到杭州市十三中教育集团,亲切慰问辛勤耕耘在教育一线的教职员工,并通过他们向全省广大教育工作者致以节日的问候和祝福。李强说:"非常高兴来到十三中教育集团,这是我第一次来到这个学校,但十三中的名气我是早有耳闻,规模庞大,有杭城初中教育的'航空母舰'之称。每个人一生接受教育,从小学到初中、高中,乃至大学,初中阶段是关键的阶段,孩子们在这里学知识,学做人,健康快乐成长,十三中就担负起了这样的责任,教师们兢兢业业为学生的发展付出了辛勤的汗水。希望我们的教育事业能在大家的共同努力下更上一层楼。在这里,我衷心地祝福你们教师节快乐!"

应教育国际化要求,拓宽教育视野,更新教育理念,搭建中加校际交流平台,分享国际教育资源,构建开放合作的办学格局,推进学校教育教学改革,进一步落实新一轮"百校结对"工作,推进杭州市教育国际化进程。2009年2月,学校师生20余人赴澳大利亚墨尔本,进行交流。2009年4月24日,西澳教育部副部长等一行在浙江省教育厅蒋副厅长陪同下,来到集团进行了友好交流访问。2009年10月,美国"全球印第安纳"教育交流协会来学校进行为期三天的交流。2012年、2013年、2014年、2015年,连续4年教育集团学科优秀教师分赴国外进行交流、培训与指导工作:英语教师陈慧倩、王晓婷、李节丹、杨晓娟、向海英,分别前往英国与澳大利亚进行英语语言与教学的培训;科学教师汪建红、邓敬东受邀前往马来西亚进行学术交流与科学教程的指导工作;美术教师马俊杰赴英国参加艺术类学科的交流与进修;科学教师汪建红赴德国参加科学学科培训;体育教师陈鑫、庞中治、王敏珍、竺鸣峰、刘强等赴日本参加棒球运动以及裁判员培训等。2009年至2015年,十三中教育集团每一年举行国际棒球比赛,分别与日本、美国、新加坡、加拿大、俄罗斯等国家与地区进行友谊比赛。2012年11月20日,新加坡德明政府中学的20余名师生来学校访问学习(见图1-2)。此次交流活动,促进了中新双方师生对彼此的认识与了解。新加坡师生在活动中更加真实地了解了中国,增添了对中国文化的兴趣。两校的合作与交流活动也为两国人民的友谊注入了新的活力。2015年8月,杭州市十三中教育集团与加拿大高贵林市城堡中学在杭州市教育局的牵线搭桥下成功结对签约(见图1-3)。双方表达了在各领域互相学习、互相促进、共同发展的美好愿望,既增进了了解,又加深了友谊。

图 1-2　2012 年 11 月 20 日 新加坡德明政府中学师生访问十三中

图 1-3　2016 年十三中接轨国际教育，与加拿大高贵林市城堡中学结对签约

　　2012 年 10 月 18 日，新加坡皇庭国际学校老师来访，双方表达了在教学、艺术等方面加强合作与交流的意愿（见图 1-4）。

　　目前十三中教育集团下属两所学校，各个中学办学均有一定独立性，有自己独立校舍、独立配套硬件设施及固定的师资队伍，校园环境幽雅，现代化教育教学设施完备，已达到一类重点中学配备标准。

　　集团师资力量雄厚，在 200 多名专任教师中，本科及以上学历占 93％。其中有特级教师两名，全国优秀教师一名，省名师培养人选三名，省教坛新秀一名，市学科带头人 20 余名，市教坛新秀 20 余名，区级名师 80 余人，中高级教师占 80％以上。

　　集团是浙江省首批行为规范达标学校、首批省文明学校、首批省校本教研示范学校、省现代教育技术实验学校、省绿色学校、省对外交流理事单位，杭州

图 1-4　2012 年 10 月 18 日 新加坡皇庭国际学校老师来十三中访问

市对外开放学校、市文明学校、市文明单位等。在迄今已举行的三次杭州市"百万家长评学校"活动中均荣获"最满意学校"称号。

集团努力构建"团结、和谐、宽容、大气"的校园文化,在这样一种和谐的氛围中,集团全体师生都获得了充分发展,教师们在业内茁壮成长,学生们在各级各类竞赛和活动中载誉而归。

集团更重视学生整体素质的培养和提高,学生在各级各类艺术、体育、科技比赛中成绩令人瞩目,棒球运动成为集团的特色体育项目。多次出访俄罗斯、日本、韩国,2014 年 8 月集团成功举办了第九届国际少年棒球邀请赛。2015 年 7 月集团棒球队参加了在日本福井县举行的国际少年棒球邀请赛。

三、学校快速发展的启示

(一)"扁平化"管理机制——优质教育的根本管理机制

杭州市十三中教育集团从最初的连锁办学到集团化运转的过程中,不断改善职权配置,学校组织结构是紧密型的,管理机制是扁平化的,实行的是"条条管理,块块落实,条块结合,统筹协调"的管理模式。从 1995 年连锁办学开始,学校统一设置党、政、工校级领导,总校长全面负责集团工作,对集团的人、财、物统一管理,管理权相对集中,四位副总校长从线上分管集团一条线,块上分别负责一个下属学校的日常工作。下属学校只设中层部门,将管理的重心放在各校区年级组、教研组。扁平化的管理网络,保证了集团的高效运作。

十三中教育集团下辖的学校都是集团理事会领导下的校区,一个法人、一个章程、一套班子、一个思路、三个完整的年级建制。三所学校在集团总校长（集团法人）的带领下，下设集团办公室、集团德育分管校长、集团教学分管校长、集团行政后勤分管校长和集团科、体、艺分管校长；他们负责在各条线上对集团做出总的规划和发展，同时又担任各校区校长、副校长负责各校区日常工作的管理。集团的这一"条条管理，块块落实，条块结合，统筹协调"的管理方法科学合理，资源共享，校区各有特色，运作稳定，达到和谐发展。

现集团化办学的组织架构，主要呈现以下几种方式。

1．"条块结合"的网状组织架构

集团统一设置党、政、工各条线，总校长全面负责集团工作，对集团的人、财、物有统一的支配权；几位副总校长面上分管集团的一条线，块上分别负责一个下属学校日常工作的开展。下属学校只设中层部门，将管理的重心放在年级组、教研组。网状的组织架构，保证了集团的高效运作。

从图 1-5 可以看出，这种组织架构要求集团负责人承担一条线和一个点的工作，其优点在于集团可以对所属学校进行有效的调控，有利于集团所属的各个学校间均衡发展，优质发展。

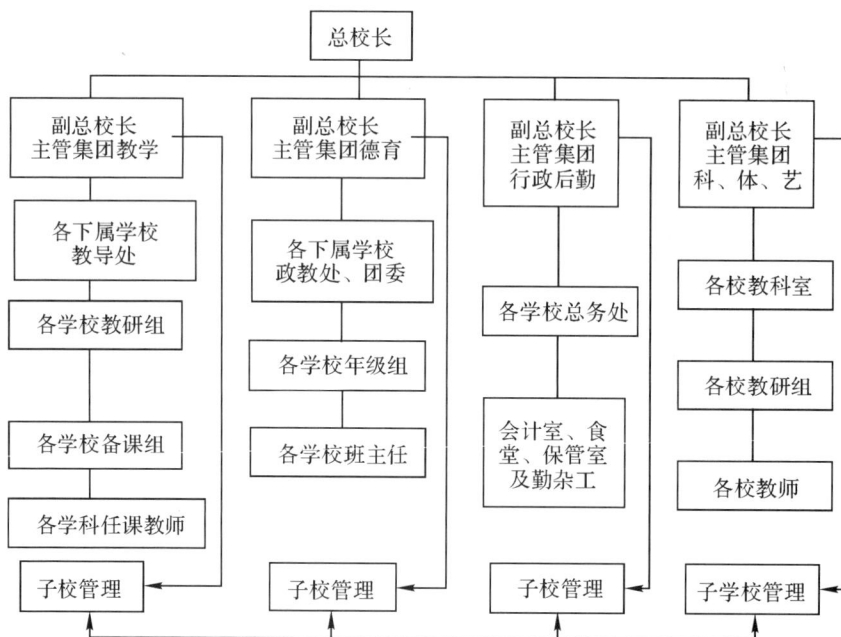

图 1-5 "条块结合"的网状组织架构

2."重心下移,放大中间管理层功能"的扁平化组织架构

这种组织架构实际上是以块为主的管理。从一定意义上可以说,这是吸取了工程管理的思路,将集团方方面面的工作归并为若干个模块,然后竞聘一批中层干部,分别负责一个工作模块;由集团负责人协调各个工作模块之间的关系。由于管理层次减少,各职能部门之间的内耗减少,依赖性减弱;组织结构中不会因为某一职能部门的突然缺损而导致组织瘫痪。显然,这种组织架构更有合理性,更符合专业治理的要求。

3."动、用、活"是优质教育的有效管理机制

杭州市十三中教育集团作为西湖区乃至杭州市最早的一批教育集团,能够可持续地和谐发展并树立和谐的集团教育品牌,关键取决于集团有效的管理机制及和谐的校园文化。从集团的成功发展中总结出"动、用、活"三个字。

所谓"动",就是在集团中让干部、教师、学生流动起来,使他们成为集团文化的传播者、实践者,让集团文化在集团的各下属学校生根开花。通过流动,使干部得到更多的锻炼机会变得更成熟,成为独当一面的精兵强将;通过流动,把教师放到最合适的岗位,达到教师发展的最大化,使教师更优秀;同时,让学生流动起来,使学生能享受更多的优质教育资源,潜能得到最大限度的发展。通过流动让干部、教师、学生有了更大的发展空间和平台。

所谓"用",就是人尽其才,物尽其用。仅仅让干部、教师、学生流动起来还不够,还必须在"动"的基础上"用"起来,使每一个人在最合适的岗位上发挥作用,即用好人。如集团特级教师、优秀骨干教师在各校区流动上课,开设的讲座在各校区巡回演讲,各校区的教育教学资源共享,制作的文化宣传展板在各校区巡回展出,集团的社会实践中心(内设有钳工车间、手工制作车间、陶艺作坊、航模制作中心等)各校区学生共享,优良的体育设施如羽毛球馆、射击馆、棒球场等也是各校区共享。此举优化了资源,提高了利用率,最终使学生受益、学校发展。

所谓"活",就是集团化办学使学校各项工作都活起来。做到人好用,资金得到盘活,每一两年改造一所学校,使下属校区有序发展,面貌焕然一新;逐年为教师解决一两件实事,使集团的教师能够安居乐业;盘活已有成果,中考、竞赛、文体艺等方面的成绩,一所学校取得,全集团共享,各校师生均以集团为荣;人事制度灵活,每年引进教师采用民办签约形式,进校实际考核后再通过公办招考吸收,优胜劣汰,确保教师队伍的良性循环。

(二)"以人为本、和谐发展"的办学理念——优质教育的灵魂

"以人为本"理念,就是在十三中教育集团的发展中树立"学生第一,教师

第一"的理念。强调"学生第一"，就是大力推进素质教育，在教育教学活动中真正确立学生的主体地位，尊重学生的学习权利，促进学生充分、全面、多元、终身发展和允许有差异的发展；就是要特别注重研究"学生的学"，为每个学生提供适合的教育。强调"教师第一"，就是要引导教师关注教学，尊重科学规律；就是要尊重教师的个性发展，给教师提供更为广阔的活动空间，为教师的专业发展搭建舞台。所以，我们教育集团的教师、学生培养模式，由原来的金字塔模式过渡为现在的同心圆结构(见图1-6)。

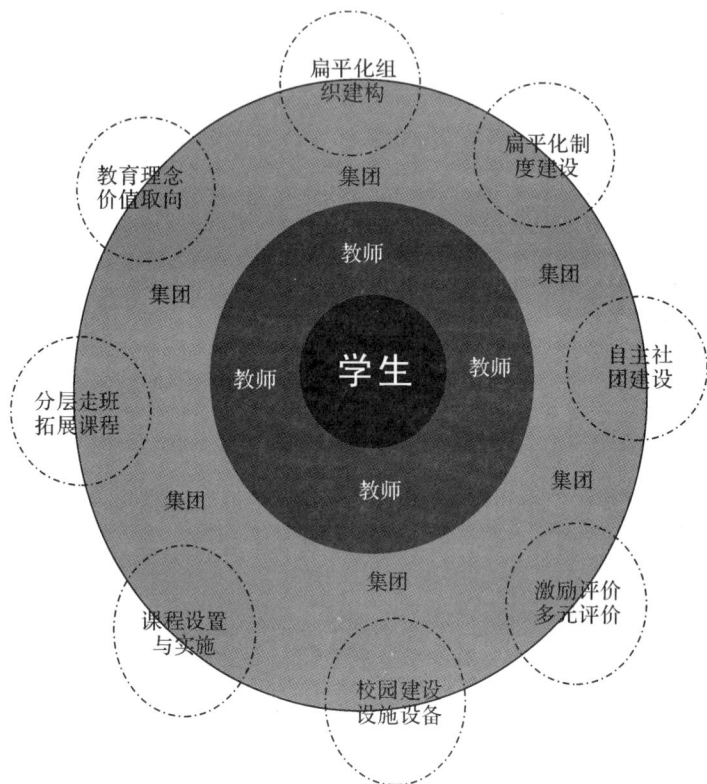

图1-6　学生第一和教师第一架构

营造和谐的学校文化，就是以整体优化的观点协调各基本要素，找到一条融合自然性、生态性、人文性、发展性的协调途径。其根本在于人的素质，即人之和谐。学生和班级，学生和学生，学生和家长，学生和老师的关系，决定着他们求学过程中的人际氛围，影响着他们的身心成长。

教育集团内部，不同校区，不同的办学体制，不同的劳动用工形式，教师员工的内部流动，包括招聘、解聘、低职高聘、高职低聘等，都很容易产生矛盾，所以,这种文化的倡导,是必要的。

集团文化建设,实际上就是集团校园精神的塑造过程,体现着一个学校的精神风貌。图1-6体现了十三中教育集团"以人为本,和谐发展"的教育理念。集团的理念,方针政策,集团文化建设,集团制度建设,集团所有活动策划设计,集团所有项目制定、设置和集团课程设置、集团各种组织管理,始终围绕着学生和教师的发展这一中心,坚持以人为本的原则。在整个集团的管理中创造适合教师发展的管理,创造适合学生发展的教育。让每个师生在十三中教育集团中都能享受到生命成长的快乐。

正是在"以人为本,和谐发展"这一教育理念的引领下,结合集团的具体实际,集团着重从物质文化、理念文化、制度文化和活动文化四个维度,系统构建符合时代发展要求的、具有鲜明的十三中教育集团特色的和谐校园文化建设体系(见图1-7)。

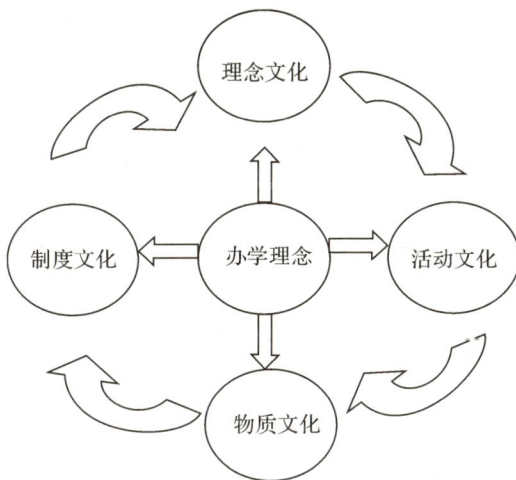

图 1-7　校园文化构成

"以人为本"理念引领着集团对良好的校园文化的追求。良好的校园文化建设,具有对学生、学校成员内在的激励作用,催人奋进;对不良的心理倾向和行为具有强大的抵御力量。

进入十三中校门,映入眼帘的是右侧教学楼上的"学会学习、学会做事、学会生存、学会合作、学会改变"的学习生活目标,以及学校的校标雕塑——雏鹰展翅。整个校标雕塑,呈现积极向上的精神,富有动感和艺术感,是学校追求大气开放文化精神的展现和学校团结和谐凝聚力的体现。现在,这个校标已经糅合在新的金色雕塑图案里。雕塑的左下方,镌刻着八个遒劲有力的大字:

"团结、和谐、宽容、大气"，这是十三中教育集团在创新理念引领下集团文化的精髓。

（三）"团结和谐、宽容大气"文化辐射——优质教育的基础

1. "团结和谐、宽容大气"文化积淀

15年磨合是集团稳定发展的基础。20世纪90年代中期，杭州市区出现初中入学高峰，为缓解压力，经杭州市教育局批准，在1995年5月成立了以自身为依托的民办杭州公益中学，开始连锁办学、两种机制运行的探索。随着杭州市城市化进程的加快，新建小区配套初中优质教育资源匮乏的矛盾开始显现，1996年9月，十三中又接受了古荡小区配套初中杭州师范学院附中分校（现丰潭中学）的办学任务。也就是说2004年5月在杭州市十三中教育集团正式成立的时候，三所学校就已经磨合了近十年，经历了三种不同的历程：一是经历了教学管理、教学目标、教学计划的整齐划一到办学理念一致，教学目标统一，具体实施策略、实施途径根据各自情况灵活开展的发展历程。二是经历了学校内部教学上的不良竞争，引起资源共享的矛盾到集团内实现淡化内部竞争，强调和谐发展，实现资源有效共享的磨合，到朝着有共同的办学愿景同步发展的历程。三是经历了2000年杭州市初、高中分离时只有80多名教师到现在的近300名教师，并且这些教师都是来自于浙江省内乃至全国各地，从每位老师文化背景的不同，对学校认同感的差异，到现在"团结和谐，宽容大气"校园文化的形成，教学理念、价值取向等方面已达成共识，走向学生、教师和学校和谐发展的历程。

2. 创建校园的和谐校园生态环境，促进现代集团教育品牌的树立

营造和谐发展的教育生态环境的基本途径是建立社会化的育人体系，校园和谐生态系统建设是以学生为中心，整合利用自然资源和社会资源，注重教育对象和教育主体的内省，实现师生和谐统一、师生与学校的和谐统一、学校与社会的和谐统一。通过整合自然环境，使学生在优美的自然环境中受到熏陶，增强学生关注环境及促进环境与内心世界和谐的意识。

通过整合社会资源，充分利用十三中教育集团的社会影响力和国际化交流平台，开展国际冬令营和夏令营活动、与其他国家知名中学的交流合作，开拓学生的国际视野。

通过人文资源的整合，开辟十三中教育集团人文校本课程的选修，开展演讲比赛、辩论赛、人文讲座、科研沙龙、"萤火虫"教师读书会等活动，培养师生的人文精神，实现人文素养与科学精神的统一。

通过个体环境优化,充分利用老师学生的体育运动会和体育文化艺术节等活动,激发教师、学生的自信、团结、合作意识,树立和谐的集团教育品牌意识。

以上几个途径是相互联系、相互制约的,共同构成为一个有机统一的整体。

3.改造集团三校区的物质文化,彰显优质教育品牌

校园物质文化是促进和谐发展的重要文化载体。现代化的和谐校园环境和教学设施,是校园和谐文化的物化,是校园和谐文化的载体。现代教育既要注重人文主义思想,又要重视人的个性发展,使人和环境达到和谐统一,人和环境产生一种互动效应。环境文化建设要遵循育人为本的原则,建设高雅别致、浸润师生思想、承载学校文化积淀的校园环境。2017年暑假,集团三个校区进行了校园和谐环境文化的再创造和再发展,学校在和谐环境建设中坚持做到"三让",即让绿色永驻、让墙壁说话、让师生生活在如诗如画的校园和谐环境文化之中。如在校园的每一个角落和每一条小路边上都种满了各种各样的花草树木,而且每一根树上都有该树的介绍;而且还由学生自己给校园每一条小道取上不同的名称,如教学楼走向食堂的走道被学生称作"回眸小道";再如实验楼,在实验楼前做了一个"日晷"并给予相关介绍,在每个实验室墙壁上都配有相应的图文和说明(见图1-8);每幢教学楼的每个楼道的墙壁上都有名人警句和相应的美术作品欣赏,还有我们的综艺楼每个教室和社团活动室都有与之配套的装饰(见图1-9);等等。这一切的和谐校园文化载体,处处展示了集团和谐校园文化的凝重、积淀和创新,这一切成为"追求卓越、创造一流"的十三中教育集团的学子们的精神大餐,为创造十三中教育集团的品牌效应奠定了基础。

图1-8　校园一角

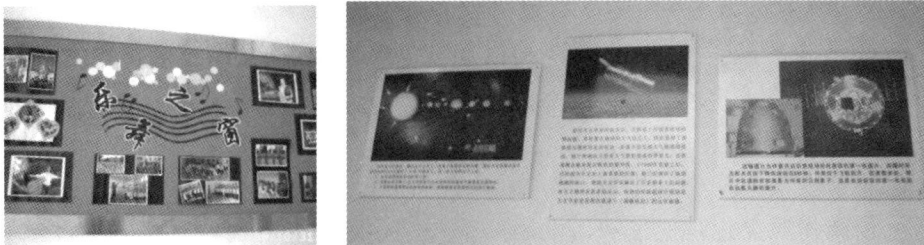

图 1-9　校园文化一瞥

视听欣赏陶冶人。学校团委利用校园广播电视系统,在每天中午 12 点 35 分,分别安排了"美文欣赏""时事纵横""心情驿站""Happy English"等节目,发布学校的重大活动,及时报道国内外新闻,陶冶学生情操,使学生了解学校和社会,提高学生的主人翁意识和责任感。

鲜活素材感染人。展示师生优秀的艺术作品、学校主题教育活动的照片和班级、年级风采;张贴名人故事、励志名言;建立开放式荣誉长廊;让每一面墙说话,增强学生"校荣我荣"的意识。

雅致校景净化人。为了给孩子一个良好的学习环境,丰潭中学先后进行了三期改造工程。走进校园,一条长长的通道在白墙边常春藤的绿色中慢慢舒展开来,深灰色的教学楼、行政楼、综合实践中心、体育馆传递着现代、时尚的气息,中心庭院的十柱喷泉洋溢着生命的灵动,雏鹰展翅的雕塑激励着学子的心。更有那幽静角落的凉亭,葡萄架下的石凳,车库里随手可用的自行车电动充气器……无不体现着简约而温暖的人性关怀,显示着校园管理中细节的魅力。

自然和人文相融,规范和个性齐现。丰潭中学的美,是一种从容淡定、稳重大气、刚柔并济的美。你不自觉地就会想起一位教育家的话:"学校要让年轻人的心激荡,走进学校,应当让人感受一种神圣、魅力和诗意。"

(四)资源高效共享——优质教育的关键

资源高效共享是集团和谐发展的关键。为什么要实行集团化办学,集团化办学的优势在哪里?从 15 年的办学历程来看,实行集团化办学的目的就是为了整合学校资源,扩大品牌教育,让教育资源更迅速、更大面积地"优质"起来,因此,集团对三个校区的人、财、物实行一体化管理。首先,集团对下属三所学校的投入、设备添入、硬件建设实行通盘规划、统筹安排,保证各所学校均衡发展,使三所学校均有良好的教学设施和设备,同时,充分发挥集团办学的优势,2004 年集团对传统的劳技课进行整改,投入 20 多万元在丰潭中学建立了学生综合实践中心,集团所有学生每学期保证有两天时间在综合实践中心开展实践活动,解决了长期困扰学校缺乏实践基地的难题。其次,集团在人力资源、教育教学资源上实现高效共享。在师资队伍建设上一是注重优秀教师的引进,在集团建立人才库;二是对教师进行整体调配,实行适度的流动制,根据不同校区学生的特点、需要,每学年有10%左右的教师合理调配,把每一位教师调到最想去的地方,放到最能发挥其优势的位置,做到人尽其才,同时中层干部实行聘任制,采取集团聘任,各校区轮流使用,校级干部也实行2~3年一次流动。最后,在分配制度上实行统筹安排,保证利益均衡,集团内所有教师,不论在公办学校还是在民办公益中学,不论是有正式编制的教师还是民办签约的教师,在奖金分配、福利待遇和评职评优等方面一视同仁,享受同等待遇。这种做法避免了各校区因分配问题而引发的利益冲突,减少了校区之间的内耗,调动了所有教师的积极性,增强了全体教职员工在学校的归属感和安全感,提升了教师的幸福感,充分体现了集团"团结和谐,宽容大气"的校园文化。

(五)校区特色培育和发展——优质教育的动力

集团的优势是资源共享,发挥了资源最大化的作用,但由于地域文化、生源质量和学生家庭背景不同,各个学校的发展不能整齐划一,跟着口号齐步走,而是根据各个学校的实际情况,形成自己的办学特色。特色办学是今后教育集团发展的方向,也是集团发展的生命线。杭州市十三中学(本校)是集团的龙头学校,严谨的管理制度,良好的校风校貌,较高的师资水平,较高的社会知名度,稳定的教育教学质量已经得到社会的广泛认可,中考的成绩、杭州市后30%学生的抽测、学科竞赛等在杭州市名列前茅。"2+1"阳光兴趣活动和社团活动举办得有声有色。

集团下属丰潭中学以科技为特色,建有杭州市初中所独有的综合实践中心,中心设有陶艺、工艺、金工、模型等多个专用教室,新建了现代化的射击场。集团所有学生每学期保证有两天时间在综合实践中心开展实践活动,以丰富多彩的活动为载体,以全面发展为目标,搭建各种各样的平台,充分培养学生的创新精神和动手实践能力。综合实践中心每年要接待数批省内外前来参观、交流、学习的兄弟学校老师。几年来,丰潭中学在航空航海模型比赛中的成绩在浙江省名列前茅,仅在2006年,丰潭中学参加省、市、区各类航空航海模型、无线电测向、车辆模型等竞赛中取得综合团体、单项团体、个人优胜奖项共60余次。获全国青少年车辆模型锦标赛第二名、浙江省航海模型网络赛二等奖、浙江省无线电测向活动先进集体奖等。综合实践中心教师还根据几年的教学积累,编写了集团的《综合实践活动校本教材》。

集团下属的公益中学是民办学校,利用其办学体制优势为集团的教育技术装备和教师的培养提供了经费支持,公益中学是浙江省特色民办学校,杭州市二类标准化学校,学校近几年实施小班化教学,教学质量稳步提高,得到了社会和家长的一致肯定,2007 年夺得杭州市中考状元;学校秉承"学做人,学知识"的校训,把学做人作为学校办学的首要任务,关注学生德、智、体、美、劳的全面发展;2005 学年开始,本着关注弱势群体,体现教育的公益性和公平性,学校积极倡导感恩和关爱的教育思想,公益中学面向建德市招收了"公益班",使贫困生实现了免费教育。

第二节　21 世纪学校变革之路

十三中课改大致经历三个阶段,即单项试验阶段(2000 年 9 月—2004 年 7 月),整体试验阶段(2004 年 9 月—2011 年 7 月)和全面推进阶段(2011 年 9 月—2017 年)。课改实施的各个阶段均有自己特殊的任务、作用与行动规范,因此需要教育行政部门给出一定的工作计划与规范性意见。

一、单项试验阶段(2000—2004 年):创建学生社团,激发学生学习兴趣

1999 年 6 月中共中央和国务院联合颁布的《关于深化教育改革全面推进素质教育的决定》指出:"国力的强弱越来越取决于劳动者的素质,取决于各类人才的质量和数量。"因此,"实施素质教育,就是全面贯彻党的教育方针,以提高国民素质为根本宗旨,以培养学生的创新精神和实践能力为重点,造就'有理想、有道德、有文化、有纪律'的、德智体美等全面发展的社会主义事业建设者和接班人"。2001 年 5 月国务院颁布《关于基础教育改革与发展的决定》,再次强调要"面向全体学生,加强学生思想品德教育,重视培养学生的创新能力和实践能力,为学生全面发展和终身发展奠定基础"。据此,十三中教育集团提出自己的新要求:希望每一个学生在受教育的过程中获得主动性,不仅学习"知识",更要学习"方法",改变学习方式,发展创造性能力。做出这些举措的背后,则是我们初中学校顺应时代发展、现实处境和对教育转型的理解:国家需要通过教育改革,调整人才战略,以便获取充沛的人力资源,改变其在全球生产体系中的依附和被动地位。

2001年2月,国务院批准《基础教育课程改革纲要(试行)》,标志着我国基础教育课程改革全面启动。杭州市第十三中学遵循"先实践,后推广"的原则,在2001年9月开出综合实践课、社团活动课等,进行了初步的实验;2002年秋季实验进一步扩大到语文、数学;2004年秋季,在对实验工作进行全面评估和广泛交流的基础上,全面推广各个学科,全面进入新课程。

这次课改,学校明确给出了"以学生发展为本"的基本要义:德育、创新能力、实践能力、完善的学习方式以及现代信息技术。课改中,学习的自主性、正确的情感态度、价值观以及由此形成的创新精神和实践能力,构成了此次课程改革所欲赋予学生的基本内容。

对一天有近7个小时在学校里的孩子来说,学生社团活动无疑是他们最喜欢、最享受的一段快乐时光。在每一个校区里都活跃着一些学生社团,有文学社、航模社、音乐社、小记者团、足球队、机器人社团等近50个社团。

2000年,学校尝试设置自主社团,第一个成立的是棒球队,2001年2月,球之魂棒球社就成为浙江省唯一的一支校园棒球队。最初学校只有日本朋友为我们建造的一个简易的棒球场和他们赠送的器材,没有一个老师和学生懂棒球,浙江省内也没有一支棒球队。但学校对棒球相当重视,一方面派老师到日本学习,提高教师的水平;另一方面加强球队的梯队建设,不仅在自己学校招收棒球队员,而且与周边小学合作,挑选优秀的苗子进行棒球训练,还聘请日本的教练定期进行指导,并加强与上海、江苏等兄弟省市的交流。

目前学校了解棒球、热爱棒球的人越来越多了,2005年5月球之魂棒球社正式成立,并吸收大量社员,它已经成为学校的特色项目。社团活动由学生自己组织,定期活动,已成为学校的特色项目和对外交流的一个窗口,并多次参加日、韩、俄等国棒球友谊赛(见图1-10),取得可喜成绩。

学校开展棒球社团活动后,举行一年一度的社团艺术节。恰似春风化雨,迅速得到师生的喜欢,在此基础上成立了排球队,排球社团于2005年发起成立。排球社团以"锻炼身体,愉悦身心,促进交流,增进团结,为本校广大排球爱好者提供一个结交球友、交流球艺、增进友谊的平台"为宗旨,在校内外建立良好的形象。排球社团明确了在学校普及排球运动和培养运动员的重要任务:一方面,承担起培养精英运动员和组织学校排球队的任务;另一方面,以社团会员为基础,开展各种活动,提高会员水平和将更多非会员同学带到排球运动中,将排球运动在校园内带动起来,成为一种大众参与的运动。社团有计划地开展会员培训活动,积极进行校内外交流活动;社团努力营造一种友好的气

图 1-10　学校每年与日、韩、俄等国中学生进行棒球友谊赛

氛,打造一个快乐、积极向上的集体,发展社团的体育文化和人文文化。

　　学校相继设立飞扬乒乓球社、all star 篮球社、面体足球社、UP 摄影社、ET 电脑社、HG 舞蹈社团、IF 机器人社团、FLL 科技社、天韵合唱社团、龚自珍文学社、橘色凉风书画社、绿缘环保社、酷拉拉动漫社、晨曦文学社、飞翔航模社、乐趣遥控车模社团、热火朝天篮球社、飞火流星足球社、乐陶陶陶艺社团、我形我塑手工坊、创想机器人社团、轻舞飞扬健美操社团、美在我身边美术社、最牛小记者社、天堂鸟合唱团、后羿射击社团、v-flying 排球社团、凌鹰鼓乐队、mindstroms 机器人社团、斯伯丁篮球社团、C@C 计算机社团、墨客书画社、墨瞳文学社、S&W、COME ON 网球社、沁园春戏剧社团、心随乒动、棒棒糖英语俱乐部、天行健羽毛球社团、北极星足球社、dancing girl 舞蹈社团、爱光影摄影社团 、墨缘书法社、小农夫乐园、第一乐章社团、浦悦社团、FRI 素描社、瞬间摄影社、春江文学社、敏星篮球社等(见图 1-11、图 1-12)。

图 1-11 音乐社团

图 1-12 动漫社团

在课程的分类上,增设了"综合实践活动",它包含了比过去的"活动课"丰富得多的内容:研究性学习、劳动技术教育、社区服务和社会实践。其中最为新颖的,莫过于"研究性学习"。为了能够有效地开好这一个课程,集团在丰潭中学成立"综合实践活动中心",建立专业教室,配上数量足够的专业教师,使之能够健康运行。丰潭中学"综合实践活动中心"承担集团各个校区的实践活动课程,比如 2003 年的综合实践活动就做出这样的安排(见表 1-1)。

表 1-1 2013 学年第一学期杭州市十三中教育集团综合实践安排

校区	初一	初二	初三
十三中	第 1—3 周	第 10—12 周	研究性学习
丰潭中学	第 4—6 周	第 13—15 周	
公益中学	第 7—9 周	第 16 18 周	
学期考核:第 19 周			

同时,学校开展丰富多样的活动项目,如阅读节、心理辅导月、英语节等形成团结向上、勤于钻研、积极进取的作风。学生在活动中自信地展示自我、张扬个性、激发热情。活动渗透着团队归属感的培养,活动设计时总有项目是以小组为单位开展的,如小组共读一本书;运动会上开设了小组团队竞技的项目;科技节上小组一齐来动手创作,小组辩论赛,英语节小组书写比赛等,在小组中感受着自我的价值,小组的凝聚力更强了,小组成为学生校园学习和校园生活的基本单元。

培养学生学会学习、学会做事、学会共处、学会生存的品格和能力,同时为孩子搭建展示特长的舞台,目前集团有近百个学生社团,学生 100% 参加社团活动。棒球社、足球社、文学社、棋类社、健美操社、击剑社、合唱社等几十个社团取得过市级及以上的荣誉;为了充分展示社团的风采,连续举办了四届社团文化节,每一届社团文化节都给所有的学生、家长、老师以及小学的学生、老师留下了深刻的印象,在社团文化节每一位学生都能彰显自己的个性特长。

2014年,浙江省校园青少年足球赛在十三中举行,来自全省多地的青少年足球队在此比赛并结下深厚的友谊。学校学生多次出访俄罗斯、日本、韩国,2014年8月集团又成功举办了第九届国际少年足球邀请赛。2015年7月集团棒球队参加了在日本福井县举行的国际少年棒球邀请赛。

近几年学生在各级各类的比赛中取得优异成绩,据不完全统计:区级及以上个人获奖2195人次;团体获奖包括区级244项、市级93项、省级30项、国家级18项,真可谓硕果累累。

二、整体试验阶段(2004年9月—2011年12月):先学后教、分层教学

根据时任国务院总理温家宝的指示精神,学校要全面推进素质教育,以提高质量为核心,促进学校内涵发展,特别要强调质量观。温家宝说,从大的方面讲,德智体全面发展就是素质教育。但素质还有另一个方面,就是通过启发式教育,通过学思知行的统一,让孩子们的智慧和能力得到自由的释放和全面的发展。

"先学后教"在于培养学生的自学能力,在课堂中学生是主体,以学生自学、学生讲解为主。老师适时引导,教师重在"引导"的内容、方法上下功夫。

在"先学后教"的教学方式下,教师的主要责任不仅仅是教书,而且要教人学会读书,学会学习。它的精髓是让学生真正成为学习的主体、学习的主人,掌握自己的命运。这种教学方式能够激发学生自我发展的意识、求知欲,学生感悟到自己就是学习的主人,增强了学习的责任感。课堂上有动(讨论、质疑、辩解),有静(看书、思考、训练),学习效率就特别高。能够及时、准确反馈信息,当堂发现问题、解决问题。学生当天完成作业,能够当堂准确地检测一节课的教学效果,便于教师下课后及时批改作业,准确地发现问题,有针对性地引导学生更正,进行必要的个别辅导。学生不仅要学会知识,还要学会动手、学会动脑、学会做事、学会生存、学会与别人共同生活。运用"先学后教"教学范式,能使学生逐渐学会学习,可以达到更好的学习效果。

先学后教的方式也有其不足之处。学生训练的内容多,比较枯燥,学生自主学习比较肤浅、进度会慢,耗时会较多,难以真正地培优。如果长期单一地使用这种教学方式,也会带来不少的麻烦,甚至会影响教学质量。

与"先学后教"相配套的方法是分层教学。分层教学又称分组教学、能力

分组,它是将学生按照智力测验分数和学业成绩分成不同水平的群体,教师根据不同群体的实际水平进行教学。这些群体在教师恰当的分层策略和相互作用中得到最好的发展和提高。

具体做法:一是了解差异,分类建组。二是针对差异,分类定目标。三是面向全体,因材施教。四是阶段考查,分类考核。五是发展性评价,不断提高。在教学中,从好、中、差各类学生的实际出发,确定不同层次的目标,进行不同层次的教学和辅导,组织不同层次的检测,使各类学生得到充分的发展。一般实行弹性机制,分层不是固定的,每学期或每学年要进行调整,层次变化的主要依据是学生的学习情况,如进步显著就可以上调,学习吃力则可以下调。

分层教学能够培优补差,优生通过自主学习,完成学习任务后,可以"教"同伴学习,促进优生对知识重构,更加融会贯通,从实践的方法培优优生;同时,差生的问题也能得到解决,也就真正地补了"差"。分层教学的优点是,同一层次内学生的基础和水平较一般班级授课制条件下更为整齐,因此学生的学习和教师的教学都更加便利。教师采取提高性教学和补偿性教学,实验显示成绩越好的学生进步越快,各层次学生在适应自己的空间学习,从而促进了全体学生的最优发展。

分层有利于中高层次学生提高积极性和增强自信心,但对于成绩处于低层次的学生没有产生积极的影响,而且可能适得其反,结果显示其弊大于利,低层学生自尊心受到影响,自信心降低,建议用班内分层制。

三、深化课改阶段(2012年3月—2017年)

学校从2012年3月份开始,启动"基于学生自主合作学习的课堂教学改革",我们广泛借鉴国内外"自主合作学习"的教学理念,并努力完善与之相配套的学校教学管理机制改革,全面推进新一轮课堂教学改革。

学校先后开展了课改动员报告会、课改理论学习会、课改现场实践学习观摩、课堂教学模式实践交流、专家引领、课改论坛活动、课改课题申报立项等一系列富有成效的前期准备工作。

(一)合作学习

现在的孩子大多属于独生子女,自我管理、自我控制、自我约束能力缺乏,团队意识薄弱,合作精神不足。小组文化建设为培养学生的合作精神搭建了平台。根据初一到初三学生的年龄特征、心理特点,创立小组合作学习模式。

1. 合作学习的形式

合作学习是以学习小组为基本单位,系统利用教学要素及其互动关系来促进自主学习。小组合作是合作学习的主要形式。根据学习内容、学习力、特长、性别等因素,按照"合作性、互补性、竞争性"的原则灵活地组建合作小组。主要形式如下。

(1)同桌 PK 式:就是利用同桌两人为一小组。优秀生为小导师,后进生为徒弟,同其他组进行 PK(见图 1-13)。

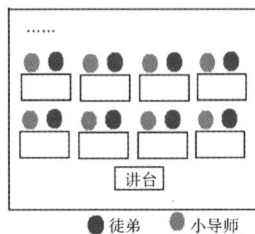

图 1-13　同桌 PK 式

(2)同组异质式:每组 5～6 人,异组同质,由组长和学生进行双向选择,是常见的方式(见图 1-14)。

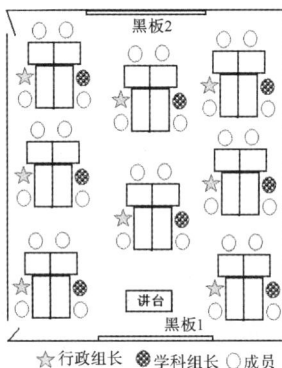

图 1-14　同组异质式

(3)同组同质式:同组同质,异组异质。这种组合方式利于分层教学,特别适合于复习课(见图 1-15)。

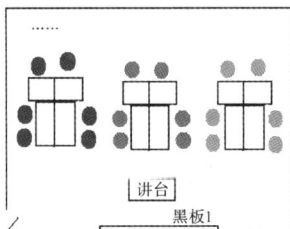

图 1-15　同组同质式

我们不仅仅关注学生学到了什么,也更关注学生以什么样的方式与同伴交流,哪些内容在学生间分享,学生向教师提出了哪些问题(见图 1-16)。

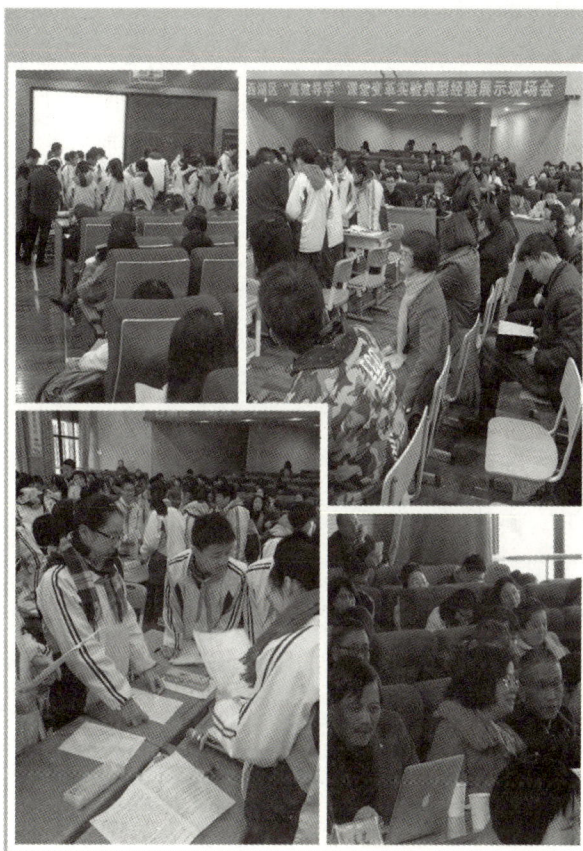

图 1-16　合作学习典型推广会

2. 合作学习的范式

合作学习的范式如图 1-17 所示,鼓励教师结合学科特点,以学生的学习为基点,进行课堂教学改革的创新,打造高效率的个性化课堂。

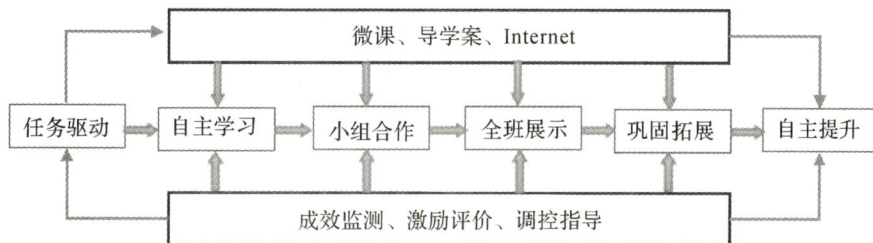

图 1-17　合作学习的范式

(1)任务驱动。通过导学案使学生带着任务和方法进行自主探究,使学生积极投入课堂的合作学习中去。

(2)自主学习。课前让学生充分进行自主预学,才能在合作学习中积极主动地完成各自的责任分工,使"自主合作探究"学习成为可能。

(3)小组合作。在课前任务完成的前提下,课堂展示、讨论、交流、评价等环节,都是以小组为单位完成。在小组里通过交流,进行充分的语言、思维及胆量的训练。

(4)全班展示。通过组际合作与交流,学生要解决两个问题:一是展示自己有深刻理解的问题;二是解决困惑的问题,做到既能解决自己的问题又能帮助其他同学解决问题。组际交流时,教师的任务是对展示进行评价,指出问题,提出纠错思路和方法,引导学生自主解决。

(5)巩固拓展。在巩固的使用上,教师注重于习题的质量,加强针对性,适当引进开放题。

(6)自主提升。自主提升倡导由学生小组合作完成。突出"百花齐放、百家争鸣"的学术氛围,注重学生创造性思维的形成与发展。

该范式极大调动学生学习的积极性,增加有效的自主学习时间,加强学生之间的合作与探究,加深学生对知识的理解和掌握,增加学生学习的乐趣和信心,培养学生的自主学习能力,锻炼学生的思维能力,使学生学得深入、学得透彻、学得扎实。

(二)个性学习

1.整合学习

学校对于课程不是一节课一节课地上,而是放手通过单元教学来实现。让孩子们真正走进知识超市,以单元整合的方式,更好地实现学生自主深度学习。因此,在新课改下的课堂,学生往往占据整堂课。

单元整合性教学就是把某一个单元作为一个主题学习材料,引导学生认知、分析、理解事物并进行反思,教材作为引导学生认知发展、生活学习、人格建构的一种范例。

在单元整合性学习中,教师以学生已有的学习经验为基础,根据教科书所提供的学习材料和学生的实际需要,对教材内容进行重新编排,设计关键的问题单,以问题为导向,从而使之适合学生需要,有效实现教学目标。教师的问题设计不按常规出牌,把学生的思维带到一个高原,展开课堂思论,诱发学生辩论,提升思维高度。我们通过学案设计书面的问题,让学生在课堂上与教师交流碰撞。

　　这样的教学方法摒弃了传统的1课时教学的做法,将教学活动转换为师生共同开发、运用教材的一种互动、共生的动态过程。在某种意义上实现了从教教材到用教材教的转变。

　　整合性学习的关键是对教学问题的设计与创新,要打破学生的思维框架,诱导学生反思,促进思维提升,把课堂讨论导向深入拓展学生的思维边界,让课堂充满思想和活力;设计两难问题情境让学生在分析判断中联结生活场景,提升思辨能力和理性判断水平。全新的方式,丰富的内容,让人如同走到了一个熙熙攘攘、人声鼎沸的知识超市。

　　2. 微课学习

　　在合作学习、单元整合性学习中,必然会产生深度学习。在深度学习中出现描述问题、阐明立场、设计实验、归纳事实、查阅文献等环节,这些环节都在促使学生走向深度学习,其中的"深",就是要让每一个孩子独立自主地投入自身个性化的学习中。

　　正是有这样的情况,学生在自主个性化学习中会产生不少"问题"。这样一来,每一个学生在课堂上必然会带来很多个性化问题,致使一节课中会产生比较多的问题,这肯定不是一节课能解决的,但任何一个学生的问题没解决,他们都不会买账。面对此情此景,怎么办? 这也是曾经摆在我们面前的一道难题。

　　把孩子们的问题变成半成品"微课",是注建红校长想到的绝招。这种"微课"的特色在于,把孩子的问题全部连接起来,形成孩子们思维之间的碰撞。"别小瞧这3~5分钟的小视频,有时也蕴含着大启示。"

　　"过去的教学方式,学生学得痛苦,教师教得也很辛苦。"现在我们的老师借助学生喜欢的iPad、手机等现代信息技术手段,将学习内容制作成微课,还引入了互动机制,并运用云计算和大数据技术,使"互联网+"教育在个性化学习领域得到了很好的实践,每一位教师的潜能都得到了释放,每一个学生争做最好的自己。

　　3. 走班学习

　　走班学习是针对学生知识、能力结构和学习需求的不同类型而进修分层走班的一种形式,教师根据学生的学业水平和意愿,针对各层次学生的实际,包括知识基础、学习方法、能力等方面的实际情况,从每一个学生的"最近发展区"出发设计教学目标,提出学习任务,使各层次的学生都能"跳一跳,摘到果子"，从而让不同层次的学生都能得到充分发展，实行动态流动式分层次教学。

美国教育学家布鲁姆指出"一些学生在学习中之所以出现暂时的落后，主要问题不是学生智力欠缺，而是由于没有适当的教学条件和合理及时的帮助造成的"，"如果提供适当的学习条件，大部分学生在学习能力、学习速度、进一步学习动机等多方面就会变得十分相似"。

我们认识到学生是具有能动性、无限潜力和个体差异的人，教师要不断地改善其兴趣、动机、情感、注意力等非智力因素。即使现在是落后的学生，也仍然可以改进以取得进步，最后走上成才之路。所以，学校尽量为每一个学生创造合适的学习条件，给足学生必需的学习时间，针对不同学生的不同问题给予个别化指导和全新的学习机会等。

(三)拓展性课程学习

学校课程结构为两大类：基础性课程、拓展性课程。其中每一类又有相应的课程科目。基础型课程是为学生各方面的发展奠定基础的课程，是学生基础性学力、发展性学力、创造性学力共同的扎根之基。在全面执行国家基础性课程的前提下，面向全体学生，优化课程结构，按孩子的想象构建拓展性课程。拓展型课程是培养学生发展性学力和满足个性发展需求、体现教师业务特长兴趣、形成学校品牌特色的课程。

1. 保证教学时间

本着稳步走的原则，学校逐步把拓展性课程列入课程安排表，在规定的周总课时内安排教学。从2015年9月起编入课表，保证教学时间，逐渐落实拓展课程；从2016年3月全面地落实20%的总课时比例。在严格遵守上级教育行政部门的相关要求的前提下，结合学校的实际，综合实践活动、地方课程、校本课程统一安排，七至九年级不少于6课时。把校、地、综的课程与实践类拓展课程进行有机的结合，在总课时不变的前提下统筹使用。每周固定安排信息技术1课时，余下的515课时综合使用。在周课时总量不变的前提下每周进行5课时的拓展课程学习：体艺拓展类课程每周2课时，学生自主选择一门课程，一学期选择一次；知识类拓展课每周2～3课时，原则上每门文化学科两周1课时；实践类课程学校统筹集中安排。

2. 全面开设三类拓展性课程

2015年9月，逐步开设"三自"（自信、自立、自强）课程，2016年3月起全面实施，其中知识拓展类课程比例不超过总课时的6%，体艺类、实践类课程分别占总课时的7%左右。

知识类拓展课程分选择性参与和全体参与,全体参与课程针对全体学生,选择性参与课程进行分层走班自主选择,选择性参与课程在学科社团时间落实。

体艺类特长课程以选择性参与的形式每周开展,每一位学生每学期选择一门课程。

实践类课程学校统筹开设、落实,分全体参与和选择性参与,全体参与除信息技术外都是集中安排课时,选择性参与以研究性学习为主,学校统一调配,分组落实。

总之,当前十三中课堂已经发生很大的变化,转型的主要特征是"理念解放、时空解放、形态解放、课堂解放、评价解放",不再是传统的"知识—教师—学生"单一线性的师生关系,而是让知识先作用于学生,由学生来主动建构知识,探究规律,发现问题,暴露问题,教师只是一个引导者、组织者,与学生平等建构知识和享受知识获取的乐趣,让学生像老师一样去"备课",教师关注的面不只是几个优等生,而是全面关注每一个学生的参与度。

十年树木,百年树人。集团正在提升学校的现代管理水平,通过"爱心德育、教学改革、社团活动、综合实践、学生管理"等活动,推进学校发展,与教育现代化的步伐相适应,从而真正满足人民群众享受家门口优质教育的需要。

第三节　学校变革的新取向

课堂是学校中最平常、最细小的教学元素,学生的学习大多在课堂上进行。

2000年开始,十三中教育集团着手思考如何建构一所现代学校——按孩子想象构建现代学校,回归教育的本源,把培养人放在第一位,面向未来,使学生学会生存、学会合作、学会改变、学会做事、学会学习,培养新一代社会公民。

这其中,十三中教育集团狠抓课堂这个核心要素,强调通过课改,引进新理念新方法新技术新策略等,解放我们的课堂,让孩子全面生动发展。

2011年2月,集团制定了《杭州十三中教育集团2011—2015年发展规划》,在五年规划中,其核心是"按孩子想象"构建现代课堂,这样一场课堂变革,对我们的课堂秩序、课堂常态、课堂理念、课堂生态因子等筛滤,形成自己风格的课堂教学范式。我们称之为课堂教学的解放行动。

2013年,集团以课堂"活力"为研究视角进行课改,构建生命活力课堂的新内涵：一是载体革新，导学案作为自主合作学习的脚手架，微课程作为自主合作学习的启明星；二是教学范式创新，基于课堂习得流程与模式革新的策略，创建新"三助"课堂习得的一般范式，并在此基础上创建新"三助"课堂习得的变式实践范式；三是评价创新，基于自主合作学习课堂教学激励机制，创建课堂激励评价方略、学生个体评星活动、自主合作课堂评价、自主合作小组评选机制。

2015 年，我们系统提出"五大解放"：理念解放、时空解放、形态解放、课堂解放、评价解放。其核心是"课堂解放"，就是构建基于"互联网＋"的未来课堂新范式。

现在的课堂是培养面向未来人才的地方，是关注课堂主体发展的新型和谐课堂，关注以下几个方面：一是关注学生个体本位，课堂上大部分时间让学生自己动手动脑，培养学生独立思考和解决问题的能力；二是注重团队合作精神，小组成员之间相互依赖、相互合作、共同负责，从而达到共同的目标；三是注重实用技能的培养；四是课堂教学倡导自由，学生可以随意提问，无须征得老师同意，教学形式寓教于乐，生动有趣。

一、新课堂的理性思考

(一)构建孩子想象的课堂

在按孩子想象的未来课堂中，学生与教师是相伴相生的，教师对教学自由的追求和能力发展，必然与学生全面能力的培养密切相关。从学生的发展来看，教学的最终目标是促进学生发展，而学生的全面发展又是以有效地改善学生的学习方式和提升教师的专业水准为前提的。从教师角度出发，这一教学活动就是要遵循教学活动的客观规律，以最优的速度、效益和效率促进学生在知识与技能、过程与方法、情感态度与价值观三维目标上获得整合、协调、可持续的进步和发展，有效地实现预期的教学目标，满足社会和个人的教育价值需求。[①]

自主合作课堂是基于一定的教学理论、现代技术和教学资源，以互动为核心，各要素和谐互动，服务和支持学生自由发展的教学活动及教学环境。归根结底就是有效地促进学生的全面发展。自主合作课堂应定位于两个方面：一是定位于服务与支持学生自由发展；二是定位于建构课堂各要素之间的和谐关系。

---

① 宋秋前.有效教学的涵义和特征[J].教育发展研究,2007(1).

（二）构建自由灵动的课堂

民主是现代课程中的重要理念。在自主合作课堂中，教师以知识素养、人格魅力、品质内涵为内部特征，与人为善、和蔼可亲为外部特征，没有"师道尊严"的外在赋予的权威，体现了师生之间、生生之间的平等关系。

课堂中的自由是指学生自主选择学习而非强制性单一听课的状态。让学生主体灵动起来，就必须给学生一定的自由与选择，让学生获得精神、思维、想象的自由，以及自由发言自由互动的时间和空间。

教师不但给学生自由发言互动的空间，还对学生的发言加以引导、鼓励，使学生在自由的空间中思考，尽情表达自己的观点。教师没有用自己的观点去束缚学生的思维，把机会让给了学生，打开了学生的思维，舒展学生的灵性。

我们的课堂强调"学生为主"，即突出"学生想象、学生参与、学生提升"，突出"学生的学"，全力推进素质教育，在各种教育教学活动中真正确立学生的主体地位，尊重学生的学习权利，让学生获得充分、全面、多元和个性的发展。

（三）构建适性发展的课堂

自主合作课堂关注学生的"适性发展"，就是要适应每一位学生的个性特征，关注学生的个体差异，采取适合其特点的有效方法，促进个性的差异发展。为此，我们推出学科分层、分层走班、因材施教的策略。其鲜明的特点就是学校把选择权交给家长与学生，学生拥有课程选择、资源选择、班级选择、小组选择、方法选择等权利，尽可能多地尊重学生的意见和建议，充分体现学生的主体地位，发挥每一位学生的主观能动性，为学生提供适宜的教育，促进每个学生主动、活泼地发展。

承认个体差异，因材施教，是中国教育的优秀传统。只有贯彻"因材施教"的原则，教育面向全体的要求才能落到实处。现在有许多课堂教学还是采用"一律化""齐步走"的模式，出现素质好的学生"吃不饱"，素质差的学生"吃不了"的现象，从而导致一部分学生厌恶学习。

为改变这一现状，应借助自主合作课堂的平台，使每个学生能够在空间和时间上得到平等的教育，根据学龄特点、学业水平、接受能力以及个性差异，进行适度分层教学，满足不同层次学生心理、生理、智力的需求，激发学生的内驱力，切实做到因材施教，区别对待，让不同层次的学生在学习中体验到成功的喜悦。

二、新课堂的实施路径

(一)微课学习：取得知识与技能的良好路径

微课的核心特征就是"微"，"微"就是灵动和自由。微课内容微小、时间短小、呈现生动，突出重点，强化难点，直观、形象、简洁，能吸引学生眼球，引起学生兴趣，是学习中常用的帮手。

我们利用微课教学起步比较早，在2013年就借助微课软件开发公司的技术，组织全校教师进修制作微课并在课堂中予以使用。结合我们合作学习的课改新范式，把微课融合进我们自己的课堂，促进学生的独立学习与合作学习，提高学习的实效性。

利用微课建立的学习范式，一是课前助学，主要有微导航、微资源、微测试、微反思；二是课堂助学，主要通过微课进行情景创设，重点解读、难点突破等开展小组合作学习；三是课外助学，主要通过微课呈现经典试题、错题纠错、任务挑战等提升学习力。

(二)协同学习：要素互动中提升深度学习

协同学习，指的是在教师指导下的网络学习环境中，通过小组协作发挥小组协同效应，各小组协同学习形成合力展开竞争，高效率地完成学习目标。其一般范式见图1-18，并建立相应的协同学习教室见图1-19。

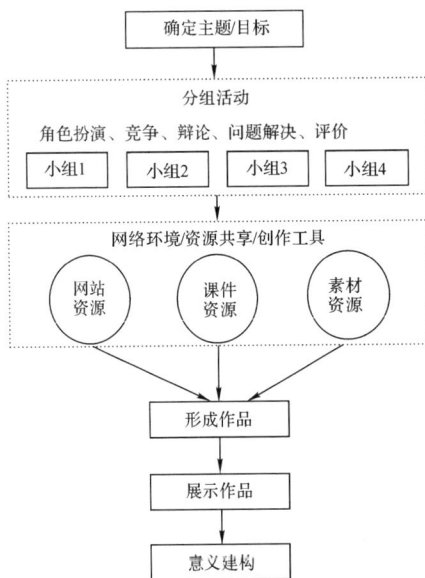

图1-18 协同学习一般范式

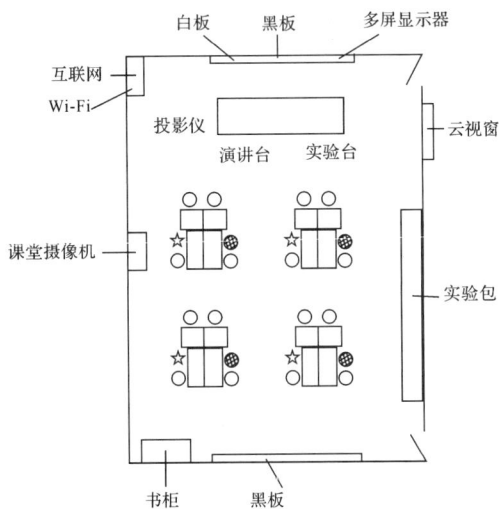

图1-19 协同学习教室

协同学习包含四个因素:自主导学、合作学习、要素互动、即时评价。

自主导学,就是教师根据课程标准设计学习目标,为学生提供导学案、微课、实验包以及相关学习材料等,提示学习方法与策略,让学生自主开展学习的一种自主学习过程。问题设置具有一定的挑战性,难度符合学生最近发展区,具有探究性。

合作学习,其主要场所是在课堂中。学生在自主导学的基础上,把各自的学习困惑提交到学习小组中进行交流讨论,直到所有成员都达到学习目标时,个体才能达到目标,获得成功。

要素互动,就是指课堂要素互动,就是教师、学生、教学方法、多媒体技术、学习资源等要素进行深度互动。这是协同学习的一个重要特征。这里可以有多样化的学习方式,比如"兵教兵""人机对话""各小组互动交流",教师在其中的作用就是保障每一位学生能开展有效的互动与交流。

激励评价,有教师"引导式"评价,激发学习热情。教师积极创设民主和谐的评价氛围,让学生积极发言,敢于质疑,树立学习信心。自我"诊断式"评价,形成学习内力。学习评价的过程是学生自我认同、自我建立的过程,既要学生认真审视自己,又要教师反思自己的教学及其评价等。小组"促进式"评价,目的是实现合作共进。小组评价同伴,人人都是评价者也是被评价者,这样就形成了一个心理调适和平衡的过程。学生能够学会静心倾听他人评价,并学会客观评价他人(见图1-20)。

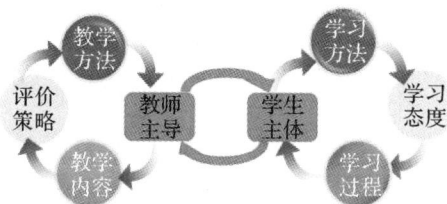

图1-20　师生自我诊断式评价

通过要素间的相互作用,构建有效的交互环境,让学生通过互联网、同频技术等多途径进行协同学习,利用计算机大容量、智能处理的特点,为学生提供大量的学习资源,比如微课网、导学资料、试题库、实验包,并提供即时的反馈方法和手段。通过"人机"互动方式和协同学习的教学策略,由计算机与学生进行交互式活动,从而实现个别化教学与针对性辅导,实现深度学习。

(三)泛在学习

泛在学习(见图1-21)能够实现时刻地沟通,无处不在地学习。泛在学习就是利用信息技术让学生借助科技工具来随时随地进行学习活动。要让学习无处不在,必然要突破传统的"教师中心、书本中心、课堂中心",真正实现"学为中心"的教学理念。根据学校实际,我们借助人机交互、传感感应、三维仿真、虚拟现实等技术,通过电子白板、平板电脑进教室,构建个性化、多元化的智能学习环境,拓展学生学习的广度和深度。

图1-21 泛在学习

泛在学习突出的特点在于:资源利用、主题探究、合作学习。以电子书包、手机等移动学习终端为载体,帮助学生灵活利用基于统一教育资源平台的移动学习系统,通过电子教材阅读、课堂笔记、课件下载和信息订阅、教学视频点播、作业下载和提交、辅导答疑、考勤信息和成绩查询、学习工具等功能,实现任何时间、任何地点的个性化学习。

自由灵动的课堂,它应该是在课堂上让学生自由学习的方式。作为课堂学习形式,没有既成的指定,完全尊重学习者的自我认知,体现出了自由探究和发现这个核心思想。

第二章　理念解放

近50年,在杭州这座有着崇文重教优良传统的城市里,"教工路——十三中"这六个字,已与一座城市的繁荣和发展、一方百姓的奋进和梦想血脉相连:从1969年创办,到2004年教育集团的成立,如今成为整个杭州知名的教育集团,这所学校哺育着一座城市的几代人,承载着无数家庭前后相继的梦。"教工路——十三中",这所不断阐释进取、突破和超越意义的学校,已然实现并继续延伸着"教育"的内涵——教育就是"解放"人的心灵,就是尊重人的生命和个性的发展,只有实现了这样的教育,才能实现教育的解放。

最终,还是要回归到这里来:教育就是让一个人变好,变善良。教育新常态使得教育观念已经发生显著变化,开始重视人了,开始重视所有的人了,开始真正重视全方位与全面评价学生了。这是教育从数量向质量转型的标志性事件。马尔库塞说,文化会生产幸福。当今我们的教育应该获得更宽广的视野,应该接纳全民族的智慧来好好地建设,今天的孩子有权享受良好的教育,获得人生的幸福,我们中国最多的是人,最富有的也是人力和智力,教育就是打造人力和智力乃至国力的。

第一节　孩子是学校的核心

学校,应该重新定义为是围绕孩子、少年们的生活组织起来的成长园地,这里是他们来学习、成长的地方。如果把学校定位为是孩子们的成长地,那教师就将退避三舍。他们在这里,当然离不开老师,他们不仅仅和同龄人打交道,还和广大世界里的很多安全的人(老师)交往,和不安全的人交往。这样,日后他们才能适应社会。教师不是来辖制他们的,更不能做出"一言堂"的姿态。

案例 2-1：木匠与门

一个木匠做得一手好门。他给自己家做了一扇门，他认为这门用料实在，做工精良，一定会经久耐用。过了一段时间，门的钉子锈了，掉下一块板，木匠找出一颗钉子补上，门又完好如初。不久又掉了一颗钉子，木匠就换上一颗钉子。后来，又有一块板坏了，木匠就又找出一块板换上。再后来，门闩坏了，木匠又换了一个门闩……若干年后，这扇门虽经无数次破损，但经过木匠的精心修理，仍坚固耐用。木匠对此甚是自豪：多亏有了这门手艺，不然门坏了还不知如何是好。忽然有一天，邻居对他说："你是木匠，你看看你家这门！"木匠仔细一看，才发觉邻居家的门一扇扇样式新颖、质地优良，而自己家的门又老又破，满是补丁。木匠明白了，是自己的这种手艺阻碍了自家"门"的发展。

学一门手艺很重要，但换一种思维更重要。行业上的造诣是一笔财富，但也是一扇门，会关住自己。面对不断变化的全新世界，要有勇气、有决心打破关住自己的这扇"无形门"，及时反思和提升自己的"手艺"，这样才能看到更多外面美丽的风景，在科技日新月异发展下的创新创业新时代，更是如此。看看现在的教育形势的变化，我们是否能够跟上，甚至是超前，将决定着我们教师个体的成长与发展，更决定着学生的成长与发展，也将决定着学校的成长与发展。如果现在一定要把全校的老师分分类，是否能够突破原有对教师角色的定位和加深对教师职业的理解非常关键，以此作为标准，我们会发现，受学生喜爱与家长欢迎的教师，一定不会是那些当了教师后思维越走越窄的人。

一、尊重学生的多元想象

教育，至少要让孩子变得真实，敢于面对真实的世界，真实的自我。所以，我们得真正了解学生们真实的内心世界，真正了解他们在成长过程中内心世界的变化甚至是冲突与矛盾。

教育真的有这样一种作用，你给孩子的生命里装什么情感，孩子就会是具有什么情思的人。教育本是为民族造魂，为天地立心的，简单地说，教育就是一个国家的脑子，它让这个国家的国民怎么思考，怎么想事情，怎么做事情。泱泱中国，谁不希望中国强大、厚实！而教育要做的，就是让这样的愿景变得更加真实，让我们的学生成为适应未来社会发展的合格公民，成为更具国际视野的世界公民，让中华文化在国际上更有感染力、感召力。

多元的社会、多元的价值观就应该有多元的文化，而教育有发展多元与求同存异的功能。我们的教育应该更有担当,让它真正能产生一些对人类有益的影响。现在,在文化自信的大背景下,教育应该有自己的担当。一个国家的教育,应该塑造起国家和民族的精魂,应该培养出未来公民,这些公民的智慧将是未来社会的智慧。

智利诗人米斯特尔说:"有很多我们需要的东西是可以等待的。孩子却不能等待。他的骨髓在不断形成,他在不断地造血,他的大脑在不断发育。对于他,我们不能说明天,他的名字叫今天。"

而一个小小的文化事件或许能够让我们一窥学生内心世界,发现其丰富多彩而又个性灵动的一面。

案例 2-2:一个小小的文化事件

秋天,在杭州市中学生学农基地,初二(9)班 205 寝室 11 人(包括一名"偷渡"者)决定出一本学农诗集。这事谁也不知道,学农结束以后,11月 3 日,他们把一本带着油墨清香、装裱精美的诗集放到了班主任办公桌前,说:"颜老师,你看看,我们寝室的《学农诗集》。"

让我们来拜读一下学生们的作品:

《学农诗集》序——吴俊杰、孔泽矾。在大观山 205 寝室有一群顽童在胡思乱想。想当年,王羲之聚于兰亭,写下了千古名篇《兰亭序》。羲之兄用罚酒兴诗的方式造就了《兰亭》的流芳百世。在这里,有一群自娱自乐的中学生,一群不知天高地厚的小孩,一群自认为堪比《兰亭集》作者的小子,在学农期间,诗兴大发,写下了这本《大观山寝室集》。这本《大观山寝室集》承载了我们 11 个人这两天来的点点滴滴,我们用它来纪念这次学农生活。

寝室铭——黎之初

床不在软,可睡就行;饭不在好,能吃则饱。

斯是陋室,唯人才馨。床板写灵感,被套书意韵。

头枕有纸笔,脚踏无农具。可以写作文,作诗句。

无责骂之乱耳,无熬夜之劳形。清静番薯地,幽深野炊营。

我们齐曰:"何陋之有?"

老师没想到,他们竟然这么有心!没有人布置作业,学生完全自发地这么做,这种草根的民间情怀,很值得钦佩。我们的学生,就是这么具有自我发挥的才能!我们不知道他们长大以后会不会成为伟大的诗人或作家,这样的事在今天作业负担较重的情况下,已经很少很少了。所以,它简直就是一个小小的文化事件，了不起的文化事件！它告诉了我们，我们的学生在想什么，思想的自由、思维的灵动、青春期的个性、善良而又顽皮、自信而又可爱……它又告诉我们，教育就是启发学生自我走上探索之途，任何外在的教育都比不上这样自主的行为。我们教育集团也培育和倡导这种自主自为的学习方式。

基础教育（九年义务教育）是涉及每一个未来公民的"学校行为"，这种行为不能草率，教育是一个社会的"文化再生产"，也是"社会再生产"，是"社会的自我复制和超越"，这种再生产是要高品质的。三年，转眼即逝。三年，他们就会从我们身边离开。我们到底给他们的生命赋予了什么？应该根据学生立场来思考一切教育问题。教育，应该站在学生那边，这是智者的思考。站在学生对面的教育，和站在学生那边的教育，是两种完全不同的教育。

教师也有两种，为教育而生存者，和为生存而教育者，这是境界完全不同的两类人。事业型教师、职业型教师和雇佣型教师，是三种完全不同的人。韩愈《师说》中有对教师这样的解释——"传道授业解惑"，我们可以从教师职业角度思考一下，到底是"业"重要，还是"传"重要？从现实的角度，"传"显得更为重要，尤其是我们面对的是青春期的学生，面对的是更有主见、更有个性、见世面更广、更有民主与法制意识、更自我的学生。所以我们应是事业型教师，以孩子的健康成长为事业。

关于教学，顾明远先生认为教师讲课有深入深出者、深入浅出者、浅入浅出者、浅入深出者。作家毛志成说，教师有大教师、教书匠、以教谋生者、因教误人者、恶教师。大教师是以"传道、授业、解惑"为人生之乐的教育家。我们的志向就是做这样的人。我们教师的专业成长，要向书本学，向实践学，向他人学，向问题学。学生并不是站在我们的"对面"，我们是一体的。我们的教育艺术，就是让"我们"和"他们"变成一体。只有站在学生那边思考，才能到达这个目的地。

学贯中西的林语堂大师曾说："在牛津、剑桥，那些老师怎么去教学生的呢？他们把学生叫来，一边抽着烟斗，一边天南海北地聊，学生被他们的烟和谈话熏着，就这么熏陶出来了。"这是一种教育的状态，一个教育者达到了这种状态后，坐在那里，随意说说，就是最好的教育了。

案例2-3：老和尚的教育故事

相传古代有一位老禅师，一日傍晚在禅院里散步，忽见墙角有一张椅子，他一看就知道有位出家人违犯寺规越墙出去了。他没有声张，走到墙边，移开椅子，就地而蹲。少顷，果真有一个小和尚越墙而来，黑暗中踩着老禅师的背跳进了院子。当他双脚着地时,才发现刚才踩的不是椅子,而是自己的师傅。小和尚顿时惊慌失措,张口结舌。但出乎小和尚意料的是,师傅并没有厉声责备他,只是以平静的口吻说:"夜深天凉,快去多穿一件衣服。"

希望我们的教育过程也能充满这样漫溢宽容的细节,这样的细节才真正具有人性的魅力。我们应记住泰戈尔的一句话:不是槌的打击,乃是水的载歌载舞,使鹅卵石臻于完美。我们可以分析一下前面讲的"老和尚与小和尚的故事",老和尚以平静的口吻说"夜深天凉,快去多穿一件衣服";对小和尚而言,如果没有发自内心对老和尚的认可,这句话就是没有丝毫教育意义的。当然完美的教育其实并不存在,我们所能做的只是接近完美。教师是有缺憾的存在,学生也是有缺憾的存在,教育也必然是充满缺憾的艺术,关键是我们以何种心态面对缺憾。

一所学校的教师应该是一个非常具有活力的知识群体、文化群体、思想群体,学校才能有自己的魂魄。学校里,最重要的是学生,是心智和身体都很健康的学生。学校里的主体行为永远是教师与学生、校长与学生,这就跟医院主体行为永远是医生和患者一样。其他的,都是非主体行为。学校里的显性组织,永远是班级、年级和社团等学生阵地。所有的工作,都应该将重心放在这里。其他的工作,都是隐性工作,不重要的工作。在现代学校里,教师应该是最受尊重的,管理者(领导)是服务教师的,因为教师直接作用于学生。学生为大,学生是天,教师次之,领导再次之。于是,我们毫不犹豫地把"他们"确立为主文化群体,把我们变为从属于他们的亚文化群体。当青春期的学生遇到了成熟的成年人,他们之间,会有什么故事?孩子,到底是我们的过去,还是我们的未来?在我们教育集团,每一个人都在思考这样形而上的问题。共同的文化价值观,造就了一批志同道合的人。大家对教育的认知是一致的,这样教育行为也就没有什么不和谐的地方了。

二、尊重学生想象的校园生活

案例 2-4:苍蝇与蜜蜂的实验

美国有两位生物学家做过这样一个实验:他们在两个玻璃瓶中,一个装进五只苍蝇,一个装进五只蜜蜂,然后将玻璃瓶的底部对着有光亮的一方,而将开口朝光线暗的一方。几小时后,他们发现,五只苍蝇最后全找到了开口的一端跑掉了,而五只蜜蜂在撞击瓶底无数次后全都死在了玻璃瓶里。研究分析，蜜蜂的生活经验是认为有光源的地方就有出口，所以每一次总是全力以赴地冲向光源方向，即便是冲在前面的同伴经过几次撞击终于命丧瓶底，后继者也不假思索地冲向同一个方向。而苍蝇则是几次在瓶底碰壁之后，它们就改变了单一线路，终于在瓶口找到了出路，完成了自救。

这个实验的启示是做事要注意积累经验，但更重要的是不断地反思和更新经验，从经验的批判性反思中形成新的思路。在反思时，应注重反思过程的经常化、反思内容的系列化、反思成果的应用化。通过反思，可以发现管理中存在的问题，找到解决问题的办法，用它去解决管理中的其他实际问题。的确，教育需要教育者不断反思，才会取得发展。如今孩子在学校里特别被动，以至于形成了被动型人格，习惯了被动的社会处境，这一点很糟糕。因为一个人在少年时期被驯化成什么样子，他以后有可能就是什么样子了。

教学的一个价值问题是学生学得很苦，但又没学到很有用的东西。教育的一个严重问题是不管你是以师生关系为显性交往形态的，还是以生生关系为显性交往形态的，都避免不了弱势者和强势者的出现，盲从或是对立总会发生。杜威把教育看成是一桩公众事务，而不是把它看成是教师和教育行政管理部门的私家园地。如果教育是全社会的，那我们就可以在更大的范围来讨论教育，建构我们的新教育。现在的问题是，教育是教育系统内部的人的教育，他们要怎样就怎样。全社会的教育和教育系统内部的教育，是两个概念。学校是前公民时代，是公民准备阶段，学校和社会两者之间应该有内在的一贯性，绝不能割裂。平等、互谅、尊重，应该是一以贯之的。

知识和观点是有区别的，智慧和思想也是有区别的。有良知的人未必有判断力，有良知的人未必敢说出真相，未必会捍卫真相。现在的学校，对这些概念，都没有清晰的区分。许多人把观点当作知识灌输给学生，还逼迫他们当作知识来记忆。知识应当是被广泛认可的规律性认识，是有正误的。而思想观点是纯粹个人的，可以有先进和落后之分。

我们教育行为转变中的一个关键，就是能让自己稍微少说点，留出更多的时间和空间给学生。现在的课堂已不再是老师在台上高谈阔论，学生在台下死记硬背了。因为学生充分思考和内化所学的知识是需要时间和空间的。我们的课堂教育需要的是"学问"，而不是"学答"，上课是为了能够引发学生"问、说"的兴趣，教给学生"问"的方法，创设学生学习的体验过程。

三、相信学生会创造更好的新世界

学生需要立体的社会和生活现场。学校场境下的教育,家庭场境下的教育,生命场境下的教育,社会场境下的教育,国家场境下的教育、世界性的教育,都是学生需要的教育。

美国哲学家杜威说,未来教育要让儿童变成太阳,教育的各种措施应该围绕着这个中心旋转,儿童即中心。当然,我们也知道,他的新学校试验未必算成功。教育是这个世界上最难弄的事业。英国教育家尼尔创办的萨默希尔学校,使学校适应孩子,而不是让孩子适应学校,也给我们很大启发,它在理念上是超前的、革命性的。中国当代的现代学校制度研究,新学校行动计划,新教育实验等,也在这方面做了一系列有益的尝试。不过,它们的立足点还在大人、社会,不在孩子那里。

但学生不是待刻的雕塑,而是有各自成长空间的"独立的人"。教师应在了解他们的情况下,适度引导他们发展,绝非一套模板、一个统一标准可定夺。孩子来自于不同地方、不同家庭,所以学校不只意味着知识的殿堂,也是学生第二个家和社会的缩影。老师不仅教授课程内容,也需要了解孩子本身带来了些什么,还需要什么。这就要求老师要成为一个知识渊博的专家,还要有敏锐的洞察力,也是出色的心理学家、教育家。比如从孩子当前的理解能力、心境、情绪状况入手,考虑他们是否已经准备好了应对学科学习和学校、世界。不是所有人都能做个好老师。好老师的标准是什么?不是培养出了千千万万个科学家、文学家,而是帮助学生成为他们自己。读书时常学到众多名人,有学生说想当下一个"横眉冷对千夫指"的鲁迅,有学生说希望变成隔壁班那个特别漂亮的女孩子,另有同学说想成为班中那个成绩好的同学。这不禁让我反思,我们一生中经常羡慕与模仿他人的生活,当然并非说心怀梦想、有所向往与追求不好,而是应鼓励学生发现自己,成为自己,并悦纳自己,精彩地活出自己的人生来。

孩子有没有思考能力?有。我们给不给他们话语权?不给。他们说的对不对?对又怎样?孩子和大人,现在被摆在了一个奇怪的对立场境里,好多年如此。这个大人,是家长、学校、社会,是我们一整套的社会机器。我们是不是在培养反抗者,或者在培养表面服从的内心反抗者?我们到底要建立一个什么样的未来社会?所以解放教师、学生和家长的出路在于转变观念,从教育的内涵方面寻找突破口,才是正道。

案例 2-5：客家牛

客家人经常把不听话的孩子比作牛，我们来听听客家人关于"牛吃草"的小故事：有个男孩去农村过暑假，见一个老农民把牛拴在一根又细又矮的木桩上。男孩着急地说："爷爷，不行，牛会跑掉的！"老农呵呵一笑，说："放心吧，不会的。"男孩说："这么小的木桩怎么能拴得住这么高大的牛？"老农对男孩说："这头牛还是小牛犊的时候就被拴在这根小木桩上了。刚开始的时候，它总是不肯老老实实地待着，刨蹄子、打喷嚏、不断地撒野，企图把小木桩拔起来。可是，那时候牛的力气小，折腾了一阵子还是在原地打转，不久它就不折腾了。后来，它长大了，不仅个子长高了，力气也大了，可是它已经不想再去拔这个小木桩了。"老农还告诉男孩："有一回，我给牛添料，故意把一些草料放在它的头够不着的地方。我就想试一试，看它会不会把脖子伸过去吃草料。只要它一伸脖子，这小木桩就会被拔起来了。可是，它吃完了够得着的草料，眼睛看着旁边的草，打了两个喷嚏就耷拉下了脑袋。"

是什么拴住了这头牛呢？是小小的木桩吗？不！拴住这头牛的不是小小的木桩，而是由木桩形成的心理枷锁。一厢情愿地强化学生的自我控制，置学生的主动性于不顾，学生就会像那头被小木桩拴住的牛一样，小的时候想拔木桩，拔不动，等到长大了，有足够的力气去拔木桩了，却已经没有欲望了。

我们现在最大的困境可能就是在于"摁着牛头吃草"，一厢情愿地训练牛嘴要张开多少度、如何吃草，岂不知"吃草"是它的本能。这样强硬和机械训练的结果是"牛"很累，教育者也很累，教学的效果与效能却很低。变"被动教"为学生的"主动学"，是可能改变当前我们教育困境的重要有效途径之一。印度哲学家奥修有一本书叫《当鞋合脚时》，值得我们教育工作者反复阅读，书中提到："当鞋合脚时，脚就被忘记了。"对我们的启迪就是：给不同的学生提供其合适的教育时，让学生能够不至于感到"硌脚"的感受，甚至感受不到自己在接受教育，那么教育就是很自然的了。

的确，学校应该重新定义为围绕青少年们的生活组织起来的成长园地，这里是他们来学习、成长的地方。学校，不能折断学生向外飞的翅膀，因为他们最终的活动场地是在世界，不是在校园。教育应该让孩子时时刻刻思考我们这个社会。他们每一个合理的要求，都可以转化为一个有效的教育行为。将这些合理的成分提取出来，就能合成一座现代学校，或者叫未来学校。未来学校应该关注所有孩子的人生幸福和生命感受。

第二节　学校是学生的舞台

学校的教育使命是按照孩子的想象来构建现代学校，为学生的幸福人生奠基，为自由社会培养人才，帮助学生获得面向未来的生存和发展的本领，进行价值引导和自我建构。教育者不仅要对学生的升学考试负责，更要对学生一生的幸福负责，带给学生希望、力量，带给学生对于自我、对于自然、对于社会的自信，使每一个学生都能够成为自由社会的建设者和幸福人生的创造者。

一、立德树人：每一位学生全面而有个性地发展

杭州市十三中教育集团发展的愿景：面向全体学生，推进因材施教，完善课程体系，加强课程建设，创新教学方法，改进教学评价，积极实施差异化、个性化教育，保护和培养每一位学生的学习兴趣，充分调动每一位学生的学习积极性，开发和培育每一位学生的学习潜能和特长，让每一位学生愉快学习、幸福成长。

学校要为学生创设核心素养培育与成长的舞台，我们就不应该把他们封闭起来，他们和世界之间应该没有隔阂。他们必须更多地关注世界，在广大世界的图景里定位自己的小小生命和小小人生。把学校还给学生，把学习还给实践，这个理念又倒逼着我们对现有学校制度进行许多改造。我们建造学校的初衷是什么，而现在又实际在做什么？新的学校，将个一所生命化的学校，是一所人生训练营地。这所学校将设立许多"社会交往情境"，让孩子们在交往中，产生对知识的渴求和人生追求的冲动，因为人生大于知识，生命大于成绩。

以知识学习的名义来取消思智的发展也是错误的。如今有些学校在拼命地加班加点地提高学生的学业水平，所有的教育改革、课程改革，这个模式那个模式，最后都回到了课堂的高效学习即高效做题上，好像学校就是给孩子们充电的，我们把孩子当成了蓄电池，我们就是一个充电器。我们不是社会观念和社会价值的秉持者，我们对这个社会以及未来的社会始终保持不发言、不出声。这种态度无论是在智力上还是道德上都是有害的。杜威说："在学校中获得知识的真正的目的是……寻求怎样获得知识，而不是知识本身。"如果儿童长期地处在一种外在的服从而内在抗拒的制度下进行学习，他将变得性格乖戾，人格失调。卢梭的警句这样说："看一下你的学生的知识和我的学生的无

知识的区别是什么：你的学生学习地图，我的学生制作地图。"

我们自古似乎就有一种"教育洁癖"，就是喜欢把孩子放在无菌环境里，杜绝一切负面信息，以为这样就能培养出健康、纯洁的心灵。其实，无知不代表健康，更不代表人格的健全和完整。孩子总会长大，总会到外面世界接触细菌。如果之前的环境太纯洁无垢，可以想象，一下子接触现实的孩子免疫力将是何等缺乏，心灵会受到多大震撼？从童话世界走出来的他们，会不会抱怨长辈过去的欺骗，就此埋下沟通的鸿沟？会不会因理想和现实的巨大落差，而愤世嫉俗，叛逆不驯？

想一想，为什么中学生最难教，除了生理、心理的变化期因素，有没有这种知识和认识上的冲突呢？想一想，为什么现在心理有问题的学生，会比我们那时多得多，是不是与这种"教育洁癖"有关，我们不得而知！教育，从来不是授人以鱼，而是授人以渔。与其让孩子懵懂无知，再一下子长大，还不如一开始就教会他们：现实总是不完美的，公平总是相对的，在此认知基础上，学会辨析善与恶、是与非。这才是教育的根本目的——让每个人学会如何认知自己，如何看待大千世界。

二、做真教育：引导每一位学生求真务实

今天的学生，心智早已被现代社会结构所启蒙，他们自我存在的主张，也早已得到现代社会结构的肯定。对于自主意识越来越早觉醒的学生，如果依然规定他们一定要接触这个、一定不能碰那个，不仅现实中做不到，而且最后也只能弄巧成拙。

在当前几乎什么都在"改"的情况下，我们应该清醒地思考，保持相当的传统教育是有其重大现实意义的。联合国教科文组织提倡的面向 21 世纪教育的四个支柱：学会求知、学会做事、学会共处、学会做人。看看这四个支柱，我们会发现，大多数与一个人的道德发展水平有关。从另一角度也解读了现在"教的内容"的要求与内涵。当然应该肯定的是：知识是德性形成和发展的基础。但对于初中生的"教"，仅仅是教给他们学科知识是远远不够的，即单纯与学生进行学科知识方面的交流是一种苍白无力的教法，也是不可能成为一个合格的中学教师的。看到一句话很有道理：小赢靠智，大赢靠德。半个多世纪前，朱自清先生曾说过："我总觉得'为学'与'做人'，应当并重，如人的两足应当一样长一般。现在一般号称贤明的教育者，却因为求功利的缘故，太重视学业这一面了，便忽略了那一面；于是便成跛的教育了。跛的教育是不能远行

的。"而现在的教育仍然存在这样"跛"的一面。

对于"教的方向"的认识程度，会决定"教的方式"的实施，这很大程度可以反映在我们现在对学生的评价问题当中。

案例 2-6：诺贝尔获得者的中学学业报告

2012 年 10 月 8 日，诺贝尔生理学或医学奖率先揭晓，约翰·戈登在接受媒体采访时透露说，在位于剑桥大学以他的名字命名的戈登学院的办公室里，一直摆放着一个镜框，镜框里装的不是画，也不是照片，而是 1949 年他 15 岁时，在伊顿公学的老师加德姆所出具的一份科学学业报告。他还说，除了这份学业报告单之外，他这辈子从未把什么东西郑重其事地用镜框装起来。

这是一份怎样的学业报告单呢？约翰·戈登倒背如流："这是灾难性的一学期。他的工作与学习离令人满意还差得很远。他的各项表现都非常糟糕，很多时候他都处于麻烦之中，因为他根本听不进劝告，只是坚持用自己的方法。我相信约翰·戈登想成为科学家，但以他目前的学业表现，这个想法非常荒谬，他连简单的生物知识都学不会，根本不可能成为专家，对于他个人以及想辅导他的人来说，这根本就是浪费时间。"

约翰·戈登如今取得的成就与当年老师对他的评价之间形成了强烈的对比。事实上，能够获得今天的成就，按约翰·戈登的话来说是，更重要的因素是他对自己兴趣的坚持和日复一日的努力付出。他讲道，在年少时，自己被生物学深深吸引，甚至曾经在学校里养过上千只毛毛虫，并看着它们变成飞蛾，这在当时还引起老师们的强烈反感。但是，这些信息都被媒体选择性地忽略了。

那么今天我们该怎样评价学生，怎样发挥评价的导向性机制？总觉得，教育是有规律并有很强的传承性的，教育是需要不断随着社会发展而有所改变的，甚至有那么一点超前，但一定不能否定一切，倒向一边，诸如"为了一切学生""表扬、表扬、再表扬"等观点。所以，虽然在 60 多年后的今天，加德姆老师对戈登的评价看起来像个笑话，但是成长中的学生所需要的鼓励，就像植物生长所需要的水一样，太少了不行，太多了同样也不行。

探索学生道德自我觉醒、性格养成的德育模式强调个体的道德发展，强调形成健全的人格和稳定的性格因素。当人有了一定的觉悟之后，人就变成真正的道德行为的承担者了。一种科学的、客观的、可操作性的"教育评语"（个性、品德认定）应该出现。当教育深入人的性情和个性的深处时，你就可以用个性这样的指标来评价他们了，而不是说什么品德好不好了。德育应该放下威严的姿态,变成一系列的人生指导事务,一项对生命负责的务实工作。

三、快乐学习:创设学生适性适心的学习乐园

在这个乐园里,所有的人,都将欢乐和开心地成长。这是一个乌托邦,是一个理想地,也是我们前进的目标。也许未必真的能实现像上面说的那样的学生自治,但那里面一定有许多这样的成分。

学生自治,在今天的中国教育环境下,也许是一个夸大其词、耸人听闻的章节标题,但仔细思量,在一些高中或优质初中,则完全可以实践。使学校更多地适应孩子,而不是让孩子适应一成不变的学校,这是杭州市十三中教育集团的一个伟大的梦想。为了孩子的健康成长,为什么我们不能放下架子,稍微屈就一下我们的孩子? 在孩子的成长过程中,健康的需求是应该被肯定的,应该被纳入教育的新命题里。学校不是一个教师占绝对主导地位的地方,学校是孩子愉快、健康成长的地方。他们是一个个鲜活的生命体,他们想做许多健康有益的事,我们无非就是为他们搭台。

学校尊重孩子个体生命的需求,可以转化为许多积极的课题和许多有意义的教育行为。比如,孩子的偶像崇拜情结是青春期特有的生命现象,教师不能嘲笑和打击他们,但可以引导,引导他们去推崇中国女排精神。现代教育集团在教学和追求升学率之外,更应当解决孩子们在成长过程中遇到的实际问题。这样的学校,才是关注人的成长的学校,才是受家长、社会欢迎的学校。

多年前集团开研讨会时,相关人员向与会教师布置了一个有趣的即时作业:"学生永远是第一位的,学生也是各不相同的。在你的教育人生中,你一定遇到了许多学生。请你想一想,在你们的具体交往过程中,你是怎么把人的培养放在第一位的。请你说出一个特别的孩子,说出一个你和他交往的细节或故事,不要标题,不要概念化。我们会把材料汇总的,就叫《一千个孩子》。"

这么多教师遇到的那么多孩子,何止一千个呢? 但是,我们开始了研究人的特殊性,研究作为教育对象的人的个别性和教育的个别性。正是这种巨大的数量上的汇总和分析,让我们知道了人的复杂和多样,让教育充满了挑战,让大家知道了一个道理——关于人的培育,并没有一个可以复制的蓝本。

面对不同的孩子,人是需要有激情去认知的,教师尤其需要有激情,因为你是拿一个生命去体会、认知许多生命,你在做一桩艰难、冒险但有趣的事。如果没有对这些生命的深刻理解,如果没有爱,那你就无从去谈什么教育,那就只有事务性工作。没有人间大爱的人,不关注每一个孩子,绝不能成为一个

教育者。后来,面对那么多的教育案例,我们分明可以看到这样四个字:自爱爱人。集团的所有老师,都在用自己的行动这样做:教自己的学生爱自己,爱别人,爱世界;认识自己,珍视自己;发现自己的缺陷和长处,从而更好地建设自己;爱身边的人,爱有缺陷的世界;对世界怀有爱意,并怀有奉献之心。

集团的老师们让孩子们去绽放,而不会冲到舞台中央去抢风头。未来这个世界是属于孩子们的世界。他们知道,让孩子们成功,让孩子们觉得我能行,这是头等重要的。

第三节　"鹰文化"的积淀与传承

中国古典文学、诗歌常用大鹏和鹰的艺术形象的磅礴气势,雄伟壮美的境界来比喻非凡心志,博大胸襟和无畏气概,赋予了鹰极其丰富、深刻的思想感情、精神象征和文化内涵。《楚辞》中的"苍鸟群飞",说的就是鹰。杜甫有咏鹰诗:"殊姿各独立,清绝心有向,疾禁千里马,气敌万人将。"毛泽东的诗词中有"鲲鹏展翅九万里,翻动扶摇羊角"句和"鹰击长空,鱼翔浅底"的名句。用鹰的搏击高扬、雄强威严、器宇轩昂和阳刚大气来传达高深的思想境界和博大的胸怀。

一、文以载道

杭州市十三中教育集团前身为创办于 1969 年的杭州市第十三中学,即杭州师范学院附属中学,系省一级重点中学。2000 年经历初高中分离,2004 年成立为全日制初级中学教育集团。在这样一个学校发展过程中,校园文化也同样经历着一种发端、传承与积淀——从蕴含校园文化的雏鹰展翅校园雕塑到代表学校与学生共同成长的校标,到现在的"鹰文化"课程体系……

以鹰的精神,传达叱咤风云、大气磅礴,惊心动魄的恢宏,雄威卓越的风采,是中华民族豪迈精神的体现。鹰击长空、高瞻远瞩、大展宏图,长久以来激励和振奋着中国人的精神理想和对远大目标的追求。国运强盛、积健为雄,鹰的形象蕴含着中华民族的振兴、腾飞和崛起。

这正是取其中国传统之"鹰文化",发于学校莘莘学子之传承与积淀。集团校标——雏鹰展翅,就是以抽象的表现形式,展现一群雏鹰正准备飞翔。意思就是让集团的学子像雏鹰一样,张开学习的翅膀,奔向广阔的世界。正所谓大鹏展翅,雄风飏,正气扶;振翼羽,挽彩虹,映日月;一飞冲霄汉,扶摇直上九万里。而三只雏鹰展翅图案组成"13"字样,同时象征十三中教育集团;三只雏鹰展翅高飞,象征教育集团踏着奋进的步伐,在大好形势下激流勇进;三只雏鹰又像三面在风中飞舞的旗帜,展现了十三中教育集团各个校区充满活力、朝气和辉煌。整个校标呈现积极向上的精神,富有动感和艺术感,预示着十三中教育集团充满朝气、充满希望的明天(见图 2-1)。

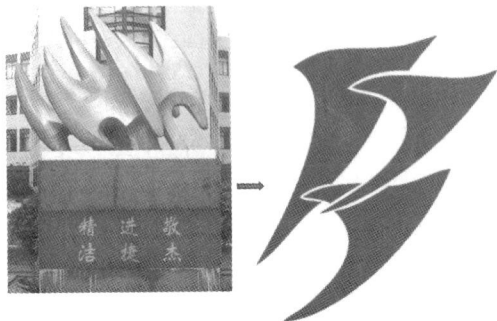

图 2-1　校园文化的积淀与发展

学校因学生而存在,一切教育活动都是以学生的发展为目的,使学生在学校能够得到全面的发展。好学校培养的学生,不仅要考试分数高,还要身体素质好,解决问题能力强,更重要的是要具有高尚的人格。正如爱因斯坦所说:"学校教育的目标始终应当是,青年人在离开学校时,是作为一个和谐的人,而不是作为一个专家。"和谐的人的教育,是体力与智力、体能与智能、思想与人格的均衡发展的教育。一个有高尚人格的人,即使从事一般性工作,也能把每件平凡的事情做好,成为一个不平凡的人;而一个道德沦丧的人,其创造力越强,可能对社会的危害性越大。

二、志存高远

集团关注每一个学生,让每一个学生享受成功。十三中教育集团之所以被家长认为是一所好的学校,最重要的就在于学校关心自己所有的学生,并为他们提供得以充分发展的机会。苏霍姆林斯基这样告诉教育者:"不要让上课、评分成为人的精神生活的唯一的、吞没一切的活动领域。如果一个人只是在分数上表现自己,那么就可以毫不夸张地说,他等于根本没有表现自己,而我们的教育者,在人的这种片面表现的情况下,就根本算不得教育者——我们只看到一片花瓣,而没有看到整个花朵。"

"素质教育"并非"一刀切"的教育,而是既面向全体学生,又是针对每一个学生的个性特点的教育。十三中教育集团尽可能挖掘并发展每一个学生的潜力，尽可能多地让学生在各方面都获得理想的发展，这是十三中教育集团每个教育者的期望。一般来说，优秀生智商较高，即使不那么刻苦，学习成绩也会在班里名列前茅。为了让这些学生真正发挥出自己的潜力，学校通过一系列措施引导他们树立理想，明确志向，真正做到"志存高远"。

认识自己：优秀生虽然有较强的自信心，但同时，有些优秀生对自己的不足往往认识不够，也有的优秀生对自己的人格修养、知识框架、能力结构等综合素质也缺乏科学的分析与评价，有的优秀生对自己某些方面的发展潜力认识不足，如此等等，都妨碍着他们进一步充实自己的综合素质，妨碍着他们发展自己应有的才华，最终也阻碍着他们成长为高素质人才。为了帮助这些学生超越某些具体的考试分数和名次，学校专门安排了"我与名人比少年"等系列主题班会，通过对自己求学过程中成功的经验与失败的教训的冷静分析，通过各种具体的课内外实践活动，让他们正确、全面地认识自己，进而更有针对性地发展自己。

承受挫折：长期处在金字塔尖的优生们，很少品尝失败和被冷落的滋味，这使他们对受挫的心理承受力相对较弱，一旦遇到各种"打击"往往情绪低落，悲观失望，个别学生甚至对前途失去信心。因此，优化优秀生的心理素质，特别是强化其受挫的心理承受力，是集团优秀生培养的一个极为重要的内容。在这里，优秀生与其他学生一视同仁，没有任何特殊化待遇可以享受；在这里，学生干部机制是能上能下的，没有优秀生"一统天下"的"终身制"；在这里，优秀生会尽可能多地在不同领域不同方面摸索，在失利的过程中，学会坦然面对人生路上各种意想不到的打击。

超越自我：我们的社会既需要杰出的人才，也需要普通的劳动者。但对少数具有出类拔萃潜质的优秀生，我们理直气壮地向他们提出"追求卓越"的希望。激励优秀生超越自我的要点有两个：一是尽可能多地让他们在各方面实践，以发现并发展自己以前没有意识到的潜质；二是鼓励他们在日常一点一滴的小事中战胜自我，甚至有意设置一些难题去磨炼他们，让他们在一次次自己与自己"过不去"的过程中，体验到人生的乐趣和辉煌正是从战胜自我到超越自我。

绝不放弃一个后进生，也绝不怠慢一个优等生，是所有教师的共同目标。在十三中教育集团，老师会把每个学生视为一个个具有自己丰富而独特精神世界的"个体"，并从他们独特的精神需要入手，帮助他们进步、成功，关注他们的学业成绩。具体而言：第一，难易适度，在教学要求上让学生能接受得了，帮助他们树立自信，只要有些许进步，就及时给予鼓励。第二，激发兴趣，教学手段尽可能丰富多彩。第三，规范习惯，于细节处严格要求，坚持不懈，促使他们形成良好的学习习惯。第四，夯实基础，开展多层次的个别辅导。第五，合作学习，让这类学生有机会尽可能多地参与教学活动。

关注所有学生的特长培养。学业成绩不理想的学生中相当一部分确实在学科学习上缺乏智力支持，这部分学生的学习规律总结、特长发掘是我们关注的重点。我们建立学生个别档案，通过学生自我认定或经家长及班主任、其他老师们的细心观察，帮助学生发现自己的学习的个别性。我们还引导、帮助学生开展各种社团活动，开设了许多选修课，不断地发展学生的特长，使他们的"特长"成为真正的特长，成为可能带来终生幸福的职业依据。集团通过各种方式搭建学生展示特长的舞台，使学生在展示特长的过程中树立自信，进一步强化他们的特长意识。有时是集中展示，比如兴趣小组成果汇报，科技艺体节活动上的展示等，有时是在日常学习生活中，充分利用他们的长处，为班级、为学校做贡献，增加他们的集体归属感和对自己特长的认同感。

我们也在不断进行着学生、教师、学校发展与社会需求的自我思考。关注学生的发展——学生是否能在学校得到最大限度的发展；关注教师的发展——教师是否能在学校得到最大限度的发展；关注学校的发展——学校发展过程中是否形成了自己的校园文化的积淀。而所有这一切，我们的思考与做法就是要让学生的核心素养培育在十三中"鹰文化"课程整合中得以实现。

十三中教育集团育人目标——致力于培养适应未来社会不同需要的具有"鹰"品质的公民。

集团育人核心素养——自信，即善于学习与勤于实践、人文底蕴与科学精神；自强，即健康身体与健全人格、兴趣广泛与情趣高雅；自立，即宽容大气与诚信友善、全球视野与民族情怀。

育人实施路径——以人为本，让学生获得最大限度的发展。努力挖掘每一位学生的潜能，在初中三年努力实现从学生潜能的发现到潜能的开发以及到才能的展现的三个阶段，充分体现学校在特色形成上的教育性，最大限度地促进学生全面发展和可持续发展。

继续发扬好集团校风——团结、和谐、宽容、大气；集团教风——严谨、务实、进取、创新；集团学风——勤学、勤思、求真、求实。拓展好校训"精、进、敬、洁、捷、杰"的深刻内涵，精——精益求精、砺志创新；进——求实奋进、力争上游;敬——敬长爱幼、敬业奉献;洁——洁美校园、品行高洁;捷——体魄健壮、思辨敏捷;杰——全面发展、人才杰出。围绕着学校育人目标,以满足每一位学生全面而又个性的发展为指导思想,以"鹰文化"为引领,以"三自"核心素养为立足点,在全面执行国家基础性课程的前提下,面向全体学生,架构"鹰文化"课程体系,形成十三中教育集团"鹰文化"课程群(见图 2-2、图 2-3)。

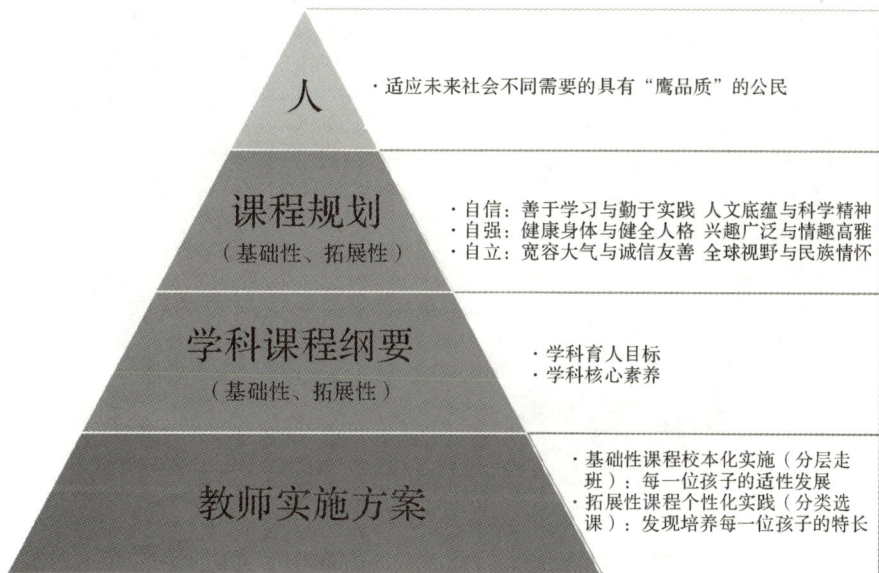

图 2-2　"鹰文化"课程体系

　　学校期望在这一过程中思考着、实践着、前行着,不断找到解决问题的切实有效的办法,才是更为重要的。看到发生的一切,看到可爱,看到笑脸,看到健康,也看到人性的弱点、人格的缺陷,并试图改变、尝试建构一个新的人格模型,这才是教育。发现孩子们身上闪光的一面,发扬它,光大它,这样做才是靠谱的、值得信任的学校教育。当然,从这里开始,也是最艰难的,当然我们已经开始了。

　　课程改革和教育改革是两个概念,其内涵和外延都大不一样。我们的教育改革实践一直是综合的。有课程改革,更多的是教育改革,我们从学校制度、运转、观念、文化等诸多方面,做了许多大胆的尝试,试图构建一个现代学校的组织框架。在许多年的办学过程中,我们坚持全方位思考,从办学观念层面,学校文化建设层面,到管理、教学的组织和开展,我们都有自己的做法。我们也积累了很多东西,思考了很多东西。

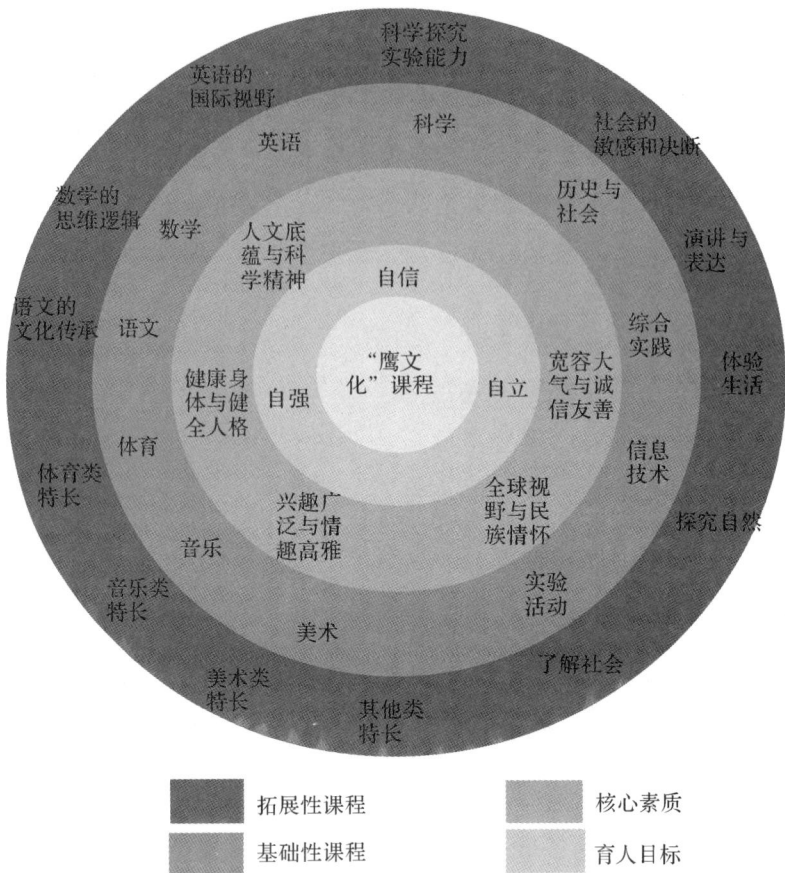

图 2-3 "鹰文化"课程群

三、百家争鸣

目前，十三中教育集团的课程改革实践，已经由最初的班级教学组织形式的变化发展到学习内容的重组、课程设置的改变，越来越深刻，由喧哗、热闹到安静、凝重，越来越讲究质量，越来越讲究教育规律和教育本质。学习的主体是学生，学校发展要牢牢地把握这个出发点。学校的主体也是学生，应该始终树立这个理念。

我们希望在确保国家课程、地方课程得到很好落实的情况下，调整和改革学校课程体系、结构和内容，构建符合素质教育要求的新的学校课程体系。为了这个目的，学校做了许多努力，在优秀教师中确立课程意识，让教师由课程的执行者变为课程的设计者、开发者。让教师具有反思意识，密切跟踪学生的学习质量,随时调控、改变自己编写的学校课程策略,由一个知识传授者变为学生学习的指导者和创新思维的培育者,由课程计划的执行者转变成课程的建构者,由教学的管理者变为学生发展的指导者、合作者。学生是发展的人,学校课程体系也是动态的、灵活的。

比如校本课程的建设还有很多的路要走。学校一直在均衡科目结构,合理分配资源,强调综合实践活动,加强学科的综合性,设置了综合课程。这些年来,我们开发的文科综合课、理科综合课,都收到了一定的效果。我们增设的综合实践活动深得学生喜爱。综合实践活动课是一门综合课程,也是经验性课程,以学生的经验与生活为核心,有实际性、开放性、自主性、生成性等特点。学生还积极参加各种形式的研究性学习,包括社区服务与社区实践,劳动与技术教育,信息技术教育,社会调查等。这些内容都很丰富。最近,我们把多年来社团活动积累的庞杂资料加以汇编,形成我们自己的社团特色课程。如棒球课,这本身就是学校的传统体育项目,开展已经有许多年的历史,我们已多次组织开展的国际交流比赛。我们还设立了开放的活动性课程,每门学科都开展了"1+X"的拓展性活动,将为学生提供更多的个性化选择,而走班选课也将真正得以实现,这些也将择优汇编起来,形成我们自己的学校课程体系。当然,教材的开发、实施与管理是一件很综合的事,具体落实中还有很多困难,要大家一起面对。

少年的成长过程,伴随着许多真实的痛苦和迷惘,他们的幸福感受和痛苦承受力,需要从基础教育这里获得的认知和体验来支持。他们对世界的看法,对世界的情感态度,将决定他们一生的生活质量和幸福指数。现有文化课是以文化知识的传授和考察为主要学习目的的,在这里要给他们积极的生命体验,关于人生的有价值的思考。一所现代化的学校,需要有自己的文化,需要有自己的想法和做法。学校文化当然表现在课程设置上。课程,是进入课堂的学校文化。课程特色是学校的重要特色。教育改革不是形式上的变化,更是教育内容的重组和革新。

关注生命、用课程形式来直接关注学生的生命,是教育集团的价值追求,他们懵懂地进来上课,聪明地出去做人。教育就是把孩子教聪明。希望学校课程能给少年带来内心的改变,价值观的改变。因为学校是所有国家课程的执行方,执行者有很大的操作空间,这为学校校本课程建设提供了可行性。重要的是做得怎么样,学生需要不需要,如果校本建设增加了学生负担,违背了国家课程精神,那注定是不能成功的;如果有助于学生发展,超越了同水平学校,那就一定要花大力气完成它。

集团的教育需要不断改变,变得更适合社会、学生的发展,有时更需要有这样的超前意识,并一直在努力改变着,如近几年,集团不断致力于从"精彩"的"教"到"有效"的"学";积极推动学生社团工作;开展丰富多彩的每月学生主题社会实践活动;推进拓展性课程实施,为学生提供更好的自主选择与个性化教育;推动现代技术在教育教学中融合与运用;积极开展国际化教育教学等交流活动;科研与教育教学互为促进;不断为教师创设专业发展、学习与研训的机会等方面做一些卓有成效的革新。

家大业大的满足、鲜花掌声的陶醉从来都不属于目标高远、头脑冷静的攀登者。十三中人有足够的勇气和理性,在新的起点上追寻新的梦想,伴随十三中教育集团共同成长、共同发展。

教育的最终解放,要拓展更为广阔的视野,为每个学生找准前进的支点。"尽最大责任心办好学校,尽最大责任心当好教师",已成为了十三中人永远不变的追求;"团结和谐、宽容大气"的校园文化为全体十三中学子创设了最好的成长舞台与土壤。

四、诗与远方

静心闭目,仿佛迎面走来一个个青春飞扬的学生,是什么孕育了这样充满仁爱、智慧与哲理的纯情少年?是什么孕育了这样充满和谐、宽容与大气的莘莘学子?是十三中日渐积淀的深厚的人文素养。有句话为此做了意味深长的诠释:当你把学校所学的东西都忘了,剩下的就是教育。那剩下的应该是什么?是烙在学生身上永远也忘不了丢不掉的东西。这正是学校努力要达到的品位目标:以深厚的人文积淀孕育宽容大气的莘莘学子。

未来的学校,所有的大型活动,都要尽量让学生来主持、策划,他们的所思所想所做,将大不同于我们成年人的刻板和程式化,而那些新的形式里,将包含着新的教育精髓。

未来的学校,校长将是一个教育家,不是办公室主任型的校长,不是教学型的校长,也不是科研型的校长,更不是官员型的校长。这个校长精通教育的本质,始终抓住教育的根本,冷眼看许多形式化的任务和要求,如那些耗费了大家非常多精力的检查、考评或活动。校长走到一个学生的精神世界里,和他一起为一桩事情苦恼或欢笑。

未来的学校,知识学习将让位于智慧获得。一个万能终端,一个指令,全世界联网大图书馆就会便捷地把要查询的信息显示出来。未来人的学习不是记忆知识,而是获得查阅、调配知识的能力和转化知识的能力。知识成捆地、打包打好了在那里,不加运用的知识是被浪费的资源。智慧是使用知识的能力,是辨别出什么是伪知识,知道什么样的知识值钱。智慧还是在具体的情境中,灵活地运用知识。

未来的学校,将是按照扁平化模型构造起来的,以学生为中心。一个叫学生中心的组织机构,将是学校里最重要、最核心的机构。校长的工作、教导处的工作,都不再是原先的刚性的"按我的意志办",而是根据学生中心发现的诸多问题来展开。

未来学校在倾听学生诉求的基础上,构建出全新的学校制度雏形,构建出全新的学生生活(包含学校生活、班级生活、小组合作生活、社会生活等),构建自主的学生社团活动,构建全新的课堂学习形式,还有全新的学生评估形式。

未来的学校,学习将在尽可能真实的场境里展开,学生获得的将是带有明确意义的知识。

有很多的猜测,有很多的憧憬,但未来的学校一定是学生的成长乐园。要重新发现孩子,新的观念就会产生新的学校,新的学校就会产生新的教育,新的教育会创造新的社会,新的社会就会创造新的世界。

第三章　时空解放

团队＋系统＋趋势＝成功。一个人走得很快，一群人走得更远！

目前，新课程理念不断深入，移动通信技术的迅猛发展，加上手机、平板电脑等智能终端的跟进，彻底改变了人类沟通交流的方式和方法，也改变了人类的生活方式，因而，我们的学习方式和方法也在悄悄地发生变化，慢慢形成了新的常态。细细梳理主要有以下两个显著特点：一是教学模式不断创新。从原先的注重教转向注重学，教师在探索提升课堂效率的同时，也不断加强学法指导。相应地，学生从注重听，转而注重参与实践和提问，借助现代教育技术，学习方式从被动转向主动，学习评价从结果评价转向即时性评价和过程性评价。二是从课堂逐渐转向课程。教师从单一的课堂教学转向立足学生终身发展和核心素养培养的课程开发和建设。通过整合课内外教学内容，解放教学内容，挖掘各种课程资源，把课内外、校内外的探究学习有机结合起来，科学地引导学生拓展探究学习的时间与空间，引导学生走上自主探究学习的快车道，让学生成为真正的学习主体，追求适性发展。

第一节　课程整合

课堂转型的新形态要求教师不能再囿于一章一节的得失，要以"立德树人"为教学理念，树立教学是为学生提供学习经历并获得学习经验的观念；以学生发展为本，构建体现时代特征和本土、学校特点的课程体系；以德育为核心，注重学生的人文培养；以教学内容的解放为突破口。因此，加强课程的整合，解放教学内容，研究课程教学内容、跨学科课程各要素间的有机联系和学生核心素养的培养之间的关系，就显得非常重要。

一、德育课程与教学内容的整合

(一)发挥资源优势,进行国防教育

杭州拥有丰富的国防教育资源。国防教育基地包括驻浙英模部队宣传走廊、国防教育基地巡展、半地下掩体等多个展区,为学生提供了丰富的国防知识资源。此外还有军旅夏令营,针对青少年精心打造的以体验军旅、国防励志、军事拓展、野外生存为主题的夏令营活动,将"军""教""游""学"四要素完美融合,在现役野战部队战士带领下,按照部队规则,实施军事训练、励志感恩教育,并融入富有挑战性的军事拓展及野外生存。军事夏令营突出青少年行为习惯养成教育,强化生存技能及抗挫能力,磨炼意志、拓展思维、挖掘潜能,培养吃苦耐劳、坚忍不拔的优良作风。

(二)利用十项活动,渗透德育教育

集团每学年都有十项常规活动:始业教育、运动会、心理辅导、阳光英语节、学雷锋、感恩教育、安全教育、社团文化节、语文阅读节、文明礼仪主题活动。通过这一些丰富多彩的活动,渗透德育教育。

(三)借助社区力量,丰富德育内容

我们主动加强与社区的联系,争取社区文化办公室的支持,建设德育和社会实践基地,主动争取社会资源的支持,形成齐抓共管的大德育氛围。充分利用社区力量,丰富德育教育的资源。我们与街道委员会合作,建立了德育实践基地,定期组织学生参与基地的德育活动。如团委、学生会到街道打扫卫生,请老干部对学生进行德育教育。

(四)挖掘家长潜力,提升教育合力

建立年级和校级家长委员会,充分发挥家长委员会的作用,在各年级召开的家长会上,学校对家长在教育子女方面进行了辅导,家长对学校提出意见和建议,在长期的沟通中,家长们纷纷赞同学校的观点,并决心以此为契机,与学校共同管理好自己的孩子。

二、学科教学内容的整合

(一)学科内容教学资源的整合

1. 课程与学生活动相结合

科学课的许多知识需要学生动手实验。比如说科学老师开展的"生活中的科学"主题活动就有很多有趣的实验,例如小纸片的大作用、酸碱性的测

试、神经反应的快慢和摩擦力等。在课程中,老师提前布置任务,要求学生准备实验在课堂展示,学生很高兴,早早在家做好了实验的准备。其中的可乐喷泉就给学生留下深刻的印象,连学习位于班级中等、课堂上不大愿意发言的同学都非常积极踊跃地参与。

还比如《美妙的镶嵌》这节数学课的取材就是来源于生活,又服务于生活的。现实中有大量数学素材,开发这些素材,可以使学生加深对数学知识的理解,又能提升学生应用数学的意识。我们可以从学生身边的生产、生活中寻找素材,引导学生发现问题,提出问题,分析和解决问题。《美妙的镶嵌》这一课是通过数学的眼光去发现身边的地面、墙面的镶嵌图形的特点,提出问题,分析和解决问题,从而服务于生活,也提升学生学习数学的兴趣。教师在平时教学的基础上,针对学生个性发展开设的课程,应当在拓展数学能力的同时,培养和激发学生对数学的爱好。这节课鼓励每一位学生动手、动口、动脑,积极参与综合应用的学习过程,给学生留下充分的时间和空间,引导学生积极探索与思考,有利于培养学生的创新意识与实践能力。只是有限的时间未必能将设计的环节进行到底,但是每个问题都值得从代数和几何直观两方面引导学生好好去思考,因此也可以分成两个课时完成,让同学充分发挥想象力,完成开放性作业并进行展示,提高问题解决能力,增强自信心。

2. 课内课外知识整合

在暑假,教师经常布置一些课外任务,比如,语文老师组织学生看《三国演义》,并布置了书面作业:你认为谁是真正的英雄?有学生认为诸葛亮是英雄,他熟知天文地理,通晓古今未来,鞠躬尽瘁,死而后已,诸葛亮诠释了"智"与"忠"的一生;有人认为关羽是英雄,温酒斩华雄,过五关六将,刮骨疗毒,无不体现了"勇"这一特点,他是真正的英雄;也有人一反前人"奸雄"的观点,认为曹操是英雄,说得也头头是道:曹操招贤纳才,求贤如渴,对忠于刘备的关羽也不例外,他麾下聚集了一大批猛将,又写出了"老骥伏枥,志在千里。烈士暮年,壮心不已"千古绝唱的诗句,因此集军事家、政治家、文学家于一身的曹操是不折不扣的大英雄。学生在深入阅读、分析的基础上,提出了自己的见解,提高了鉴赏能力,开展课外阅读的益处不言而喻。

开学后语文老师在检查落实阅读的同时,评出课外阅读认真的同学,适当予以奖励,认真阅读者得到奖励,阅读劲更足;敷衍了事者受到鞭策,阅读劲也会有所增强,这种检查落实与评比激励相结合的方法,能使阅读质量大大提高。

3.课程内部知识的整合

思想品德课现行教材是以"成长中的我""我与他人和集体""我与国家和集体"三大板块组织教学。这三大板块的内容分散在整个初中学段,我们可以以某个知识点为原点,打破教材的编排顺序进行整合后再组织教学。如在七年级上册学习"新集体、新面貌"时,可以将八年级下册"个人与集体的关系""我为集体添光彩"等内容进行整合。我们还可以从心理、道德、法律、国情国策四个板块整合。弄清各单元之间的内在联系,结合各单元的特点,设计好教学方案。教学时,既要注意全册训练点之间的横向联系,也要注意与整个学段训练点之间的纵向联系。做到前后的知识内容逐步深化,不断提高,构建单元知识网络,建立知识间的内在联系。一个单元各训练点的教学,如果在学完之后不从整体上加以总结概括,学生所获得的知识则是零散的。这不利于发挥单元整体教学的功能,因此应在教完一个单元的内容之后,构建起该单元的知识网络结构,理清内在脉络,提高综合运用的能力。

4.课程与实践活动结合

新课标中把风俗人情、自然风光、文物古迹等乡土文化资源,确定为语文课程的资源,改变了传统语文教学中以教材为唯一课程资源的格局,把语文教学与生活实践紧密地联系了起来,对当前新课程的语文教学模式改革具有重要的探索意义。因此,教师要合理利用好身边的乡土文化资源,将其运用到语文教学实践中去,全面提升学生的语文素养。杭州是一座拥有深厚文化底蕴的城市,有丰富的地方文化资源。在寒假,学校布置学生完成"走近乡土文化"的作业。学生以学习小组为单位,选择主题,进行专题研究。每个小组都在一位家长的陪同下顺利完成任务。开学后各个小组进行了展示交流。第一组,追寻历史渊源:以历史学家的身份介绍杭州钱塘、留下、武林、笕桥、江干等地名的由来及演变历程。第二组,探访名胜古迹:以导游的身份介绍雷峰塔、灵隐寺、飞来峰、钱王祠等名胜古迹,拟出解说词。第三组,品味民俗风情:以作家的笔触描述吴山庙会、花朝节、越剧等。第四组,仰望历史名人:以主持人的口吻介绍历代名人苏轼、白居易、岳飞、袁枚、张岱、章太炎、弘一法师、马云等人在杭州留下的足迹及其故事。第五组,遍数名优特产:以广告策划者的身份为名优特产龙井茶、张小泉剪刀、西湖藕粉、官窑青瓷等写出广告词。第六组,展望家乡发展:以新闻记者的身份报道杭州的发展,展望杭州美好未来。

在整个活动过程中,学生不仅能用身体去感受自然风光的秀美,更能用心灵去解读家乡人文历史的华美;可以与自然对话、与古迹对话、与文物对话、与名人对话、与诗文对话。在对话中，自然而然地扩大自己的视野，使自己的文化底蕴更加深厚，从而提高自己的语文素养。与此同时，也对语文教学内容进行有益补充，增强了语文教学内容的趣味性，调动了学生学习的积极性，激发了学生对家乡的热爱之情，从而实现了传承发扬乡土文化和丰富充实语文教学的双赢。

（二）跨学科教学内容的整合

1. 跨学科知识整合

七年级地理学科的许多内容与历史知识有着千丝万缕的联系。教师在地理教学中如果能充分挖掘、利用一些与地理教材、地理知识密切联系的历史史实、故事，插入一些历史情境，不仅可以拓展地理学习空间，丰富教学内容，活跃课堂气氛，引发学生地理学习兴趣，而且可以培养学生用联系历史的方法去主动探究地理问题的态度，促进学生形成基本的地理思想，掌握分析地理问题的基本知识和技能。比如说：(1)地球的形状。插入 15 世纪、16 世纪欧洲航海家的壮举与地球形状被证实的故事，让学生感受祖先们为探索地球的形状而经历了漫长、艰苦的探索和实践。结合这一史实，能使学生受到科学史的教育。(2)地球的运动。文艺复兴后期，很多科学家对地球的运动进行了科学探究。波兰科学家哥白尼大胆地否定了地心说，首创"日心说"理论，这在当时属于"捅马蜂窝"的举动。意大利科学家布鲁诺创新发展了哥白尼的学说，创立了宇宙无限论，坚持真理以致被教会迫害而死。德国天文学家开普勒历尽艰辛发明了"三定律"，从理论上进一步论证了哥白尼、布鲁诺等人理论的正确。意大利科学家伽利略首先制成天文望远镜，从实践上证明三位科学家学说的科学性。学生从故事中感受到所有科学真理的形成都需要不断探索的创新精神和大无畏的勇气。(3)大陆漂移说。德国科学家魏格纳从地图上得到启示而提出大陆漂移假说，进而潜心研究论证。他的研究成果使人类重新认识了地球。这个故事不仅可以引发学生对地理学科的兴趣，而且更重要的是让学生感受科学研究的一般规律和方法，即发现问题—思考假设—寻找论据论证，让学生终身受用。

2. 跨学科活动整合

学校文学社在社团开讲"文学中的茶"系列，社团请茶艺表演师来为大家进行专业的茶艺表演，不仅让社员了解有关茶的科学知识，学习茶艺表演的技艺，背诵几首有关茶的诗歌，更是去感受、去体验与心灵、生命、宇宙万物所关联的那种难以言传的"道"。同时，社团又邀请浙江越剧团演员、金采凤老师的弟子裘锦媛老师来为同学们开设"文学与戏曲"方面的知识讲座，不仅让社员知道了一些越剧方面的知识,而且让社员们懂得了传承文化的重要性。

第二节 技术革新

当前,我们的教育场景正在发生剧变。学生在家里打开网络视频,丰富多彩的教学资源就呈现在面前,根据个人所需选择适合自己的学习视频,点点平板电脑上的应用程序,打开下载的资料,听听英语、百家讲坛、故事、新闻、歌曲等,看看教师制作的微课;教师利用智能终端与学生互动学习,并及时批改反馈……教育的时空正在伸展,"互联网+"时代已经到来,学习方式正悄悄地在我们周围发生变化。

据 2014 年 5 月工信部统计数据显示,中国手机使用人数接近 13 亿,也就是说,接近 90％的人在使用手机。而在百度知道 2013 年暑假作业大盘点中,数据调查显示 32％的学生用手机在提问,相比 2012 年增长 200％。随着以智能手机为代表的移动互联技术的发展,信息技术学习已越来越成为年轻人所推崇的学习方式。这些数据证明利用手机和移动互联网开展的碎片化学习呈逐年上升趋势。

目前的信息技术学习主要是碎片化学习,主要特征是没有明确目标和导向,通过碎片化媒体(手机、平板电脑、电脑、书本、电视、音频、视频、文本、图像等)和碎片化资源(微博、微信、微课、短文等),利用碎片化时间(等车、排队、如厕等)进行的非正式学习。这种非正式学习天然地带有跨学科、跨领域的性质,受学习者兴趣和需要影响较大,不仅学习方式是碎片化的,连学习的主题和内容也是碎片化的。这些主题和内容是学习者自主选择的,而不是外界(如学校和教师)规定的。

碎片化学习具有学习时间灵活、操作性强、分割后的学习内容更容易获取、学习时间短更容易维持学习兴趣、更方便碎片化时间的有效利用、知识的吸收率有所提升等方面的优势,但也存在着知识系统被分割、知识之间的联系被中断等缺点。而且碎片化学习受学生个人兴趣的影响较大,学生在社会生活中随心、随时、随地通过多种媒体对知识进行片段式地学习,打破了原有的学科知识体系。那么学校应该如何应对碎片化学习带来的挑战呢?

一、微课导学助力学生系统自学

学校利用名校得天独厚的优势,集结了业务素质硬、有创新精神的一批教学骨干教师开发微课。按照原来的学科知识体系将微课专题化、系列化、层次化，以方便学生按部就班地自主学习。例如我们与人民教育出版社合作，开发初三语数英科社五门学科的复习课微课，形成各种成体系的教学资源。在课程改革过程中，学校以导学案为载体的"自学＋"教学模式，引导学生通过微课的自学完成导学案。我们还设计并利用好引导学生的知识地图，让学习者按照教师的指引，循序渐进地进行"碎片化"学习。

我们社会学科的微课和导学案同时进行预学。在教授新课布置预学任务时，学生在预学过程中可扫描二维码，进入教师创设的微信公众号。公众号分为"最新预学""名家经典""众说纷纭"板块，内容分别为微课视频和导学案部分答案、知识拓展、学情调查。学生可以校对导学案自主预学部分的答案、拓展"五胡十六国"时期"胡汉互化"的知识、提出疑问。教师搜集问题，了解新课学生掌握的情况，而问题则是课堂教学的重点和难点。

学生通过网络自发性地学习与交流，使面向共性的教学方式逐渐向追求个性发展的以学生自主学习为特征的个别化教育转变。当然要实现这样的转变不是一件容易的事情，学生个体的差异，教学资源的不系统，呈现出碎片化面貌，都会影响这种"转变"，而我们要做的是：一是承认学生之间是有差异的，能够用科学的方法诊断出每个学生的学习特征，并将学生之间的差异作为教育资源，帮助学生清楚认识自身在学科学习上的特点，为他们的定位和选择做好参谋。比如英语教学，有一些孩子刚进初中已学习了《新概念英语2》，还有些学生只能学习一些简短的短句，更有一些孩子只认识 26 个字母。那么怎么适应不同孩子的个性化需求，怎么跟我们的课堂教学比较好地结合呢？课堂上老师会训练孩子一些阅读技巧，比如文学类的和非文学类的应该怎么读。而网络的学习则借助于网络化平台给我们的孩子提供分层的阅读知识。通过这样的学习，每个孩子也可以看到自己进步的趋向，家长老师也可以跟踪孩子一个月之后的进步趋向。这种教学模式，很好地把学校课程教学跟今天网络个性化学习融合在一起，很好地实现了学校教育和在线学习的融合。二是依据学生之间的差异，对教学内容进行重新的组合，给不同的学生采用不同的学法、学习不同的内容创造条件，帮助学生在已有的基础上拾级而上。学有余力的同学可以自主学习，利用网易公开课、网易云课堂等丰富多彩的网上课程提前自学。对于有学科专长的学生可以利用网上分层分类的在线课程，对自己感兴趣的课程进行深入学习。在线学习还可以让学习者根据自己的学习需求控制学习的进度、安排学习的时间和地点、自由选择学习的内容。

比如某些同学在英语的口语听力方面有专长，而课堂学习中无法发挥自己的优势。在课堂学习的是基础知识，而在课堂之外的课余时间，学生可以按照个性发展的需求，寻找适合自己的时间，翻翻资料，看看视频，选择更多个性化的资源，用开放式的模式、可自主安排的时间开展学习。学习者在新建构主义理论指导下，按照积件式写作、个性化改写和创造性重构的三个步骤，进行零存整取式学习，从而建立个性化知识体系，最终实现知识创新。

二、借力应用程序点燃小组合作学习热情

在课程改革的过程中，学校建立了以合作小组为基本单位的学习形式，在团队学习中将大家的"碎片化"知识与技能整合起来，形成完整的学习成果。

例如在准备英语听力练习的时候，老师常会遇到以下几种常见的困难。第一，难于寻找现成的合适的听力素材，找不到既符合单元话题又贴近学生语法词汇水平的现成听力材料。如果老师对听力材料有所改动，就必须重新录制。第二，英语对话是无法独立完成录音的。对话一般要求一男一女，录制者通常无法做到一人分饰两角，在音色上做不出辨析来。但如果是团队协作，这些问题就迎刃而解了。第一步，教师可以根据学生的水平在手机上搜索一款合适的配音软件，并把这款软件推荐给班级学生进行安装。第二步，建立班级配音小组，合作完成配音学习任务，并将配音作品发在班级群里。第三步，群里面大家可以相互评价点赞，比拼人气。因为学生非常看重同伴以及老师给予的评价，所以能够出色地完成任务，提高英语的口语表达能力。团队的协作将"碎片化"知识与技术紧密地结合起来，激发了学生学习的热情，培养了团队合作的能力，提升了技术水平。

案例 3-1："盒子鱼"小组合作学习应用策略

"盒子鱼"（BOXFISH）应用程序（以下简称"盒子鱼"）是适用于手机和平板电脑的一款免费英语学习应用程序。教师通过"盒子鱼"教师端建立班级，学生下载好"盒子鱼"学生端后申请入班，教师就可以通过教师端管理学生的学习活动，并且布置学生预习"盒子鱼"中的教材同步课程，然后在课堂上利用投影同屏手机上的盒子鱼内容进行上课。除了与教材同步的材料和练习外，"盒子鱼"还提供了极为丰富的课外拓展资源，保证学生能自主学习英语课外知识。传统的课外英语学习往往完全依赖学生的自觉行为，而无法保证学习效果，这是不可监控的，课外学习经常会流于形式。但在"盒子鱼"中，学生可以自主选择适合自己的英语资源进行学

习,并获得积分和奖励。而且教师和家长能够实时监督学生的学习进度,保证学习效果,这种多样有效的学习方式既可以确保学生有效投入,又增加了英语学习的趣味性。同时,它也能有力地回馈课堂,增强教学效果。"盒子鱼"学习有以下几个特点:

1.竞争积累。"盒子鱼"除了同步课程的"Textbook"之外,还有"dialogue""words""quiz"和"others"等栏目,这些栏目涵盖了词汇学习、语音听读、课标话题、电影电视、文学欣赏、英语演讲、语法词法等项目,学生有很大的选择余地。但是一旦开始学习,就必须学完选定课程,不能中途退出,否则积分清零,前功尽弃。而且由于积分和排名在学生端和教师端会都会体现,学生只能破釜沉舟,勇往直前。同时,教师也可以加入"盒子鱼"所建的班级,和学生一起学习获得积分,以身作则,推动良性竞争,引领学生进步,形成师生共同学习进步的良好氛围。

2.融合教学。教师将"盒子鱼"中与课程同步的材料推送到所有班级,让全体学生做好预习,完成老师布置的学习任务单,保证课堂的高效性,进一步凸显以学生为主体的课改精神和理念。教师也可以建立不同层次的班级,让水平较低的学生"抱团取暖",而水平较高的学生则"华山论剑"。学生在与同等水平的伙伴共同学习时容易取得成就感、培养坚持学习的信心。

3.互动提升。英语学优生的活动不能停留在词句和文本的朗读背诵以及背景知识的简单积累上,必须要通过文本问题化和学习交际化来进一步培养发散性思维和批判性思维,同时锻炼综合语用能力。所以,在教师选择学生个性化学习的材料进行授课时,要深入解读文本,多角度设置问题和设计课堂活动任务,引导学生积极思考、合作探索和有效表达。

4.反思评价。"盒子鱼"的学习积分不是单纯靠学习时长堆砌而成的,学生只有模仿语音语调到位,答题正确,才有办法拿到更高的分数。这种要求会驱使学生认真回顾所学的知识,反思不足,正确地进行自我评价,积极改善提高,使个性化学习真正成为学生自我驱动的任务。

三、虚拟课堂重构学生知识网络

利用移动技术,可以随时随地借助手头的终端,打开电子书包,检索信息、搜集资料、记录数据、共享信息,交流协作,并且可以和自己课堂上的学习内容进行关联,促进教与学、教与教、学与学的互补。也可以让学生加入课程群,群内每天有在线分享课、问题解答、每日一分钟等活动。在这样的一个教育空间里,新建扁平化组织结构,通过自动化短小互动课程提升课程结构,匹配更为多样的教学方式。

我们来看一则案例,案例 3-2 截取了学校 QQ 群中学生、老师、家长对课文《狼》的讨论片段。

案例 3-2:班级 QQ 群探讨课文《狼》

章雨骋:为什么狼要闭眼睛啊? 闭眼了不是还会被不幸地杀掉吗?

章雨骋:如果从狼的角度复述的话,闭眼这个细节就不好写了。

史老师:你可以想想狼闭眼的目的是什么? 在他决定闭眼之前是否也有过纠结?

蒋金宇:如果狼没有闭眼的话,那屠夫和狼的命运全都改变了。

朱子昂:狼只差了一步啊!

徐亮:屠夫只是多了一个机会。

骆老师:大家还可以思考,为什么隐含了那么多狼狡猾的地方?

徐亮:最后狼死了,突出屠夫的机智吗?

蒋金宇:难道狼去抓羊,羊被狼吃了就能说明狼的聪明吗?

骆老师:机智和狡猾是不是角度问题?

魏书杰:我还是支持屠夫。

骆老师:语文的学习很多时候就是这样,没有绝对的正确,尤其是阅读。

骆老师:我个人觉得这篇短文的价值就是用简短的叙述描绘了一个惊心动魄的故事,刻画了极其微妙的心理活动。

蒋金宇:我觉得这样的作家很厉害。

骆老师:大家可以看看,文章几乎就是四字短语的结构,很少有长句。

魏书杰:古人都很厉害,想象力丰富,还能用这么简练的文字来表达自己所要表达的。

史老师:如果作者把什么都写全了,那你们就变笨了。

骆老师:以后我们一起学习经典写景散文时候,你们感受会更深。

骆老师:而且大家记住,作者蒲松龄一生潦倒,科举不中,并不是一个优秀的考试人才。

徐亮:哇!

骆老师:但是却留下《聊斋志异》这样的短篇巨作。

朱子昂:不一定所有好作文的作家都是博士、硕士。

程杏：红楼梦的作者曹雪芹也是这样。

骆老师：但是人的毅力等品质是可以延续的。

蒋金宇：其实每一个人都可以成为一个好作家。只是没有认真去体会生活。

徐亮：丰富的人生经历，过硬的文笔。

骆老师：善于提出问题就是最好的一种思考呈现，其他学科也一样，学习不是死记硬背，是融会贯通后的整合提问巩固，老师们也欣赏会提出问题的孩子，带着问题去学习，有什么问题放着，记着，我们一起讨论。

史老师：我觉得网络搜索不一定不好，但之前要先自己思考。然后去搜，也就宛如跟同学老师探讨一样的。只要有效地利用网络，以后我们的学习会打破班级学习范围的，我们在世界任何一个地方都可以探讨。

在这样一个教育的空间里，现实中的人（老师、同学）虽然身处各地，却可以在一个虚拟的课堂里实时互动，就宛如在真实课堂里一样。学生教师从个人的不同角度去理解课文、分析课文、讨论课文中的问题。教师注重启发式和讨论式的教学，使得学生对问题有了更深刻的认识。学生在对话交流过程中，有了新的思考，逐步形成了独立思考的能力，并掌握了重新构建知识网络的技术。

四、无边界学习实现学习自由

由于受传统课程思想的影响和现行教育体制的制约，在当前的课程实践中存在诸多相互对立的二元结构，诸如社会与学校、教师与学生、课程与生活、知识与经验等。如果不对这些相互对立的二元结构进行有效的解构，就不利于学生自我生活意义的建构。为此学校课程关注人的生活、生命与经验，重组学生个体"传记经验"，实施了促成学生自我建构的一种无边界学习方式。"无边界学习"体现着一种崭新的课程思想和教学理念，代表着教学和课程改革的发展趋势。学生在开放性、实践性、即时性、合作性、生成性、人文性和主体性的活动中，充分利用先进的信息技术手段，获取更丰富、有效、便捷的学习资源与工具，真正做到"社会即学校""生活即学习，学习即生活"的"无边界学习"。

无边界学习是以学习者为中心，借助教学媒体、依托网络的自主学习方式。在这种模式下，学习者时空自由度大，自主程度高，学习者个人难以控制学习的节奏、目标和方向。但是如果配以某种智能支持与引导系统的监督和评估，并引导完整的学习过程，这对于学习者是非常有意义的。同时信息技术的发展，渗透到人们生活的各个领域中，在线和离线学习与生活之间的边界变得越来越不清晰，课程与生活变得紧密相连，见图3-1、图3-2。

在众人的印象里，秋天的景色无论如何似乎都带着点萧瑟的味道。

其实不然，秋，也可以很暖……山上的小路两旁矗立着一棵棵身姿挺拔的树。枫叶火红的色彩深沉而热烈，金黄的叶如太阳般耀眼，光穿过树叶间的缝隙在地上投下斑驳细碎的光斑，落叶如调皮的精灵般，在空中与风嬉戏，玩够累了，便投入大地母亲的怀里……风跳跃着穿过微凉的指尖，空气里似乎散发着泥土的味道，透出一股温馨、宁静、梦幻般的美。

图 3-1 小王同学对秋的"微"感受

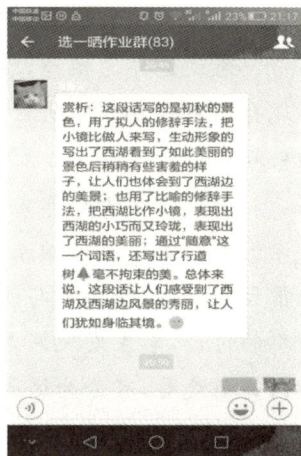

图 3-2 微信群的评价

案例 3-3：微信朋友圈中探讨景的描写

秋天的杭州非常美丽，小王同学跟着父母来到西湖边欣赏旖旎的风景，边走边拍，并把美图发到了朋友圈并配上一段话，抒发了此时此刻心里的感受。这段美文从光影交错的角度生动形象地描绘了景物的美，在文字中，我们能够不仅能够感受到秋日的暖意，更能感受到小王那颗爱美、激动的心，见图 3-3、图 3-4。

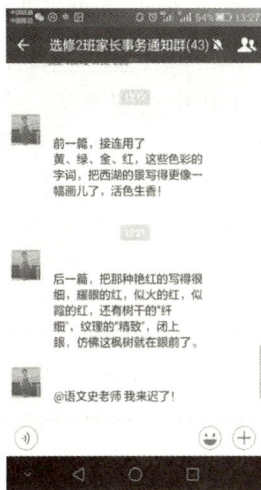

图 3-3 家长参与点评

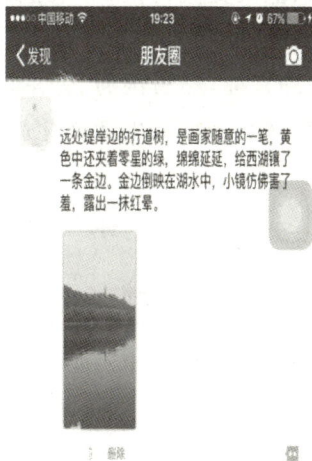

图 3-4 微信朋友圈晒景

于是，同学们看后纷纷点赞，小王同学心里美滋滋的。一石激起千层浪，也有同学晒出了自己观赏到的风景和感受。大家一起在微信朋友圈内点评、交流，同学的评价，家长的参与，老师的引导，使同学们对景色的描写有了更深的体会和认识。

通过这样的操作，学生能够发现别人和自己点评的"闪光点"，也能发现自己写作的"闪光点"，满足学生心灵上的成就感，激发写作和点评兴趣。

小王同学又对作文进行了修改，将图片和文字发到了学生小组群，同学们进行第二次互相点评。经过多次的创作，小王同学的作文水平有了很大的提高，那些参与的同学也经历了学习的过程，教学相长。通过微信群的讨论，学生发现写景规律：从部位角度看，可分为花、叶、干、枝等；从距离角度看，可分为远景、中景、近景等；从动静角度看，可分为动景与静景；从虚实角度看，可分为实写与虚写（比喻、夸张、比拟等）；从感觉角度看，可分为视觉、听觉、嗅觉、味觉、触觉等。这样，教师不需要在课堂现场，也可以完成作文的批阅、修改。最后，将优秀的作文发到学生群和家长群进行分享，还可以编辑到微信公众号进行分享。分享的过程中，学生会有很大的收获，会收获很多的鼓励，也会收获更好的写作意见，这进一步促进了写作教学。

网络是一个开放的环境，在网络中学习更容易让学生积极地参与到学习活动中，发表自己的观点，提出自己的问题，说自己想说的话，做自己感兴趣的事，更多地和他人交流讨论，听取他人的建议和意见，独立自主地做出评价与判断，引发思考、怀疑与判断。孩子们的脑袋里不断冒出问题、不断有想法、不断发展自己的兴趣，然后沟通、分享、生成、创新，生活中的课程像一条河流，始终新鲜、活泼，学科素养、生活文化就在这样的课程生活中沉淀了下来。

第三节　社团活动

我国教育家陶行知先生说过："要解放孩子的头脑、双手、脚、空间、时间，使他们充分得到自由的生活，从自由的生活中得到真正的教育。"学校在遵循教育规律和学生成长规律的前提下，通过营造适宜孩子开展科学活动的氛围，选择生活化的科学教育内容，提供有助于激发孩子探索的活动材料，积极引导孩子进行主动探究，学会运用科学知识解决生活中的问题，保护和培养每一位学生的学习兴趣，开发和培育每一位学生的学习潜能和特长，不断推进孩子科学活动生活化，以促进孩子全面、和谐、健康地发展。

一、建设体验式校园 营造活动化学习环境

加强学校体育设施的建设,进一步提升学生的体质,为创新人才的培养奠定扎实的身心基础,让每个学生都养成良好的体育锻炼习惯,掌握1～2项运动技能。"生命在于运动"说明运动对生命存在的重要意义,中学阶段是学生身心发育旺盛、体力明显增强的阶段,科学地进行体育锻炼,是增强体质、身心健康的有效途径。

加强艺术教育,培养学生的创造意识与创造能力,培养学生对事物的感知能力、想象能力及审美感受能力。艺术教育有着其他教育所不能替代的独特性,从艺术中学生可以得到有关我们自身和世界的知识、信仰和价值,这些知识、观点、体验和意义是其他任何学科不能提供和代替的,因此艺术教育是学校素质教育中必不可少的重要组成部分。

学生有广泛的兴趣爱好和个性特长,发挥这些特长可以促进学生全面发展,如后羿射击社团活动,其意义不仅在于满足于学生的个性需求,还可通过这项活动来培养学生学会观察和思考能力,磨炼学生的意志、陶冶情操、增进身心健康、感受生活中的美和快乐。以"气步枪握枪基本技术教学设计"为例,课程针对初一、初二年级学生,活动的重点是"塌腰降重心",难点是"力量的协调",第一次活动是按两脚的摆法与开度、腰部动作(转体与塌腰)、左臂动作、握把和抵肩五步要求展开的,完成每一项动作都需要静心和细致,动作还要做到规范到位,这项活动可以使学生养成许多优秀的品质。

驰骋棋类社团活动中除了学生之间可以进行思想交流与碰撞外,我们借助国际象棋的多变莫测,创建的这个社团正适合活泼机灵的初一、初二国际象棋爱好者,同时可以训练学生仔细观察、正确判断的能力——把自己的棋子走到最有利的位置,同时不让对方棋子抢占好位置,使学生进一步探究,让思考方式条理化、知识化,还可以使学生在分析问题、解决问题的过程中,学会合作,学会思考,寻找自我,体验成功,培养和提高了学生分析问题和解决问题的能力,勇于克服困难的坚强意志力。在课程实施中可采用讲授与实践结合的方法开展活动,在实施形式上建议教师设计、组织、主持和集体实践,在课程评价上建议形成性评价和总结性评价相结合,形成性评价涉及学习的参与程度、学习成果(学习总结等)的等级,总结性评价涉及在学习过程评价基础上综合判定,采用等级制。

天堂鸟合唱团活动构建了学生的审美情趣,在主题旋律教学中,基本操作

步骤分解为"审美构建—初步体验—问题引领—再度体验—审美认知—拓展延伸"六个阶段,在音乐欣赏教学中,通过音乐审美认知的建构,细读音乐文本的分析,让学生在适时地操作与体验中得到美的享受,使学生身心得到健康发展。

学校创新实验室的建设,为学生个性发展提供了空间和可能。探索改造学校的图书馆,大力拓展数字教育资源,丰富学生获取信息的途径。

学校创新实验室主要以机器人活动实验室为载体,将培养学生对于科学的好奇心和求知欲作为第一要务,指导教师对学生的美工创意、机械构造、程序编制等多方面进行专业性的辅导,主要包括:对机器人乐高组件的学习,完成零件的认知和基本拼装活动;熟悉乐高图形化软件编程的活动;对一些抓举、齿轮、机械手臂的拼装和程序的运行操作等活动。机器人活动实验室的教育理念是寓教于乐。用比赛促学生的思维发散,以比赛任务促学生的练习和思考,在杭州市科技节比赛中多次获得虚拟机器人一等奖,F11 工程挑战赛二、三等奖。同时机器人实验室的管理和教学也逐步规范化和拓展性课程化,努力发挥学生特长,合理拓展学生才艺多样化,条件允许时,学校准备引入 3D打印技术,并设立创客实验室。

探索实验室包括金工制作、模型创意、陶瓷工艺、心理体验等可以动手实践的活动,提供人人参与的体验空间。

心理体验活动是很有意义的一项活动,这项活动已进行了十多年,培养了学生许多优秀的品质。其中一个心理实验是"忍痛割爱",请学生把平时最珍爱的五个人写在纸上。同时提醒学生,每写一个人物,脑子里要尽量回忆这个人和自己生活的点滴。实验的第一步,告诉学生五个人物中只能保留四项,请学生慎重考虑,从中去掉一项,去掉的这一项要用笔划去。所以在语言上我尽量引导、提醒学生注意,一旦划去,就意味着他从自己的生活中消失了。在划去以前,要不断回忆他在平日给自己带来的欢乐,可现在他就要消失了,自己不得不跟他永别了。同时,挨个检查,督促学生用笔划去,划与不划的心理感受是大不一样的。此时学生很认真、很慎重,都注视着自己的内容,即使划完了也不抬头。此时学生的情感之弦已经被拨动,孩子们的心灵已经被唤醒,他们感受到自己生活的家庭充满了爱,这种情感的真实流露足以说明一切,感恩这个词的真正含义在活动中得以具体化。

模型创意正好吻合了初中学生的年龄和心理特征,同学们很喜欢,也很投入。"纸模型"活动拓宽了学生的学习时空,给学生提供较多自主探究空间,合理设计课堂各个环节,激发了学生的创新欲望和创新思维。纸模型四个课时连续进行,要求学生将一张图纸制作成成品,从而引导和促使学生主动学习纸模型,质疑纸模型的图纸并尝试和落实创新制作。每张纸模型图纸都有很多零部件,经过精确处理黏合就能得到一个立体模型。零部件的线条、形状等设计都各有讲究,落实了设计者不同的意图。学生会遇到不少困难,如何在规定时间内又快又好地完成制作是项大挑战。借助一些启发性问题引导学生思考,一旦学生带着思考去看待零部件就能更好地理解其设计意图,对重难点就会有一定认识,会产生自己的看法,就可能对难点进行改进,采取新做法,既达到设计者意图,又简化了做法。纸模型课堂创生了"南泠亭纸模型"和"西子号画舫纸模型"两项内容。纸模型零部件教学中不能仅仅满足于学生知道怎么处理,更要启发学生思考有没有更好更简单的处理方法。

二、依托校外学习场所 丰富活动化学习选择

集团每个学生都要参加为期半周的青少年素质教育基地的活动,展开团队拓展训练,增加学生的团队合作意识和合作能力。在"森林考察"中,学生们分小组进行自然探究,他们穿梭在丛林中,采集并制作植物标本库,做小小的资源调查员,走进植物世界,看谁找得快,这些团队活动使学生对森林知识有了更贴近的认识。在"野外生存"的户外绳结和野外生火活动中,学生们获得了野外生存的诸多常识,户外活动是一种充满创造性与自主性的活动。在这里,结绳法是不可欠缺的技术之一,如果想拥有一个有创造性的户外活动,练就一身结绳技术可以备不时之需,这已经不是野外生活,而是野外生活方式了。在"农事体验"中,同学们与农业研究者们近距离接触,亲身参与到农作物种植活动和径山茶采摘与炒制的全过程中;在指导员的帮助下每个学生进行创意小盆景的制作,倾听铁皮石斛的仿野生种植知识的讲座,亲眼观看铁皮石斛的生存环境,了解物联网在农业中的应用。通过这个农事训练课程,学生们了解了许多关于农业科学方面的知识,体验了农业科学在实际生产生活中的应用,感受到农业科学的奇妙与力量。农事训练的不同主题,展现了农业科学领域不同的魅力,使学生在惊叹之余,又多学了一点知识,多了一点对农业科学的理解。

每一项活动在使同学们获得一些知识的同时,也有利于他们建立互信、挑战自我、团队沟通和集体协作,经过专业指导员有针对性的启发与点评,同学们在体验中学习,在学习中改变,在建立团队的过程中放松身心,将以饱满的

精神状态和积极的心态投入以后的学习和生活中,这无疑是有深远意义的。

每个学生每学期要参加不少于两次的第二课堂活动,参观博物馆、名人纪念馆或故居和革命历史纪念馆等爱国主义教育基地,参观科技馆、科技示范园区和动植物园等文化科普场所,参加青少年活动中心组织的各项活动。

为了让学生感受"多元文化的交融与世俗的时代",从情感上理解杭州作为南宋都城时百姓生活的丰富多彩,学校利用本土优越的资源,组织学生们前往宋城景区进行了一次体验学习,通过亲身体验南宋民间艺术,使学生更多地感受南宋老百姓情趣无限的世俗生活,激发和满足学生的求知欲望。"葫芦烙画"是一门葫芦与传统的烙画艺术巧妙结合的南宋民间工艺。到了南宋民间艺术街,同学们了解了葫芦烙画的传说和历史,知道了制作的原材料、运用的工具和制作方法以后,就迫不及待地动手了。看到自己创作出来的工艺品既保留了民间纯朴天真的自然品味,又吸收了中国文人画的气韵,创造了自己洁净、洒脱的格调,还包含了即兴的创作风度,大家都很开心,有同学说:"做一回南宋百姓的感觉真好,看戏、做工艺,生活真悠闲……"还有同学说:"历史书上那一个个铅印的楷体字,每一个字都是有生命的。"

体验作为学生有效的学习方式和智慧生长点,教学意义重大。教师有意识地引导学生不断深入观察和体验真实的社会生活,积极、主动参与学校和社区的各种活动,在实际活动中体验、发现并综合运用各种知识去解决问题,有助于提高学生参与社会的实践能力。

西湖的文化不只是杭州的文化,它更是世界的文化。"西湖印象"课程包揽了蕴含西湖文化的南泠亭纸模创意、梁祝化蝶音乐鉴赏、湖光山色彩墨小品、三潭印月金工制作、花港观鱼、吴山天风陶艺创想,这些深深地吸引了同学们的积极参与。

案例 3-4：美丽的玻璃艺术展

亲爱的 Snoopy 同学,感谢你愿意跟随我来参观此次"欧洲玻璃艺术史"珍品展!我希望你能静静地、认真地欣赏,也希望你能从中学到一些知识,更希望你能得到艺术的熏陶,感受到参观展览的快乐!

参观展览的时间很有限,所以我为你准备了一些小题目,请你和我一起回味展览。如果遇到不会的题,请自己查找资料解决。要是你都写得棒棒哒,我会很高兴。重要的是,你自己都会觉得自己很了不起,会很开心,对吧?

现在,让我们开始吧——

体育题:外出本就是个体力活,我们已经完成了!

历史题:

1. 玻璃的出现与使用在人类的生活里已有 4000 多年的历史,从 4000 年前的美索不达米亚和古埃及的遗迹里,都曾有小玻璃珠的出土。

2. 你知道玻璃艺术是怎么发展的吗?

地理题:

3. 最早发现玻璃的地区是属于哪个洲的? _____

科学题:

4. 玻璃是由 _____物质组成的,玻璃为什么是透明的?

5. 蓝色玻璃和红色玻璃分别添加了什么化学物质?

音乐题:

6. 请你做个游戏(材料:八个高脚玻璃杯、水、一支滴管、一根筷子)。

过程:拿八个高脚玻璃杯排成一字形。以最左边的空杯子作为高音 Do,依次向右加入水开始调音,音阶分别为 Si、La、Sol、Fa、Mi、Re 和中音 Do。音阶越低,杯中要加的水就要加得越多。为了让杯子能精确地发出音阶,可以用滴管加少量水来进行调音。调好音后,用筷子敲击,高脚玻璃杯就可以弹奏出悦耳的音乐了。你能说出其中的原理吗?

外语题:

7. 请将下面这句话翻译成英语:

(1)今天,我和妈妈一起到浙江省博物馆参观了"玻璃的艺术"展览。

(2)中国最早的玻璃镜子出现在明朝,它是由来华的传教士从欧洲带来的。

数学题:

8. 还记得这次展览活动从 2016 年 6 月 28 日开始,到 10 月 9 日结束,一共持续了多少天? 10 月 2 日是星期日,那么 6 月 28 日是星期几呢?

美术题:

9. 请你用简笔画的形式画出你印象最深的一个玻璃艺术器具。当然,假如你愿意,还可以给它上色。如果有困难,就请按下图依葫芦画个轮廓也可以。然后请说说它美在何处。

美在：

语文题：

10.谈一谈玻璃艺术在历史发展过程中的价值。

案例中,学生参加一次博物馆的参观活动,活动中的任务单是学生参观后要完成的作业,内容涉及不同的学科。有些内容是参观中有介绍的,有些是学生必须通过查阅资料,利用工具去完成的。通过第二课堂的活动,学生不仅得到了人文精神的熏陶,而且对资料和信息的收集、整理与分析的能力都得到了不同程度上的提高。

学校提倡组织学生参加户外的社团活动,融入社会,融入大自然,增加学生校外体验式学习,增进学生之间的友谊,陶冶学生的情操。

采风游学活动一直是深受社员们喜欢的活动,晨曦文学社带领社员前往杭州各风景点,甚至前往绍兴、海宁、桐乡等地采风游学。例如,我们利用假期开展了"走读西湖"活动。

案例 3-5：走读西湖

一、活动主题：走近苏东坡

二、活动目的

"欲把西湖比西子,淡妆浓抹总相宜"这一出色的比喻,被宋人称为"道尽西湖好处"的佳句,以至于"西子湖"成了西湖的别名。也难怪后来的诗人为之搁笔："除却淡妆浓抹句,更将何语比西湖?"写出这一名句的诗人是苏轼。苏轼是宋代文学最高成就的代表,并在诗、词、散文、书、画等方面取得了很高的成就。

这次活动,我们就想通过走近这位伟大的词人,来更好地了解杭州,了解西湖。

三、活动时间：5月2日上午9:30出发

四、活动地点：苏东坡纪念馆

五、活动分工

郑某某(组织团队活动,进行 PPT 制作)、程某(撰写调查报告)、周某某(配合组织团队活动,查询名人与杭州的故事)、章某某(查询纪念馆现状,拍照)

六、活动开支(预设)

每人:80 元

再如,每学期学校组织的阅读节活动中,鼓励学生贴近自然,文学社在国庆长假期间安排了"寻找杭城秋日之美"活动,并提供了一些参考景点。具体要求是:以文学社小组形式前往杭州各风景点或风景优美的小区,各小组最好请一位家长带领;上交三张风景照及一张小组成员在景点的集体照(电子稿);配一段文字,对所拍摄的风景做描述。

案例 3-6:寻找杭城秋日之美

10月2日,我们晟涵小组的同学来到了西溪湿地。那天,天气极好,阳光明媚,天高云淡。

进入西溪湿地,我们随着一条蜿蜒的小路走去,那条用青石板铺成的小路引领我们进入西溪湿地深处。一路上,我们看见了活泼生动的火柿节活动,在太阳光空下,仍有许多人在无拘无束地玩着,其中也包括许多大人,他们都像孩子似的,无忧无虑。在那儿,我们买了些棉花糖,那甜甜的滋味从嘴里流到心里。随着那条小路一直走,我们来到了西溪人家,那儿有许多好吃的东西,最让我流连忘返的却是那儿的"蚕茧"又大又白,那似真的茧,中间却是镂空的,这便是我对它百看不厌的原因,向远处眺望,仿佛能看见一片芦花中的秋雪庵。

……

这是一个美好的假期,社员们纷纷给我们发来了他们的采风成果。为了让活动更精彩,组长们动足了脑筋。有的邀约了家长,晟涵小组的小周妈妈利用微信现场直播了采风活动的过程。有的小组组员要去老家,组长会特意布置该组员单独做好这个任务,然后把成果发过来汇总。本来假期布置这样的活动,完成的人数总是不多,现在利用小组的形式效果好了许多。

有的同学这样写:宁静的河边。河面上,波光粼粼,亮晶晶的,水轻轻地荡着,蓬蓬的芦苇随风晃着……耳畔不时响起"咔嚓"的拍照声。我想,如此美丽的地方不用留影,我也会久久地将这一切珍藏在记忆里。

有的同学这样写:一个人漫步在小区的小道上,空气中弥漫着浓郁的桂花香,我闭上眼睛猛吸一口,沁人心脾,似乎身体舒畅了不少,这样几朵一簇簇、一丛丛的小东西竟能散发出如此迷人的香气,真是不可思议。风儿轻轻一吹,不知不觉中雨停了,晶莹的露珠点缀在叶片上,叶脉清晰可见,渐渐地露珠顺着叶角滑了下来。我小心翼翼地走着,生怕吵醒了这寂静的一切。

魔幻科学社团充分地享受大自然中科学的魅力。"花的标本制作"这部分内容在教科书上用桃花作为学习样本,可是实际上当时上课时桃花并没有开放,于是我们开始了探索:到底哪一种花的结构比较完整,适合我们学习呢?我们带着同学们到大自然中深入观察各种花,把花从外到内一一解剖,制作成标本并带回课堂进行分享。

同学们找了很多种类的花制作成了标本,花瓣、花萼、雄蕊都能清晰地被观察到,但是没有一朵花能被清楚地观察到雌蕊的完整结构,尤其是子房中的胚珠,见图 3-5。

图 3-5　标本制作

终于功夫不负有心人,社员们找到了两种花:结香花(胚珠可见)和樱桃花(胚珠很清晰),它们的子房和胚珠都相当的明显,对于社员学习子房的结构帮助非常大。同学们特别兴奋也非常自豪,因为他们的努力,找到了比教科书还要好百倍、千倍的观察材料,为自己提供了实验素材。

观察活动中,社团小组的每一个同学承担了任务,进行分组讨论、猜测推导、对比设计,加深了知识理解的同时,也提高了学习的自主性、动手能力和解决问题的能力,在交流合作方面都得到了很大的锻炼。

三、社团建设专业化 提升活动学习品质

学校社团是校园文化的一种重要载体,更是学生素质拓展的重要舞台。通过丰富多彩的社团活动的开展,能够开阔学生视野,陶冶学生情操,启迪学生思维,发展学生个性特长。因此,学校社团依托课程进行课程化管理,开辟课堂教学的新领域,根据学生情况、发展目标和教育资源,制定有特色的学校课程规划,分层次开发丰富多样的拓展性课程,满足不同年龄段学生的学习需求。

(一)确立社团活动目标

一直以来学校都提倡全员社团,学生的参与面广。因此社团指导老师会根据学生兴趣爱好,因材施教,努力激发学生潜能,张扬个性特长,让每一个学生都有一技之长的具体目标,并为每一个社团拟定了合适的目标。学期初,社团指导老师即制订本学期的社团活动计划、每课教案等,根据学生的兴趣开展活动。

(二)社团建设管理课程化

学校鼓励社团指导教师根据指导社团的经验,自己开发适合学校实际的、具有学校自身特点的课程,需要有明确的课程纲要、课程目标、实施方案和评价体系。根据学生的兴趣特长分类分层分项开设,学生自愿选择性参与。

长期的实践表明,课程化的社团活动有利于丰富学生课余生活的同时,让不同学生在不同的领域有不同的发展,让每个学生获得成功的体验,从而做到绽放生命的展示。课程化的社团活动有利于学生了解自我的兴趣爱好、能力特质的同时,形成自我发展的目标、促进自我规划的实现,达到"认知、体验、感悟、内化"。课程化的社团活动不仅有利于培养学生主动积极的学习态度和实践活动能力,还有助于学生形成自己的学习策略与方法,养成制订学习活动计划和总结的习惯。

(三)加强社团过程管理

社团集中活动的时间是每周五的下午,没有特殊情况,所有社团每周必须在指定场所活动,如有变动,需向团委报备。严格社团活动的考勤,每个社团

每学期要认真填写社团工作手册,同时在社团活动期间,由校团委对各社团的活动情况进行巡逻记录。

(四)构建社团评价体系

为促进社团品质的提升,特别制定适合学校的社团考核奖励条例和社团之星评比办法,团委要求每个社团的社长在学期初指定社团的工作计划,如实更新社团成员信息,每次活动都需要填写活动签到表,并详细记录每次活动情况,学期结束时填写社团工作总结并附上社团取得的成绩和荣誉,最后还应附上社团的经费开支情况。为鼓励优质社团的发展,根据各社团一学期的活动情况及目标达成度,对社团指导教师和社团进行考核。

(五)完善建设精品社团

在教师人员的逐步到位下,集团开办了更多的特色和精品类社团,通过外聘专业教练开办特色精品社团,逐步丰富完善建设精品社团。学校开设的社团有电子百拼、乐趣车模、飞翔航模、飞针走线、天堂合唱鸟、春望话剧、再建旧时光、黑白灰素描、创想机器人、光影摄影、后羿射击、飞火流星足球、驰骋棋类、热火朝天篮球、轻舞飞扬健美操、晨曦文学、乐活英语、魔术、纸模型、魔幻科学、历史大舞台和旅游地理等。它们丰富了学生的校园业余生活,满足了学生的多元文化需求,在促进学生全面发展的同时,充分挖掘了学生的潜能,使学生初步形成某些特长,并不断提高学生在音乐、文学、书法等方面的修养,展示了学生自强不息、积极向上的精神风貌和综合素养。

第四章　形态解放

第一节　合作学习

西湖区课改实施已经多年了,一些参与课改的教师最初接触并尝试小组合作学习,在课堂教学中,因为缺少系统的理论学习和有效的实践经验,小组合作学习开展得并不顺利,效果也不理想。究其原因主要有以下几种问题:(1)假合作:由于学习小组缺少必要的培训,组员之间缺少合作的心理倾向,因此产生小组内部责任不明、秩序混乱、发言没有中心等现象,只有学习成绩好的学生在组内高谈阔论,其余学生根本没有发言的机会,相对无言。到了小组展示环节,各组的优等生便把自己独立思考的结果作为小组讨论的结果展示了出来。在这种情况下,学生的思维没有调动起来,课堂也没有真正实现所有同学参与。时间一长,成绩差的学生对学习越来越没有兴趣,形成了恶性循环。(2)假讨论:在具体的教学中,有时由于教师设计的合作学习目标模糊、任务不明确,学生无法准确领会教师的意图,不能直接进入状态开展有效的合作学习;有时因为教师设计的问题过于简单,缺乏讨论、研究、交流的价值,学生在合作时无所事事,浪费课堂时间;有时因为教师设计的问题过大过难,学生茫然无所适从。(3)假评价:为了加强小组合作学习的有效性,在合作学习过程中进行及时的评价是非常重要的,但是教师忽视对小组评价,还有老师不能正确对学生的学习过程进行及时、有效的评价,导致学生的后续学习缺乏持续的动力,缺乏评价的系统,不能发挥好评价的导向和激励作用。

一、合作学习

合作学习是以小组为基本组织形式,根据一定的合作性程序和方法,积极挖掘课堂教学中的人力资源，系统利用教学中人际关系的互动，充分发挥学生的自主性和调动学生的积极性，促进学生相互学习，并以个体发展和团体成绩为评价标准，以培养学生具备良好的知识、技能、态度、情感和价值观为主要目标的一种教育教学活动。

小组合作具有"责任、合作、交往、主体、个性"的理念，因而合作学习不仅有利于单纯的学科学习，也有利于班级管理。小组合作模式下的班级管理，能为学生创造更多参与班级管理与自身发展的平台，如小组共同参与班级建设，小组自主策划班级活动，小组轮流参与班级管理等，通过这一系列的活动，培养学生自我管理及自主管理班级的能力。

二、合作学习中几个需要把握的要点

(一)合作学习是以小组为主体进行的一种教学活动

在传统的班级管理模式中，班主任是班级管理的主体，班主任直接安排或通过选举的形式任命较为优秀的学生担任班干部，班干部可以说是为班主任服务的。而小组合作模式下的班级管理不同于传统班级管理，它有一套属于自己的班级运作模式，把全班按照一定的标准分为若干小组，通过小组这个团体来组织班级管理。

合作学习小组的组建是影响合作学习有效性的重要因素，它也直接影响到合作学习活动能否成功开展，因此合作学习小组的建立是学生合作学习过程中非常重要的一个环节。

1.科学分组

对于合作学习小组的编排，应以"组内异质、组间同质"为原则，每个小组6人，全班可分为7～8个合作学习小组。由于各学科特质和合作学习需要多样性，因而要考虑学习风格、成绩、学生性格、兴趣、特长、性别等方面的差异，只有这样，才能使他们之间能够取长补短、优势互补。为此，我们要充分了解班内的每名学生，新生可以通过家访形式，从各个角度全面了解每一个学生，并做好相关记录。分组时同时注意男女搭配，尽量保证男女比例的平衡。这样每个小组基本都具有同样的水平、同样的条件，能够顺利开展公平竞争，又体现了"组间同质"。

2.组建形式

传统的课堂教学采用的是全班横竖分列排行，是一种秧田分列式的空间形态(见图4-1)，这给小组合作学习带来了种种局限。小组合作学习课堂要尽量利用有限条件,尽力追求有限空间的使用效率。为此,学校实验班级采用了T字形座位模式(见图4-2),全体学生按照各自小组就座,每一组学生排成T字形坐,按照成绩、性格、性别等因素安排座位,学生就有了足够大的活动空间,易于组织,有助于学生更好地合作交流,形成团体意识和合作意识。

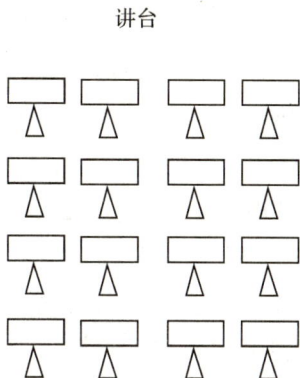

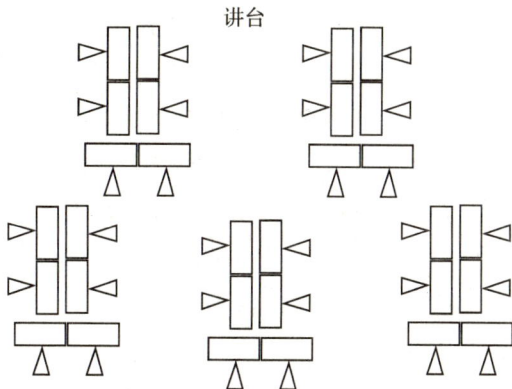

图 4-1　秧田分列式　　　　　　　图 4-2　T字形座位模式

3.小组分工

在一个合作学习小组中,设立小组长、主持人、记录员、检查员、评价员、发言人等角色,让学生明白合作学习不再是一种个人的学习行为,而是一种成员之间不可分割的集体活动行为,这就需要学生有团队意识、合作意识和责任意识,每个成员在小组中都要承担相应的职责。小组长职责:负责组织小组成员和合作内容的分工,把握讨论的主题,关注小组的活动情况,保证每位组员至少有一次发言机会,控制好发言时间及讨论的音量。记录员职责:负责记录小组合作学习中发现的问题和讨论的结果,同时也要积极参与小组学习。检查员职责:负责检查小组成员学习情况,确保每位成员都能完成学习任务。评价员职责:依据小组合作时组员的表现、态度以及交流的质量,给组员打分。

(二)合作学习是一种同伴之间的合作互动活动

教师应依据一定的标准,使每个小组都有优、良、中、差四个层次的学生,组员搭配上要注意积极大胆的和沉默寡言的学生搭配,性格上活泼好动与内向沉稳的学生分在同一组,各学科优势互补搭配。这样不仅有助于小组角色分工,也可以让每一个小组中都有不同学习风格的学生,利用互补优势提高合作学习的质量。

在小组合作的过程中,组员务必明确在小组合作时自己的任务是什么、怎样做、怎么配合其他组员。教师要对各小组进行指导,帮助各小组进行合理的人员分工,确认每个组员明确各自的任务职责,在合作完成任务时才不会不知所措。

从小组组员的分工和职责分配来说,分工越细、越明确,学生越容易操作执行。如果让一个学生身兼数职,管理多人,反而会让他在管理时缺乏目的性。时间久了,可能导致管理没做好,连学习也会受到影响。班级管理合作小组的建立就是要让每一个学生都真正成为学习的主体、小组的管理者以及班级管理的主人。教师要做的就是最大可能地调动学生的管理激情、学习热情,挖掘学生在学习和管理方面的最大潜能,让学习小组这个细胞永远活力不断,让班级不仅做到"人人有事做,事事有人做",更要做到"人人可管人,人人有人管","人人能帮人,人人有人帮"。

(三)合作学习是以各小组在达成目标过程中的总成绩为奖励依据的

在小组合作模式管理下的班集体,更重要的是对合作小组的评价。合作小组作为班集体中相对独立的集体,所有小组成员的综合表现就是小组的整体成绩。以十三中初二某班为例,该班主任采用日评、周评和月评相结合的方式来对小组做出评价。

针对学生每天的学习和常规表现,班主任和学生们共同设计了评比细则,包括作业的上交、课堂听课、展示、发言、背书、听写、默写、课堂纪律、午休、自习课纪律、卫生等,都以量化得分的方式进行。每个学生每天的各项情况加分或扣分,都清楚明了地展示在全班同学面前,将每个组员的最后得分相加,就是该组当天的得分。一天结束之后,便可计算出每个小组当天的得分,并及时将得分公布在评比栏,便于各组查看并及时做出调整。每个星期三班长会提醒排名最后的两个组要加油,每个星期五将一周以来每天的小组得分加起来,就是每组的当周得分。以每组的最后得分来排出当周的小组名次。由于小组的人数有所不同,有的小组为六人,有的为七人,为公平起见,采用平均分来排名,前三名给予小组排名奖,最后一名的小组实施一定的惩罚。在小组评比的过程中,要注意对计分的过程予以关注,要求学生如实记录。七年级初始阶段,要培养学生诚信的品质,让学生各组自行计分。作为合作学习中不可缺少的重要环节,有效的评价,不仅能促进学生更加有效地进行合作学习,而且有利于提高学生的合作意识和合作技能,也是合作学习得以有效实施的强有力保证。

(四)合作学习是由教师分配学习任务和控制教学进程的

小组合作学习是课堂教学的一种重要方式,但不是唯一的方式。教师要根据学科教学内容特点和学生实际情况对所学内容进行筛选、分类。

1.制定适当的小组合作学习目标

学习目标在合作学习中具有重要的作用,它贯穿于合作学习的全过程,是引导教师设计和开展合作学习的出发点,也是学生合作学习的最终目的。在制定过程中要注意以下两点:第一,基于学情,明确目标。新课改要求目标要包括知识与技能、过程与方法、情感态度和价值观三个维度,目标表述要明确,要让教师、学生看了目标之后知道自己要在什么样的情况下做什么,要获得什么样的效果。学校通过教学实践发现在一些课堂中,合作学习低效或者无效的原因大多与缺乏明确的学习目标有关。因此,教师在实施合作学习之前,要引导学生对合作学习目标有清晰的理解。教学目标应基于学情,着眼学生的最近发展区,为学生提供带有适当难度的内容,这样才能让学生"跳一跳"就有收获。第二,掌握方法,培养能力。课堂教学要让学生掌握学习的基本方法,并逐渐形成富有个性的学习方式,培养学生分析问题、解决问题的探究能力。"授人以鱼,不如授人以渔",经过一段时间教师的引导,学生就掌握了学习某科的方法,提高了能力。

2.选择合适的小组合作学习内容

根据初中各学科教学内容的不同,课型也异彩纷呈,因而小组合作的方式和内容也会有差异性。教师要根据不同的教学内容和课型选择不同的教学方法,设计合作学习的问题,这是有效课堂的最大困难。小组合作学习能让不同水平、不同兴趣的学生都发挥其特长,课堂教学要结合学生不同特点,做到灵活性和多样性相结合,让学生也各有特色,给予学生更多的选择余地和空间。

(五)合作学习是一种目标导向的活动,是为达成一定的教学目标服务的

在合作教学过程中更要充分发挥教师的主导地位,牢记教师是教学活动的组织者、引导者和合作者。教师良好的点拨引导是学生顺利实现合作学习的保证,是学生完成学习任务的重要环节,是提升学生学习能力的后盾。

1.帮助学生突破难点

由于知识水平和经验的限制,学生在自主学习和合作学习的过程中难免会遇到难以解决的问题,这时就需要教师适时地拉他们一把,提醒学生突破思维定式,换角度思考问题。教师有效的点拨,会激发学生深入探究的动机。

2.帮助学生深化理解

在多角度解读的问题上,因为学生的理解能力参差不齐、思维习惯不同,往往很难深入理解,此时教师的适时点拨可以起到"点睛"的作用,帮助学生深化理解,促进学生发散性思维能力的提高。

3.帮助学生纠正偏离路线

在小组合作学习的初期阶段,学生难免在讨论时会偏离主题,教师在巡视指导时,应及时发现,及时引导。当学生出现思维方向的偏差、思维方法出现问题时,教师的适时点拨则是这一问题的关键。

教师良好的指导是学生顺利实现合作学习的保证,是学生完成学习任务的重要环节。在课堂教学中,教师既要遵循学生学习主体的原则,又要适时地对各合作小组的学习情况加以指导和督促,以便真正帮助学生提升学习能力。

三、合作学习小组建设的规范操作

(一)寻找自己的小组成员

合作学习小组通常由六名学生组成,分 AA、BB、CC 三个层次。组建原则:初一、初二"组内异质,组间同质";初三"组内同质,组间异质"。小组行政组长必须有服务同学的意识、有较强的责任心与集体荣誉感,有较强组织、协调、口头表达能力,有强烈的创新意识,有较强的发现问题的能力且成绩较为优异。每个学科组长(行政组长与学科组长可兼任)有两重身份:一是学科老师的小助手;二是小组内学科学习的组织管理者。

(二)小组建设

第一,给小组起一个组名。给大家一点提示:小组每位同学要集思广益、共同磋商,为小组取一个积极向上、富有新意的响亮的名字,形成小组的特色。

第二,根据组名,给小组设计一个组徽。设计一个组徽,将小组的价值追求用具有冲击性而又简洁明快的符号语言表现出来。小组成员凝聚集体智慧将设计理念融入其中,设计出属于本组的独特、漂亮大方的组徽。

第三,为小组制定一个组规。小组就像小家庭,小家庭要有家规,小组也要有组规。组规由小组成员共同来制定,也要共同遵守。

(三)行政组长、学科组长培训指导

组长是一个小组合作学习活动的组织者,是老师的小助手,选好组长直接关系到学习活动的效率与成败,关系到班级管理的成效。通过自荐和推荐两种方式选出组长候选人,班主任教师与科任教师一起,从候选人中慎重选择六名学习成绩较好、组织管理能力强、责任心强的同学作为本班的行政组长。确定学科组长时尽量考虑让小组内每一个成员都能担任一门学科组长,共同来实现管理他人和自我管理的目的。在确定了各类组长人选之后,接着要做的

关键工作便是让每一个组长明确自己的职责,才能顺利有效地开展下一步的工作。以下是行政组长职责(见表 4-1)和学科组长职责(见表 4-2)。

表 4-1　行政组长职责

职位	行政组长
选拔标准	学习优秀,敢于负责,大胆热情,公允严明,有较强的语言组织和表达能力
管理范围	整个小组,有时还负责对班委的考评
具体职责	1.领导小组文化建设,包括组名、组徽、组规等的完成; 2.维护并执行组规,处理组内成员的纠纷。当组员有不良行为时,组长要公平公正地对待所有组员; 3.根据小组良性发展的需要,和纪律组长达成共识后,有权调换组员座位; 4.宏观调控本组同学的学习和生活情况,组织督促小组同学一起完成学习任务,积极帮助、检查后进同学的学习情况; 5.给小组同学分配具体的学习任务,和学科组长协商,组织、调整本组内的结对帮扶活动; 6.每周定时和纪律组长、卫生组长、学科组长汇总本周本小组情况,找出问题,确定下一周的努力方向,并给表现最好的同学家长报喜,同时将问题同学的表现以书面形式上交班主任,由班主任和家长沟通,取得家长支持; 7.认真做好小组日志的填写。

表 4-2　学科组长职责

职位	学科组长
选拔标准	学科成绩优秀,有自己的学习心得,乐于助人
管理范围	全组同学
具体职责	1.负责小组内每天本学科作业的收发工作; 2.负责对本小组未完成作业或不认真完成作业的同学进行统计并及时上交学科代表; 3.检查、督促组内同学本学科的导学案和作业完成情况; 4.检查本组同学导学案的修正情况和课堂上做笔记的情况; 5.协同组长组织本学科课堂教学各环节的任务分配(如板书、展示、点评、总结)并调控任务的完成进度,组织组内讨论,落实展示的人员和内容,确保每个学习环节有序进行; 6.协助组长搞好组内本学科结对、帮扶工作,确保本学科学习目标的达成,带动组内学习气氛,参与积极性; 7.主动帮助组内同学,解决他们在本学科学习中的困惑,耐心解答同学的提问; 8.老师不在时,如自习课,负责全组同学对本学科内容的学习; 9.语文和英语组长还需布置组内早读任务,监督和管理每天同学们的早读情况。

(四)优秀小组成员的几个要素

1.坐姿规范

现在很多学校都是 T 字形围坐,学校规定学生上课前等待时和上课中老师在前面讲解时以及其他同学上台展示时,都要面朝前坐,等到小组讨论时或需要学生记笔记时,大家坐回原样。小组讨论起身坐下要迅速安静,凳子要放在桌子下。

2.听讲认真

不管是讨论还是组长分配任务时,只有一人说话的声音,其余同学倾听,也就是整个班级有几个组就只有几个人说话的声音,其余同学想提自己的建议只能等前一位同学发言完毕。

3.表达清晰

学校根据经验有一个发言模板,当然各科老师可以根据学科特点有所修改:

"大家好!我们是第×组成员,我们来展示第×题,我们组形成的一致意见是……"

"我们组的展示完毕,请问大家有什么意见或建议。"

"请老师点评。"

反馈:(1)完全认同别人的观点时:我同意他们的意见。我和他们想的一样。(2)同意别人的部分观点时:我同意他的这一点,但是我还想补充一点……(3)不同意别人的观点时:我还有以下问题不明白,希望得到解释……我不同意他的观点,我认为……

4.学会交往

(1)学会聆听;(2)真诚关心别人;(3)学会赞美别人,学会取长补短;(4)经常保持微笑;(5)言而有信;(6)勇于承担责任。

5.学会讨论

(1)小组所有同学都要参与讨论,讨论时要各抒己见,并就分歧的意见进行辩论。(2)要控制讨论的声音,只要组内听得见就行了,不能影响其他组的讨论,更不能大声喧哗影响全班的讨论。(3)要注意讨论的礼仪。提问、回答、交流、探讨要有礼貌,要尊重他人,不得有讽刺、侮辱的言行。

(五)小组考核与表彰

作为合作学习中不可缺少的重要环节,有效的评价,不仅能促进学生更加有效地进行合作学习,而且有利于提高学生的合作意识和合作技能,这也是合作学习得以有效实施的强有力的保证。小组合作学习的评价应从以下几个方面进行。

1.确立行之有效的评价标准

在对小组合作学习进行评价时,为了帮助他们从不同角度提升学习能力,评价要做到以下几点。

(1)公平性

要一视同仁地对待每一个小组、每一位学生,要让每位学生都有被评价的机会,特别是要让后进生感到他们没有被忽略,他们是被关注的。

公平公正的评价符合学生的期望,只有公平公正的评价才能让学生乐于接受,让学生从中得到启发,得到激励。

(2)激励性

有效的评价应以促进学生更快更好地发展为目的。教师的评价要以肯定和鼓励为主,要有利于激发学生的进取心,提高学习的积极性。

教师的评价要有利于学生找准前进的方向,获得前进的动力,既要尊重他们的独特体验,又要保护他们继续探究问题的勇气。

(3)发展性

新课标指出:"教师应尊重学生的人格,尊重个体差异,满足不同学生的学习需要……培养学生掌握和运用知识的态度和能力,使每个学生都得到充分的发展。"教师在进行评价时,不应只关注成绩,更要关注他们能力的提升、习惯的养成,要用发展的眼光看待学生。一个学生只要相对于他自己而言有进步,我们就应及时地给予肯定。同样,一个小组比昨天、比过去有进步,我们就要表扬全组每个学生。反之,当他们有退步时,我们也要及时提醒。

2.实行多元化的评价方式

小组合作学习的评价方式主要有以下几点。

(1)小组评价与个人评价相结合

在小组合作学习中,对学生的表现进行评价首先要着眼于集体,小组整体是否进步取决于小组的整体表现,而小组的整体表现又取决于每个小组成员的表现,因而对小组进行评价有利于提高学生参与合作的积极性。但如果只注重小组的表现,而不关注个人的闪光点,也不利于学生个体能力的提高。特别是对后进生来说,每一次的表扬和激励都有可能使他产生质的飞跃。因此,小组评价要与个人评价相结合,以小组评价为主,个人评价为辅,使合作和评价形成良性循环。

（2）过程评价和结果评价相结合

过程评价主要是评价学生在小组合作中的行为表现，是否积极参与，是否全员参与，小组成员在参与过程中情感、态度和能力的生成变化，以及小组创新精神和实践能力是否得到发展。

结果评价关注合作学习小组在一个阶段学习后的提高幅度，可以是一次合作学习后的整体评价，也可以是某一阶段合作学习后的总述性评价。

小组合作学习评价主要是指向小组层面，更多的是帮助每个学生能力的提升，尤其是后进生。评价是为了发展，因而要注重积极的学习过程而不仅仅是终极结果，要做到过程评价和结果评价相结合。

（3）教师评价和学生评价相结合

为了使小组成员之间形成亲密的互助关系，教师对小组合作学习的评价要本着集体评价的原则，要对合作学习的小组参与程度、学习态度以及学习成果做出评价。

学生评价应包括组长评价、组员互评、学生自评。组长要从组员自身的发展角度和组员之间的比较两方面进行评价；每位组员要对组内其他成员的合作态度、合作质量、是否有独特见解等方面做出评价；学生个体在评价别人的同时也要反思自己，并对自己做出正确的评价。

（4）有效评价与适当奖励相结合

学生作为独立的生命个体，既有精神的需要，也有物质的需要。在通过有效的评价实现精神强化的同时，也要适当地进行物质奖励，以实现物质强化，但物质奖励不宜太频繁。学校在教室显眼位置布置"五星两优"展示台，每月评比一次"展示之星""点评之星""参与之星""勤奋之星""进步之星""规范之星"以及两个优秀小组，展示他们照片，同时每学期评比一次"美丽小组"和"美丽学生"。

第二节　分层走班

班级授课制存在着先天的、致命的缺陷——无法关注每个学生，无法根据学生的不同特点因材施教，让每一位孩子有选择的权利和机会，从而实现每个学生都得到适合自己情况的发展。作为学生群体，客观上存在着差异性，落实素质教育，就是要承认学生个体差异，体现因材施教的原则，充分发挥学生的个性特长，在教育中既要把握学生整体性特征，又要顾及学生个性化特点。虽然造成学生学习困难的原因是多方面的,然而其中一个重要方面与教育教学目标的"一刀切"密切相关,不论学生的基础好与不好,接受知识的能力强与弱,都用同一个标准衡量,致使相当部分学生在学习过程中,反复失败形成失败者心态,而提供给学生成功体验的机会太少,成功教育学主张要积极为学生创造成功的机会和条件,帮助学生尝试成功,促进学生主动内化教育要求,形成学习内部动力机制。

一、关于分层走班

学科分层走班教学是指以固定的行政班为基础,按学生在某门或某些学科上的认知水平、学习潜能和学习兴趣等方面的差异,将学科分成若干个层次,设置若干个层次班,结合学生自主选择,师生协作认同的原则而确定学生所在的层次班,对层次班再进行隐性分层而开展教学的一种教学模式。

这种教学模式包括四方面的特征:(1)原先的行政班不打破,只在某些学科上实行分层走班教学。(2)分层时力求体现学生的主体性,分层的目的不是将学习困难学生甩掉,而是充分发挥学生的主体性,满足个体发展的需要,使学生客观地认识自己,坚持自愿选择的原则。(3)在层次班里进行隐性分层,这样更有利于照顾到差异学生的需要。(4)在一定时间内根据学生发展的情况进行层级调整,随时保持"教"与"学"的统一,调动学生学习的积极性、主动性。

二、分层走班制给教学带来的好处

(一)调动学生学习的主动性

分层走班制能使学生从自己的兴趣和实际能力出发,有的放矢地选择、安排自己的课程结构,构建适合自己发展的"套餐",并从中逐渐找到将来发展的方向。初三的学生在学习能力、学习方式等方面已经有了一定的差异,而且初三学习更多的时间都用来复习、是对以前的学习再回顾,因此学习差异更大。分层走班教学可以将原来两个平行班重组,使得学生之间的差异变小,学习水平更接近,可以较好地解决"学优生"吃不饱、"学困生"吃不了的问题。

(二)利于开展研讨与交流活动

分层走班制使学习基础和接受能力等状况基本相当的学生"走"到一起,分为 A 班、B 班,A 班的学生平时可以在掌握必需的基本教学内容基础上,再侧重于对学生能力上的提高,培养他们自学的能力。特别是在讲解习题时 A 班基础较好可以节省很多时间,教师可以分析重点、难点、易错点。有时也可以让学生之间互相分析问题所在,互相解决问题。总的来说就是非常灵活、机动、有的放矢,教师可以根据学生的实际情况随时对教学做出调整。而B班的教学刚开始让很多教师很担心,担心课不好上,教学效果也会很差。有的教师直言不讳:上B班的课很没劲,本来就差,认不认真上课都没关系。于是我们就加强B班的备课,调整教学目标,降低难度使得学生也能找到学习的成功和乐趣。慢慢地学生也能理解教师的用心良苦,师生之间的配合也越来越好,这点让我们很受感动。

(三)利于增强竞争意识和合作意识

在刚开始分班重组时就明确强调了A、B班成员不是固定不变的,是根据学习的情况进行调整的。这无形中也给A班学生增加了压力:不能让B班的同学超过。同时也给B班学生带来了动力和机会:学得好就可以超过A班的同学,也可以进A班。因此这种A、B班调整制度会让学生之间形成良好的竞争氛围,让学生意识到通过自己的努力是可以实现自己的目标的。

(四)利于增强其自信心和成就感

学生尝到成功的快乐,就减轻了思想压力。原来在一起的两个平行班,由于教师的教学主要照顾中间学生,班上一些原来基础不好的同学,上课还要听老师讲他们理解不了的知识,最后什么也没掌握好,考试结果可想而知。分层走班以后对于B班学生来说,基础内容的完成成为主要教学目标,基本问题解决了,学生才可能去思考更高难度的问题。在调整了教学目标和内容之后,学生开始在考试中尝到甜头,感觉自己上课能听得懂,会做题了,学的知识在考试中也能派上用场。比如女生甲平时学习认真,但数学和科学是她的弱项,她主动要求在B班上课,经过半个学期的学习,她的数学和科学有了较大的进步,在B班中名列前茅,她的成绩在A班中也处于中等位置,最后升入了理想的优质高中。学生在考试中有了进步后比以前的学习劲头更足,他们也体会到了分层走班带来的好处。

(五)利于提升教师教学能力

教师在备课时事先估计了在各层中可能出现的问题,并做了充分的准备,使得实际施教更有的放矢、目标明确、针对性强,增大了课堂教学的容量,有利于提高课堂教学的质量和效率。同时通过有效地组织好对各层学生的教学,灵活地安排不同的层次策略,极大地锻炼了教师的组织调控与随机应变能力。分层教学本身引出的思考和学生在分层教学中提出来的挑战都有利于教师能力的全面提升。

三、分层走班具体实施策略

（一）学生分层操作

对"层"的界定，即分层的标准，采用怎样的分层方式才是科学的？在初二年级刚开始分层时，因为所占的时间短，只在下午辅导课时间进行，学生对于分层的目的、意义、作用不是太清晰，所以我们采用的标准相对比较模糊，有两种分层方式供任课教师选择，初二分层是整个年级的班级不打乱，将两个相邻的平行班按成绩编班，可以按总分分层，也可以按文理科分层，因为相邻班级的任课教师基本是相同的，学生之间互相也比较熟悉，这样的分层方便建立学习小组，也方便教师授课。

初三的分层与初二不同，它是一种真正意义上的分层，首先它贯穿全天的每门学科，不是临时拼凑，所以它需要一个相对稳定的学习小组，每次考试后的走班，人员变动范围不是很大，所以我们可以将分层教学落实得更加具体、更加细致。

1. 组内同质、秀出实力

初三分为 A、B 两个教学班后，学习小组的组建有了组内同质、组间异质的基础，文化课基础接近、学习习惯相似、学习能力持平的学生组成的学习小组，更有利于开展学习上的竞争，使学生敢于质疑对方，在讨论中、在沟通交流中迸发出智慧的火花，避免组内异质的小组在学习中"学霸"一言堂的局面。

该项工作分两步完成，第一步划分分数段，按分数段组建为七个小组，每组 7～8 人。小组组建时还要注意男女生的比例以及学科上的优势互补。与之相对应的是开展组与组之间的交流和辅导。随即展开小组长的竞选和学习小组的组建，因为有原来组建小组的基础，这项工作迅速完成。第二步在一个月后进行，按总分成绩从高到低组建小组，遇同分情况看社会历史成绩，各小组第一名担任行政小组长，学科小组长由该小组本学科最高分同学担任。既有激励作用，帮助学生树立明确的奋斗目标，又有利于学生之间的优势互补。

2. 组间异质、你帮我助

七个小组按照学习能力由强到弱编号为①，②……⑦，在课堂上进行学科辅导时，由①号"学霸"组内的七人按岗位分工负责"一对多"辅导余下的六个小组，在保证课堂纪律良好的情况下，高效便捷，最大限度地发挥帮教作用。而在课后，则以小组为单位开展辅导，如①号小组的七位同学负责"一对一"辅导②号小组的七位同学，以此类推……以"师徒结对"的形式，充分利用课余时间相互进行记背、订正纠错。为了达成小组的总目标，课前组员之间相互督促预习，课堂上小组内积极讨论，解决不会的问题，并在课堂大讨论中提出小组同学的疑问，踊跃解答其他小组的问题，在生教生的过程中实现学业上的共同提高。课后小组内监督订正作业，在自修、午休时，组内安静自习，相互提醒尽早完成作业，减少回家的作业量（见图 4-3）。小组内要有意识地共同进步，互帮互学，既可以提高基础较差同学的水平，也可以让优秀同学的知识更加稳固、能力进一步提升。人人为目标自觉努力，培养学生良好的目标意识，逐渐建立学生自己的管理体系。

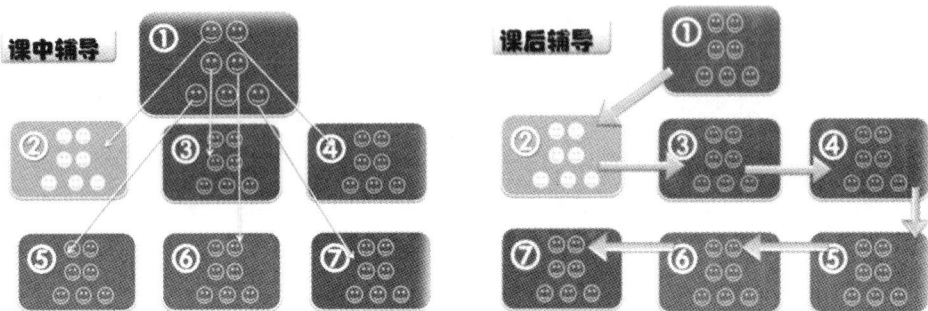

图 4-3　组间互助

组内同质、组间异质的小组组建原则是基于最大限度地激活学生内心深处的学习热情，迈好青春第一步，创设情境体验中考带来的快乐和痛苦，鼓励学生们全身心投入学习中去。

（二）分层教学目标确定

针对 A、B 层学生的学习目标、态度、习惯的不同，知识基础、能力水平的差异，在教学过程中我们确定了不同的教学目标（见图 4-4）。

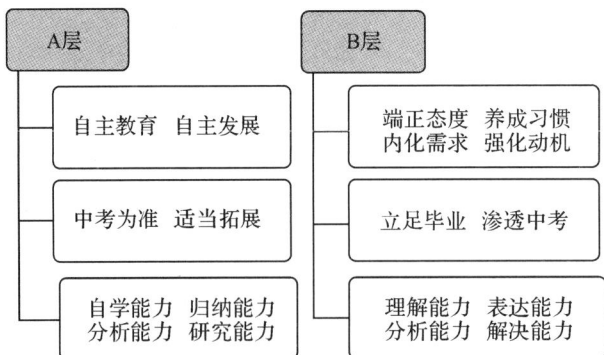

图 4-4　分层教学目标

(三)分层教学实施

根据不同层次的不同特点,我们采用了不同的教学方式。

1. 课堂模式不同化

A层采用"先学后教"的策略,每节课上课前运用导学案引导学生自学,基本要求是:能理解和掌握课本的基本内容,能独立完成导学案上的习题,习题全部来源于课本中对基本概念、基本公式、法则、定理的理解,同时针对A层学生之间依然存在差异的实际,设置课本变式问题。课前教师做好导学案的检查和反馈,在此基础上,上课时用十分钟左右的时间完成小组讨论,组间交流和答疑,基本上围绕"关于本节课的教学内容已经知道什么、不知道什么、想知道什么"展开,在"已经知道什么"的讨论环节,尽量与学生已有的生活经验挂钩。在交流答疑环节坚持能够生生互教的尽量不要由教师讲解,这个过程刚开始可能比较费时,但在学生熟悉各个环节后速度会很快,最后教师在学习小组完成各项活动后,引导学生进行认真分析,归纳总结,定位教学的起点、重点,突破难点。

B层采用"先教后学"的策略,做到"低起点,小步子,多活动,快反馈"。课堂上降低教学难度,知识点讲解清晰、细致,当堂练习。"低起点"指把起点放在学生"跳一跳"就可以达到的水平上,使新旧知识产生联结。"小步子"是根据学生基础薄弱的实际情况,把教学内容按由易到难、由简到繁的原则分解成合理的层次,采用分层渐进的模式,使学生层层有进展,处处有成功,从而不断增强学习的自信心、激发内在的学习动机。"多活动"是针对B层学生学习注意力时间短,记忆容量小,概括能力差的特点,加大小组讨论、组间交流的力度,教师要善于发现学生的思维火花,及时点评、及时鼓励,避免出现教师讲得津津有味,学生听得昏昏沉沉的局面。"快反馈"即在教学过程中,"讲、练、查"相结合。快速的反馈既可以及时发现学生存在的问题,及时矫正、及时调整教学进度,有效地提高课堂教学的效益。

2. 作业分层区别化

根据A、B层学生的实际情况,课后练习分为相应的两层:第一层为基础型题,以知识的直接运用或简单变式为主,要求学生认真、按时完成作业本上的作业。第二层为运用、提高深化型题,以课本例题的变式或简单综合题、知识的灵活运用、拓展为主。B层学生必须完成第一层作业,选做第二层的部分或全部作业。A层学生必须完成上述两层作业,有能力的学生鼓励他们自行增加练习的难度。这样的分层要求,在考虑到各层次学生实际的同时又体现了"下保底，上不封顶"的发展观点。实践表明，作业分层要求充分发挥了学生在学习中的主体作用，深受学生欢迎。

3. 评价标准差异化

如何评价学生是分层走班教学的一个关键，对激发学生学习热情、形成良好学习氛围起到杠杆的作用，既然在教学中采取了因材施教、分层教学，那么评价也应当因材施考、分层评价。具体的做法是：

课堂上小组发言、质疑、交流以及作业的评价，A 层学生不仅要积极参与小组讨论、大胆质疑、踊跃答疑，还要在讨论中表达自己独特的见解，在质疑中闪现智慧的火花，在答疑中展示思维能力和探究能力，课后作业不仅要求按时完成，还要求达到一定的正确率，并要求记录完成所需要的时间，作业批改后不仅要及时订正，还要认真反思，找出错误的原因并补充知识点。B 层学生的作业以按时完成为起点，取得的每一点正确率都将获得赞扬，充分肯定 B 层学生的成功之处，在课堂上只要能参与讨论，积极发言都要鼓励。在每个月底对 A 层学生作业质量高的、课堂展示达到要求的以及按时完成作业和课堂积极发言的 B 层学生发放"雏鹰卡"予以表彰，累积五张"雏鹰卡"换成"翔鹰卡"，累积三张"翔鹰卡"换成"雄鹰卡"，各种表扬卡对应不同的奖品，层层递进，保护这两层学生的学习热情和学习的积极性。

阶段性测试的试卷在题量和难度上对 A、B 层区别对待，测试后在班级通报测试中学生获得表彰加分的情况，此项加分分为个人成绩和小组平均成绩的加分，加分项目一是分数达到优秀的学生每人获得两分的加分，特别优秀的加三分，在 B 层还有一项特别加分，就是对达标（每位同学都有既定的目标）者加分；二是实验题、计算题等大题的得分率在 75% 以上的小组加五分；三是在原有基础上按进步幅度的大小加分，以"学困生"的进步促进"中等生、优等生"的进步。激励机制的设立一定要面向全体，要使各层面的学生都有成功的体验，鼓励学生把已有的成绩当作每个人成功道路上的新起点、加油站，创设从成功走向成功的良性氛围。

重视自我评价。试卷批改后，教师要做好统计工作，包括每道题目的得分率，错误原因分析，思考解决问题的方法，做到心中有数，应对有度。A 层试卷发放后，教师不要急于讲评试卷，而是给学生留出足够时间进行试卷订正，要求学生做好两个批注：一是把知识方面存在的问题批注在相应的试题旁，写下问题出现的原因；二是把学生认为会的但做错的问题，包括审题不清、关键词的疏忽、解题步骤不规范和不完整也批注在相应的试题旁。在小组里进行互批、找碴活动,计算题在小组讨论的基础上再推选出代表把解题过程书写在黑板上进行全班范围内的点评,达到规范解题的目标。对于学生试卷中暴露的问题首先由小组同学互教,在初三的 A 层,解决这类问题第一小组的同学往往能够胜任,每个小组都会有一个第一小组的同学进行详细辅导,效果远远胜过教师的讲评,只有当第一小组同学无法解决的问题出现时,才需要教师在全班讲解,相信这个时候全班同学都会认真听课。全部活动结束后,教师再次评阅试卷,反思做得好的学生可获得加分,做得不够好的将发回试卷重做。B 层学生主要由教师做详细讲解,小组同学互相检查订正反思情况,最后教师再次评阅。上述做法实质上是让学生参与评价的过程,再现错误(或失分)成因的情境,通过情境的体验、反思,形成自我评价,这种体验和反思是其他人无法替代的心理过程。

多年分层走班教学的实践,取得了不错的教学效果,我们看到将学习合作小组与分层走班有机结合起来,对于提高教师的教学观念、教学策略改进都有积极的促进作用,在这个过程中,需要我们不断反思、不断研究、不断改进。

比如分层的时间和标准,在什么时间分、间隔多长时间走班?采用怎样的分层标准才是科学的?

如何消除学生和家长对于分层的顾虑?我们目前通过家长会、主题班队课以及个别交流的方法来完成分层的预备工作,有没有更好的方法呢?

如何处理不同层次之间的调整?即学生从 B 层调整到 A 层,或从 A 层调整到 B 层之后,前者如何消除或最大限度地减小上调 B 层学生与原来 A 层学生之间的差异,防止在下次考试掉回 B 层?后者要提前做好家长和学生的思想工作,如何尽量减小学生和家长的失落感,鼓励学生用最短的时间调整情绪,迅速投入下一阶段的学习中。

第三节　小班化教学

"罗森塔尔"的实验证明,教师的视野能关注到 28 人左右,而小班化课堂就为我们教师关注到班级中每个学生提供了一种可能。教师要成为一名细心的观察者,切不可使班级中的个别学生成为视觉焦点或使个别学生成为视觉盲点。实行了小班后,我们学生的座位也一改传统的秧田分列式的坐法,而采用了"小组团团坐""师生同坐""全班团团坐"等坐法,这样为师生、生生之间的互动提供了更广阔的空间。教师走下讲台,真正地融入学生的讨论中去,在与学生面对面互动的过程中,能及时地发现学生的不足之处,大大提高了学习质量,并在互动的过程中,使学生对教师产生了一种亲近感,增强了师生之间的情感交融,充分发挥了教与学两方面的积极性。小班化教学最本质的特征是教学面向每个学生个体,教学模式、教学方法、教学评价等均围绕学生个体发展而组织开展。我们在嘉绿苑校区、共同体周浦中学进行小班化教学的实践,通过与合作学习小组相结合,成立学生的巡导团,让每位学生真正在课堂中得到成长。

一、小班化教学及其基本特征

关于小班化,教育界现在为止也还没有一个确切的概念。在教育实践中,人们发现教师在课堂教学中视野关注的覆盖范围一般不超过25名学生。如果一个班级的学生超过25人,教师就会顾此失彼。小班化教学是指在先进的教育理念指导下,在较少班额的教学班级之内,按照其内在价值和教育教学规律,采取的一种新型的班级教育形式。

小班化具有以下基本特征:第一,教育均等性原则,对每个学生实行等距离教育,即教师对各类学生的关怀、教育一视同仁。第二,教育充分性原则,提高活动效率,增加师生间、生生间交往的空间密度和时间宽度,使每个学生均衡得到教师的关怀辅导,让学生有更多的机会处于活动的中心地位,使他们的潜能得到充分发挥。第三,主体性原则,以学生的主体性发展为条件和归宿,教学过程的重心从"教师主体型"转向"学生主体型",不仅让学生去适应环境,而且强调使学习环境去适应学生发展,在这里学生是班级的小主人,学习的小主人。

二、小班化教学的优点

小班化教学体现了教育内容整体化和个别化的有机结合,最突出的优势在于能针对每一个个体学生的差异,提供最适当的教育。在小班化教学的探索与实践中,我们逐步认识到小班化教学的优势,并在科学的教学中发挥此种优势,收到了较好的教学效果。

(一)确保人人参与课堂的机会均等

参与教学能激发学生主动参与教学的意识,积极参与教学的全过程,才能使学生在教学活动中不断认识自我、发展自我,发现不足。小班化教学为学生参与教学提供了有力的保证。在教《水果电池》一课时,采取两个人一小组的形式进行教学。教师给学生发一些水果、金属片,要求学生两两相互协作,一人试验操作,一人进行试验现象的记录和观察,并让学生按小组讨论探讨互相发表各自的见解,这种让学生自己动手的探究性学习方式,使学生始终处于兴奋和积极探索的状态之中。学生这种参与意识与参与态度是普通大班所不能比拟的。

(二)实现了深度的合作学习

结合学校开展的小组合作学习,这样人数较少的班级,不仅能快速有效地提高教学质量,同时对学生的身心发展也起到促进作用,小组学习活动是合作教学的最基本形式,在教学中,充分利用学生之间和谐互动,使学生由竞争对手变成合作伙伴,在合作学习中共同达到教学目标,培养合作能力。小班化教学为学生合作学习提供了方便。

(三)学生巡导团,实现师生、生生互动

我们把班级部分学习成绩拔尖的学生组建成巡导团。面对问题,这样的学生总能提前予以解决,所以在小组讨论困难时让他们参与到其他小组的讨论中,起到一定的引领和示范作用。充分发挥班级群体效应,使学生最大限度地投入教学活动中,同时发挥个体思维的作用,互相启发帮助,让学生有成功的体验,从而提高学生的学习成效。形成全方位的和谐互动而实现学生互动,要在课堂教学中,充分发挥小组学习的作用和优势,积极开展小组学习。这样才能促进学生之间互相交流,发挥优化组合的整体功能。

(四)对学生的评价更加客观真实

评价是合作学习的重要导向。新课程改革倡导以评价促发展,充分利用小班学生少的优势,采用灵活多样、科学合理的诸如即时评价、多次评价、分层评价、无级评价、激励评价、自我评价等多种评价手段和方法,牢牢把握新课程所确定的教学总目标,评价目标、评价手段、评价方式多元,形成多维性、全面性的评价目标体系。让评价不仅成为教学质量的反馈,教学调控的依据,而且充分发挥其激励和向导功能,促进学生的提高和发展。

三、小班化实施策略

小班化实施的策略主要还是涉及班级的小组科学分组、学生的合理分层、教师的教学策略和方法的转变、考核评价等内容,这些内容与前面两节中都有相似之处,在此不再一一赘述,本节主要介绍结合学校大班的条件下如何在初三实现科学的小班化组建及在薄弱学校如何在小班教学的前提下组建学生巡导团的方法和策略。

(一)小班化组建

1. 大班额下的小班化组建

在初三实行 A、B 分层的同时，一方面为了让学习自觉、拔尖的学生在中考时获得优异的成绩；另一方面也为了能够给全体学生树立学习的榜样，激发学生们的学习热情，学校在全年级选拔优秀学生组建实验班，并在每次大考后进行流动，这种组建模式在最初取得了较好的成绩。但也存在着一个问题，造成 A 层学生缺乏领头羊而使整体水平下降，所以改为每班抽出中上学生六名左右，这样既保持了原来的优势，又解决了原来的问题。原来每次大考后各层学生会有流动，虽然从整体来说牵涉到的学生人数不多，但从牵涉到的学生个体来说，情绪的波动还是会影响到他的学习进程，另外也不利于小组和班级的文化建设，注重了知识学习的同时减弱了德育和品质培养。为了解决这个问题，减少流动的次数和人员不失为一个好办法。采用这样模式的最大优势是在分层走班的基础上实现了小班化教学。

2. 小班额下的学生巡导团

由于学生基础比较薄弱，人数相对较少，为了让小班化真正发挥好作用，我们把五六个成绩较优、自我管理能力较强的学生组成一个巡导团，在原有小组建制不变的情况下，根据学习任务需要，可以成为老师的小助手，到不同的小组进行指导和帮助，参与小组问题的讨论。由于是小班额，人数较少，可以根据学习内容及学生的实际情况对班级的小组进行调整。班级中要组建各种不同的合作学习小组，让每个学生按不同的教学需要，参加不同的合作学习小组。以形式分，可分为二人互助型、四人小组型、自由组合型等几种；以内容分，可分为练习型小组、讨论型小组、互帮型小组、比赛型小组等几种；以表达方式分，可分为中心发言式、自由议论式、互相检查式等几种。在教学中要根据课堂教学的内容、环节、效果来考虑最佳的小组合作学习形式。

(二)小班化教学策略

小班化教学，在一个班里将学生人数降下来是远远不够的，它还需要一支高素质的教师队伍。一直以来教师长期从事程序化的传统大班教学，使得教师教学模式僵化，另外没有一套适应小班化教学创新性的教材等也是推行小班化教学的一大阻碍。一些学校大张旗鼓地进行"小班化教学改革"，但在骨子里还是传统的大班级授课思路，在形式和内容上与小班化教学脱节甚至互不相干。小班化教学本身与以往教育的区别主要是体现在观念之中，所以更容易在课改过程中刻意注重形式而忽略内容。

学校在课改背景下,提倡小组合作学习模式已经多年,教师的教学理念发生了巨大变化,为小班化教学奠定了基础。每一位教师按照小班化教学的要求,充分发挥学习合作小组的作用,着力培养学生的质疑意识和能力,关注每个学生,使课堂不留死角,运用多媒体教学技术,科学实验进课堂,使师生调动多种感官参与教学,加强书本知识与学生经验世界和生活世界的沟通。小班人数少,批改求"细",即批改作业尽量做到面批面改,发现问题,及时对学生进行个别评讲,提出答题中存在的错误及纠正方法,在学生订正后再次批阅。辅导做到因人而异,方法多样,对于学有余力的优生,以扩充、提高、拓展为主,中等生以纠错、规范为主,学困生要多鼓励、多关心、多辅导、多面批。布置作业分层次,富有弹性,重视质量,及时反馈。

1. 小班化教学策略

分层教学指导策略就是以学生客观存在的差异为前提,有区别地制定教学要求,运用不同的教学方法,使每个学生在最适合自己的学习环境中求得最佳发展。

第一,同步教,共同学。教师根据教学大纲、教材内容,不同层次学生的特点,制定每节课的教学要求,分为基础知识、重点知识、拓展知识,设计好三套相应学生能从各自基础出发进行的有效学习内容。

第二,巡导团,异步学。通过巡导团巡回指导帮助的形式,使优生得到更好的发展,使中等和学有困难的学生在老师和同学的帮助指导下,达到教学目标要求,做到下要保底,上不封顶。

第三,因人而异,个别辅导。教师要根据学生的个别差异,加强个别辅导。对优生类学生重在指导自学提高,对中等类学生重在化解难点,开发非智力因素,对基础薄弱类学生重在补缺补差。

2. 小班化评价办法

小班化教育评价更具有主体性、多元性、激励性和个性化等特点。在众多的教学评价方法中,我们教师应采取哪种方法,应根据不同的时、地、人、事等灵活运用。结合我们现在的评价标准,我们还是围绕三鹰卡为体系,结合《杭州市十三中教育集团学生成长手册》《杭州市学生综合素质测评体系》来展开的,但由于是小班化,人数较少,又是在初三进行的小班化教学,所以侧重点还是有所不同。

第一,从时间角度来看更注重即时性。即时评价是对学生的某一表现当场所做的评价，多见于日常的教学活动中，是激发学生内在潜能的重要手段，也是形成学生持续性、发展性学力的重要途径之一。因此，这就要求我们教师有一双"慧眼"，能及时发现学生身上的"闪光点"，特别是针对初三学生的思维品质、思维创新能力、实验设计等具体的课堂行为，我们教师都应该给予鼓励性的即时评价。即时评价的作用力在"点"上，没有平时"点"的积累，那"面"也好不到哪里去。因此，作为教师对学生进行教学评价，要在"点"上多下功夫，要特别注意教学评价的时效性。

第二，强化评价的目标意识。将学科标准加以具体化，如语文要按听、说、读、写，数学要按计算、概念、应用题，英语按听、说、读、写、交际，科学要按照知识落实、实验设计、创新思维等内容制定不同学科的认知目标和能力目标，使目标落实到日常教学中，做到"教—学—考"三者间标准统一，内容明确。强化每月的考察反馈，重视平时考查，通过作业、提问、练习、测验、实验等方式进行考核。平时考查还可以在每节课结束前留一点时间进行一些知识或能力的检测，检测后，当场公布答案，组织学生自评和互评，不记分数，教师则根据检测反馈，及时加以指导和矫正。有一些知识、能力的检测，可按学生的不同层次，设计弹性要求。

第三，为学生提供评价的舞台。学校在大力改善校园环境的同时，更加强调"小班化教育班级风采展示"的个性化布置，让每一面墙壁都成为学生评价的舞台。还为同学们开设了"五星两优""课堂表现量化表""班级寄语"等栏目，激发学习兴趣，不断进取，天天进步。每一个新组建的小组也会取各种组名，"三个鱼蛋小组""虚竹小组""汤圆小组""北极星小组"等，这些富含深意的组名，无不蕴含着学生美好的向往。

第四，让评价充满温度。教学评价的受动者往往是个体的学生，但其施动者我们不能狭隘地理解为教师。在小班教育下，教师不再是简单的知识传授者，因为实际所教学生人数减少，老师更有精力和时间对每一位学生的成绩、品行、性格特征、家庭背景、目标愿景等进行更加深入的了解，也有更多时间和学生进行沟通和交流，"小班化教育"让学生有更多接触教师的机会，同时也为教师对学生进行"个别化"教育教学评价的开展提供了可能。教师有可能对班级中的每一个学生进行细致入微的观察和了解，为学生制订个别化教育计划，并运用"个别化评价法"对学生进行评价。因此，"小班化教育"教学评价不能局限在课堂上，尤其是不能两眼只盯在"分数"上。我们通过德育牵手的形式，让每位任课教师牵手两个小组，实行"五个一"的每月一次活动，成为学生精神成长的导师。

四、小班化教学反思

(一)让小班化教学成为一种常态还有漫长的道路

小班化在很多学校还处于一种起步阶段,还不能赢得话语权和社会的普遍赞誉,不能真正获得政府、社会各界力量的支持。从学校教学的层面来看,也还存在很多实际问题:小班化课程的设置和开发,如何在国家教材的基础上开发出符合学校特色的校本化课程,为每一个孩子量身定做符合自身实际的课程;小班化课堂教学组织和传统课堂的差异,让学生的学习能力得到进一步提升,如何让学生在共性发展的基础上培养出有个性的孩子,建立一套符合学生个性特质的评价系统;如何让学生能主动参与班队活动,设计出符合学生身心成长规律的各项实践活动。

(二)强化实证研究、规范化数据收集与分析工作,让小班化能有规律可循

近 20 年来,我国小班化教育研究依然是以思辨为主,缺乏实证性研究,或虽然有一些研究,但鲜有影响大的成果。现有的本土化研究成果多以经验总结为主,"自说自话"比较普遍,只是对有关策略泛泛而谈,对于这些策略运用的条件、限制、具体操作、效果等都缺乏严格的检验。未来小班化教育研究若想赢得充分的实践指导权,必然会强化实证性研究,从而既提升研究的品质,又提高指导实践的水平,真正使研究转化成"教育生产力"。

第五章　课堂解放

所谓课堂解放,就是转变课堂教学方式和教学方法,就是从爱护人、关注人到激发人、发展人,通过翻转课堂、探究课堂、整合课堂的实践,最终达到唤醒沉睡潜能、激发学习热情、提升课堂效率、彰显生命精彩的目的。

第一节　翻转课堂

翻转课堂,通过对教学结构和教学模式的转变,重塑了课堂模式和学习方式。教师引导学生在课前利用微课、导学案等教学资源进行自主学习,利用小组合作等教学形式,推动课堂成为师生之间交流、合作和探究的场所,从而促进教育教学的革新进步。我们将结合具体实际,从推广翻转课堂的缘由、翻转课堂的运作、微课的制作应用、成效与展望等角度论述杭州市十三中教育集团翻转课堂的实践研究。

一、翻转课堂推行的缘起

(一)适应内外教学改革趋势

翻转课堂(The Flipped Classroom),是当今全球最流行的教学模式之一。一般认为,这一概念最早由美国林地公园学校教师 John Bergman 和 Aaron Sams 提出。2007 年,这两位教师策划出利用录屏软件录制讲解 PPT 的视频并上传至网络平台的新型教学方法。这些短小的视频在网上受到了极大欢迎,面向的群体也逐渐多元化。而后出现的可汗学院,则作为翻转课堂的典型模式在全球得到了推广。

在可汗学院这一具体的模式中,教师结合教学重难点内容,利用电子设备制作出相应的教学视频,通过在线教育改变着传统的教学方式。学生们利用这些在线视频,可以在家中进行有效的预习、复习和深入探究。学生们进入课堂中,可以就练习、疑难问题和教师、同学进行探讨。于是,新型的教学结构和教学模式也逐渐成熟起来。

纵观国内,从最早引入这一教学模式到之后不断深入发展,形成了一股时代潮流。微课、慕课等教学新形态不断涌现,丰富了翻转课堂的内容和方式,也让翻转课堂更具可行性。结合杭州市西湖区课改,我们发现翻转课堂和导学课堂存在着共通的理念契合点。随着进入课堂教学改革的深水区阶段,推广翻转课堂并和导学课堂进行有效融合极具前瞻性。

(二)满足学生自主学习需求

现代素质教育倡导的是以学生为主体的生成式教学,而非满堂灌的填鸭式教学。随着倡导个性自由、接受社会信息量大的 00 后进入到初中,教师需要面对更加个性化的教学对象,采用更加多元化的教学方法。新时代学生们对于自主学习的需求远远高于更早年代的 90 后、80 后。与此同时,这个年代的初中生直接进入了移动信息设备的时代,对于信息化设备和教学手段具有天然认可度。另外,从现实教学实情看,每个学生差异化的学情决定大锅饭式教学是行不通的。而翻转课堂提供了碎片化、个性化的教学空间,能够让孩子自主选择和学习。

(三)促进课堂教学效率提高

良好的教学生态,离不开高效率的课堂。而课堂教学的效率,更是建立在科学的教学理念、教学结构和教学方法之上。翻转课堂通过课前学生自主预习初步落实了"先学后教、以学定教"的理念,进一步促进了教学结构的优化。此外,不管是自主预习阶段还是导学课堂自主学习,更加强调了学生的学习过程。而分层教学的开展,教师们可以进行更加有针对性的指导,最终推动课堂的高效运行。

二、翻转课堂的运作

(一)翻转课堂的基本模式

翻转课堂,又称反转课堂式教学模式,重点将学生学习的场合跳出原有自然教学班的束缚框架,彻底将传统教学流程、教学结构重塑。目前,我们围绕着西湖区基于导学课堂的"五环五化"教学改革主题,将导学课堂的模式引入其中并加以整合,已经实现了翻转课堂第一阶段的本土化。

首先,导学课堂中所倡导的预学学理化、合学常态化、展学学科化、探学思维化、拓学素质化的理念可以在翻转课堂中去落实。同样,在翻转课堂的教学设计中,五环五化的教学理念可以给宽泛的翻转课堂内容提供具体化思路的指导。

其次,通过对已有教学案例的整理,不难发现,学校的翻转课堂先行者大多受到了导学课堂理论的启迪。在具体的翻转课堂操作中,教师充分地将导学案和微课预置在学校课堂之前,让孩子有更多的机会和资源进行自主的学习。这样的调整,一方面保证了充足的学生预习时间和知识铺垫,另一方面也为课堂中师生互动交流创造了更多的机会,从而让课堂真正成为思想碰撞的场所。

结合导学课堂模式的翻转课堂,已经成为当下课堂的主旋律,不仅翻转了学生的学习过程和时间,也翻转了传统教师满堂灌的教学模式,将教学改革深化到实处。

(二)翻转课堂的评价体系

教学评价是以教学目的为标准通过科学的评测方法为对教学过程与教学结果做出相关判断与价值评定。[①] 翻转课堂教学评价见表5-1。

表 5-1　翻转课堂教学评价

教师姓名		班级		日期		
一级指标及赋值	二级指标及赋值	评价细则	赋分栏	亮点	不足	
教学设计（30分）	教学目标（5分）	教学目标清晰具体、准确合理,符合大纲要求				
	教学素材（10分）	文字、图片素材符合学生认知,来源可靠真实				
		视频清晰、长度适宜、教学贴合度高				
	教学内容（15分）	重难点把握准确				
		整合教学资源和内容				
		内容积极向上				
教学过程（40分）	教师行为（10分）	贴近学生,行为得体				
	教学方法（10分）	循序渐进,流程顺畅,思路清晰,教师有效指导				
	学生活动（20分）	学生认真思考、质疑、发言				

① 李颖.教学评价的意义和功能[J].北京教育学院学报,1994(2).

续表

一级指标 及赋值	二级指标 及赋值	评价细则	赋分栏	亮点	不足	
教学效果 （30分）	知识掌握 （10分）	知识概念清晰，能掌握多层次 的问题变式				
	方法落实 （10分）	能归纳、总结、分析、比较				
	情感教育 （10分）	正确引导正确价值观				

（三）翻转课堂的资源建构

翻转课堂需要教师利用已有的基础去建构出更加系统完整的微课和导学案资源库。通过平时的教学尝试，我们从翻转课堂的资源建构过程总结出以下经验。

1. 筛选学科相关知识，合理进行选题

按照微课的类型划分：讲授型、解题型、答疑型、研究型等。结合所讲内容和环节的特点，挑选出合理的制作类型。按某具体知识点划分：微课的时间一般在5～8分钟，我们在有限的时间挑选合理的知识点，将知识点细化。选题反映学科特质：我们在选题的过程中抓住典型、解析特例，实现教学上的突破。

2. 调查学生学习需求，提升制作水平

通过和学生的交流，我们应该做学生能听懂、喜欢听的微课，设计出条理清晰又能保留课堂神秘感、生成性特质的导学案。另外，初中学生正值思辨、推理等抽象思维形成的关键时期，所以制作培养学生高阶思维的微课最具开发价值。最后，如何把握严谨和有趣的分寸是微课制作必须面对和解决的难题。

3. 撰写优秀微课设计，不断改进微课

翻转课堂虽是一种新型的教学模式，但也离不开教学设计的指导。通过平时经验的累积，我们发现充分的教学设计是一堂成功翻转课堂的先决条件。更重要的是，教学设计的制定，很大程度上方便了我们及时进行教学反思，从而推动微课、导学案的不断改进。

4. 整合相关微课视频，组成微课系列

目前的各门学科的微课，看似独立存在，实则相互连接。学科内部，不同单元知识点在教材编排上相对独立分散，但是在具体生活和学科应试中又互相综合。同时，学科之间依旧存在着重合部分。例如，语文和英语中都存在着共通的阅读方法理念，科学和历史与社会都存在地理知识，数学和科学中都有计算的成分,历史与社会和语文之间都有传统文化、传统文明的内容。而在微课的开发过程中,我们正在打破教材单元的框架、教研组的框架。宏观把握,微观入手,既要注重学科特质,又关注跨学科整合。这样经过整理的微课视频系列,往往能够潜移默化地引导学生逐步建立知识体系,从而形成相对完整的知识结构。

5.制定微课评价机制,客观评价微课

不管是学生,还是任课教师,都无法在微课制作上实现完美。微课评审机制的科学性、创新性以及可持续性,是微课质量的保证。因而,合理的微课评价机制成为改进微课的必然选择。结合教研组研修活动形式,借鉴集体智慧,往往能够将微课形成精品系列。

三、微课教学的理念与教学实践

随着微课教学的实践深入,教育理念的支撑愈发重要。经过三年多的时间,我们将理念和实践结合,走出了一条适合师生共同发展的微课之路。

(一)有教无类——一个都不能少

教育的发展,离不开教师对每一位学生的关注。从该角度而言,微课教学践行着中国传统教育中"有教无类"的思想理念。和传统课堂相比,微课教学对学生的参与度有了更高的要求,进一步落实生本意识。在微课走进日常教学的过程中,在两个层面不断体现"一个都不能少"的先进理念。

第一层面,传统课堂更多强调学生对教师所讲所授的听与记,而微课教学则更多地强调思和学。这样的差异,其实隐藏着更深层次的问题。传统教学过分强调教师的讲和学生听的重要性,忽视并压抑了学生们自主学习的能力和其他学习方法的培育。而在微课教学的过程中,学生思考学习的客观需要和主观诉求推动了全体成员加入自主学习和课中合作探讨的过程中来。

另外,当我们回溯翻转课堂的发展轨迹,就会发现全世界最早微课推广的初衷就是帮助那些因病缺课的学生。目前学校的微课教学,提供了线上和线下学习的两种学习方式,突破了原有学习的时间和空间的限制。除了上述课堂中的参与以外,线上的学习资源也为学生创设了校外再学习的机会和可能。

以数学为例,数形结合、分类讨论是认识数学的重要思想。而在讲解数形结合、分类讨论思想的过程中,往往伴随着数字、图形以及解题方法的变式。迫于课时的紧张和参差不齐的学情,很多数学老师只能被迫压缩这种数学高阶思维的教学时间。然而,任何层次水平的学生,实际都非常需要接受这样的教学环节的引导。加之数学学科重逻辑推演,学生更加需要注重对数学分析、推演能力的过程性培养和建构。所以,相比其他学科,在手写微课资源库中,学校数学微课的比重非常高。通过手写的方式,数学教师极大地提高了制图、符号公式输入的效率,也就意味着承载教学变式的方法变得更加便捷。通过预设的教学设计和相关的图文准备,学校数学教师从日常的教学问题中收集素材,结合一些微小、有趣的话题,在纸张上或者平板电脑上书写制成微课。

例如,学校青年数学教师曾老师利用某一学期学术节同课异构的主题,以七巧板和拼图为引子,将散乱的七巧板和拼图模块不断重构,借鉴平日的板书有的放矢,精简准确地将图形结合中的变式过程放大,让所有层次的学生都能上最有数学味的数学课。而这样的教学设想需要建构在对学法的有效指导上,此时提前制作符合学情的微课有效充实了这一教学过程,让学生能够真实地去感受到数形结合的学法,从而将有效教学落到了实处。

(二)因材施教——彰显个性教育

在有教无类理念的基础上,受教群体得到了保证。当然进入到新时代,教育则还需要更加注重个性化教育的开展。翻转课堂充分体现了个性化教学的特点。

从翻转课堂的引导者而言,教师在该类课堂的设计方面充分考虑了自身的特点。只有充分考虑、发挥教师自身个性,才能设计出高质量的翻转课堂。另外和一讲到底的教学方式不同,教师需要提前架构课堂的前置内容(预习)和学校课堂中的教学活动流程。在这样的前提下,教师必须以学生为主体,考量学生的已有学习基础设计出翻转环节和内容。教师们为自己的学生量体裁衣,更加贴近学生的实际情况。

从学生的角度出发,差异化的学情是教学设计中不同难度任务存在的客观依据。学生们在自主学习过程中,对于教师所提供的任务单、作业的想法、需求和动机是不同的。而最终的结果,也就是学生结合自身的特点进行个性化的自主学习,自主选择知识点、方法和媒介。在课中的合作、交流以及探究环节,也同样在培养学生的个性思维,实践个性化教育。

(三)博采众长——开展混合学习

所谓混合式学习就是要把传统学习方式的优势和网络化学习的优势结合起来,也就是说,既要发挥教师引导、启发、监控教学过程的主导作用,又要充分体现学生作为学习过程主体的主动性、积极性与创造性。[①]

从学生角度来看,微课教学融合了在线学习和传统课堂学习,是混合式学习的典型代表。在翻转课堂中,学生们可以博采众长,获取有效资源。而从教师角度来看,翻转课堂中也融合了直接指导和建议式学习两种类型,具备混合式学习的特点。比如直接指导方面,教师可以在课前的微课以及任务单中对知识点、学法进行讲解,也可以指导学生提出的观点和问题。除了直接指导,教师还可以在课前和课中充当建议者的身份,给学生提供多种可行的建议,培养学生自主思考和判断的能力。

(四)师生合作——乐见共同成长

不管是单一微课环节的开展,还是综合性更强的翻转课堂,都依赖于和谐紧密的师生关系。只有师生真正地合作在一起,翻转课堂才能真正迸发出智慧的火花。也就是说,翻转课堂真正让每一位孩子以及教师参与其中,这才是真正意义上的翻转,即改变了课堂教师一人精彩的格局。

(五)聚焦核心——促可持续发展

纵观近几年的教学改革的开展,未来微课教学的可持续发展离不开对核心素养的渗透。通过对近三年整个集团近千个不同学科微课的观看和整理,结合目前的情形,不难发现早期制作的微课往往只聚焦单一的教学问题,这类问题往往缺乏代表性、核心性和深究性,因而缺乏持久的生命力。微课资源有效期的短暂,意味着微课资源库面临着匮乏耗尽的危机。可喜的是,目前学校优质微课呈现出质和量双向动态上升的趋势。显然,这样的现象离不开对核心素养的聚焦和坚守。学校微课制作的程序设计见图5-1。

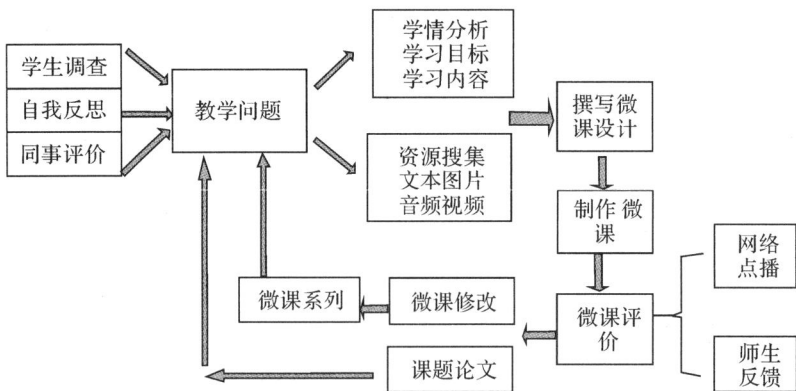

图 5-1　微课制作程序

---

① 何克抗. 从 Blending Learning 看教育技术理论的新发展[J]. 国家教育行政学报,2005(9).

四、成果与思考

通过将近四年的教学实践,集团在翻转课堂方面收获了很多成果,也存在着一些不足。

(一)硕果累累:彰显教学进步,伴随师生成长

第一,普及微课理念,丰富教学资源。停滞在原有的教学理念和教学资源只会不断落伍,只有不断跟进,才能够符合当下教育的发展。在这个过程中,十三中的教师不断丰富的教学资源则可以极大地解放教学生产力。通过三年辛勤的耕耘,学校所有学科都建立了自己的微课资源库,网站中上传了上千个自制微课。并且微课的数量还在稳步增长,这为接下来的翻转课堂以及其他形式的教学提供了稳固的基石。

第二,提升教育技术,优化教学结构。教学的可持续发展,离不开教育技术的支持。而我们传统的教育教学,更多地将关注点落在课堂教学中。而微课的出现和利用,可以将教学的范围外延到课外,从而使教学结构进一步突破老师教导为主的桎梏,优化教学结构,更加突出学生的自主地位。与此同时,由于多了一种新的教育资源,教师能够在幻灯片、导学案的基础上进一步整合多种教学资源,从而实现教学资源功能的最大化。通过阶段性、持续性的培训和实际操作,老中青各年龄阶段的教师都掌握了新型的教学技术,为教学解放创造了条件。

第三,方便学生自学,突破知识盲点。一是微课很多时候就是围绕重难点展开的,其制作的一大初衷就是帮助学生攻克重难点。二是质量高的微课视频,能够充分调动学生学习的兴趣和积极性。学生可以借助网络或者多媒体工具,在家或者是学校观看微课视频。通过微课的观看,学生可以对重难点知识进行有效的预习和复习。

第四,打破传统局限,激发学习动力。翻转课堂,和原有的课堂教学不同,不管是课前和课中,都能给学生创造出更多的自主学习和交流的机会。而这样的学习体验,背后蕴含着无限的可能。翻转课堂提供了丰富的教学资源、个性化的学习空间和学习途径,创设出学生主人翁的情境,从而能够激发学生的学习动机。这样的发展,显然比填鸭式的应试教育更有利于学生的长久可持续的发展。

(二)思考展望:反思伴随进步,教学持续发展

1.教学设计依旧是翻转课堂生命力的最重要的保证

翻转课堂虽说是新型的教育模式,但是依然离不开教师的主导作用。而在开展翻转课堂之前,教师需要对每一环节和步骤做出宏观而又细微的安排。只有进行充分的教学设计,才能尽可能地预估到不同的学情和教学活动,才能完善导学案、微课、自学任务单、课堂活动方案等环节的制作,才能保证翻转课堂的持久生命力。

2.需要进行本土化改造

翻转课堂从舶来品到为我所用,需要一个本土化的过程。也就意味着,教师一方面要不断向外学习,及时地了解国内外关于翻转课堂的研究动态。特别是目前翻转课堂已经分化出多种模式、多个阵地。另一方面要敢于创新翻转课堂的模式。受制于当下紧张的时间和激烈的应试教育,微课、任务单等形式是否一定要按照原有固定模式进行是一个必须解决的问题。在实际教学活动中,教育工作者应当跟进不断变化的教育实情。

第二节　探究课堂

长期以来,如何推进探究式课堂的发展一直是集团教育教学一项改革的重点。在提倡课堂解放的大背景之下,集团力求通过发展探究式课堂来突破传统教学的封闭状态,赋予学生相对充分的自由和宽松的氛围,把学生置身于一种开放、主动和多元的学习环境中,解放学生学习的空间和时间。而在全体师生的不懈努力,以及西湖区教育局和学校领导的大力支持下,探究式课堂的开展在集团已经颇具成效。总的来说,探究式课堂的实施和开展促进了集团教师更加深入地钻研课内课外教材,更加认真地设计教学程序,同时也激发了学生学习的兴趣,提高了学生的自学能力、口头表达能力、创新创造能力和逻辑思维能力。

一、为什么要建立探究课堂的新形态

(一)传统课堂的弊端

著名学者袁振国在《课堂的革命》中对传统课堂做过深刻阐述:"传统课堂造就了传统的师生关系。在教学中,教师是主动的,是支配者,学生是被动者,是服从者。教师、学生、家长以至全社会都有一种潜意识:学生应该听从教师,听话的学生才是好学生;教师应该管住学生,不能管住学生的教师不是好教师。师生之间不能在平等的水平上交流意见,甚至不能在平等的水平上探讨科学知识。"总的来说,传统课堂教学只关注知识的授受,在课堂上学生成为盛装知识的容器，而不是具体的有个性的人——生命主体。①

1.传统课堂以课本知识为本位

传统课堂以课本知识为中心，以应试为目的，这就导致整个课堂教学重结果轻过程。为了达到所谓的认知目标，教师在教学中大多重视知识的结论、教学的结果，考查学生是否掌握课本知识，从而忽视了学生学习的过程和必要的实践。这种重灌输轻探究的方式使得许多学生疲于记忆却仍不得要领，扼杀了学生的智慧发展和思考能力，造成了学生质疑和创新能力的缺失。

2.传统课堂以教师教学为本位

传统课堂把学习建立在学生的被动性和依赖性之上，教师侧重于思考如何通过教来突破重难点。课堂上很少看见人际间的交流、观点的交锋和智慧的碰撞，学生的学习大都处于被动应付状态。然而不可否认，教学本身是一种教师与学生之间的双边活动，而不是教师单方面的知识教授。传统课堂中的"教与学"本末倒置、越俎代庖的种种片面性，导致学生亦步亦趋、囫囵吞枣，最后摧毁了学生学习的主动性、自主性和创造性。②

3.传统课堂以教师教案为本位

传统课堂如何能够按照一个个课时进行就是建立在教案的基础上。然而细细考察教案内容，不难发现教案多是强调教师教教材，而不是学生学知识，这就使得课堂封闭且沉闷，缺乏灵动性。再者，以教案为本位也导致了以教材为本位的结果，教师无法做到发掘教材、批判教材、超越教材。这也反之使得教材无法成为学生学习和创新活动的跳板。

（二）探究课堂的概念及优势

1.探究课堂的概念

著名语文教育专家周一贯曾说："所谓探究的教学方式是指在教师指导下学生运用自主探索研究的方式进行学习，主动获取知识，发展能力的实践活动。"更具体地来说，探究课堂是以学生独立自主学习和合作讨论为前提，以现行教材为基本探究内容，以学生周围世界和生活实际为参照对象，为学生提供充分自由探究、讨论、表达、质疑问题的机会，让学生通过个人、小组、集体等多种解难释疑尝试活动，将自己所学知识应用于解决实际问题的一种教学形式。③

---

①　余文森.试析传统课堂教学的特征及弊端[J].教育研究，2001(5)：50—52.

②　余文森.试析传统课堂教学的特征及弊端[J].教育研究，2001(5)：50—52.

③　杨小华.探究语文探究式课堂教学[J].写作旬刊，2010(20)：6—6.

2.探究课堂的优势

(1)教学内容的开放

在教学内容上,探究课堂讲究以学生周围世界和生活实际为参照对象,而不仅仅拘泥于教材,因此凡是能够拿来探究的内容皆可以运用到课堂实践中去。课本、校园、家庭、大街小巷和网络媒体等等都可以为探究课堂提供学习资源。教学内容的开放能够融入非教材的元素,开拓学生的学习面,盘活整个课堂。

(2)教与学关系的逆转

在教与学的关系上,探究课堂正确处理了"教师主导"与"学生主体"的辩证关系,重视发挥教师的主导性和学生的主体性。在教学方法上,探究课堂主张应用建构主义教学理论,强调使用研究法、发现法等教学方法。教师引导学生自己去发现问题,在学生不明白时适当点拨并诱导探究的方向,这给了学生思考的空间和习得的过程,有助于培养学生自主学习的能力。

(3)教学组织方式的变更

在教学组织上,探究课堂突破了传统的班级授课制,辅之以分组合作和个别学习,发展了学生的个性又培养了学生的合作意识,为学生提供了充分的质疑、探讨、表达的机会,有助于充分发挥学生的学习积极性,提高学生的创新能力和实践能力。

二、如何操作探究课堂

(一)探究课堂内容的选择

陶行知说:"要解放孩子的头脑、双手、脚、空间、时间,使他们充分得到自由的生活,从自由的生活中得到真正的教育。"笔者认为陶先生的见解其实和解放课堂内容的思想不谋而合。不可否认,探究式课堂的内容选择是上好探究课的重要前提。科学合理的内容往往可以先声夺人,激发起学生探究的兴趣,达到事半功倍的效果。在探究式课堂的实际实施中,教师应当引导学生多角度、全方位地选择探究内容[①],让学生自主选择并加以指导,这样能够使得学生在探究中体会乐趣,收获知识。

1.从学科学习中选择内容

在学校,学生的学习内容主要还是学科知识,且学科知识的传授往往依赖

---

① 钱慧萍.探究型课程内容的开发实践[J].上海教育,2002(14).

于教材。教材是由许多有经验的专家老师通过不断地探索研究编纂而成的,因此其科学性和合理性是值得肯定的。然而,在传统的接受式教学中,学生往往只是知识的被动接受者,所以这也就造成了传统课堂的枯燥乏味。但是只要教师引导得当,完全可以把被动的接受式教学转化为学生主动的探索式学习。

2.从学校生活中选择内容

汪建红校长曾说过:"新时代的教育教学不应该只是局限于课本,还可以从学生的日常生活中寻找内容。"不可否认,学生大部分时间都生活在学校里,学校是学生活动的一个重要场所,因此毫无疑问,学校生活也可以成为探究课堂内容的一个不错的来源。

案例 5-1:校园植物知多少

在上《常见的植物》这节课前,杨老师让学生预习完课本内容后分小组探究考察十三中校园内的植物,杨老师并没有限定调查的方向,只是提供了几个方向供学生选择,比如植物外观、植物习性等。最后在上这堂课时,杨老师根据学生的探究调查结果,再辅之以自己精心制作的课件,很好地呈现了本课的内容。

杨老师的这堂校本探究课既囊括了课本本身的内容,又包含了十三中学校的特色,设计得十分精妙。并且,在探究校园植物的基础上授课,既加强了学生对于学校的认同感,又增强了学生对于知识点的掌握,如此学生的学习效果得到了极大的提高。

3.从家庭生活中选择内容

除却校园生活,家庭生活也是学生日常生活中极其重要的一块。在家庭日常生活中,学生会碰到诸如生活常识、自我保护等问题,面对这些问题,如果不加以利用,可能就会稍纵即逝。但是如果教师能够加以引导利用,那么这些问题往往可以成为学生获取知识和经验的敲门砖。

案例 5-2:探究家用能源

在上《能源及其应用》前,刘老师让学生回家调查自己家里用了哪些能源,这些能源是否可持续,这些能源有什么优缺点等等。之后在课上,刘老师先是让学生通过小组合作讨论的形式归纳自己组的考查结果。然后,刘老师用实时投影的方式,展现了学生的探究讨论结果。在学生的探究基础上,刘老师引导学生对于家用能源进行分类,同时又补充了学生未调查到的课本知识。

刘老师的这堂探究课充分地利用了家庭生活中的教学资源,让学生自主探究,这样的探究不仅能够让学生更好地掌握本节课的知识点,而且还能使得学生明白能源合理利用的重要性。

4.从社会生活中选择内容

人生活在社会,平时社会生活中的点点滴滴可能显得微不足道,但是如果细细考究,往往也能得到不一样的收获。因此,在探究式课堂的内容选择上,社会生活可以是一个重要的来源。

案例5-3:广告中的语文探究

俞老师的一节语文探究辅导课《广告语中的语文》诠释了教师该如何从社会生活中找寻教学资源。课前,俞老师先是布置了一个任务,她让学生课外以小组为单位寻找生活中给人耳目一新的广告语。同时,她也要求学生在小组内讨论探究这些广告语的用词和修辞,思考这些广告语的含义以及为什么它们能够让人印象深刻。然后俞老师在课内让学生小组展示自己的调查探究结果,在学生展示的基础上,俞老师给予了补充评价。最后,俞老师让学生尝试自己创作广告语,课堂气氛其乐融融。

俞老师的这堂探究课可谓是充分利用了存在于学生社会生活中的资源,既贴近学生的实际生活,又创造了机会让学生自主讨论探索。如此风格独特的课堂使得学生不仅学习到了知识,而且体会到了语文就在生活中的真谛。

5.从网络媒体中选择内容

现如今,随着网络的普及,网络媒体资源愈来愈庞大,从网络中挑选教学资源成为许多教师的选择之一。然而网络资源如此庞大,如何科学合理地利用它们是每个教师都必须要考虑的问题。

案例5-4:网络资源的合理利用

在上《亚非大河文明》这堂课时,因学生几乎没有接触课本内容,并且亚非大河文明是年代久远的国外文明,学生对其缺乏归属感,倘若就这样上课会使得课堂趋于枯燥乏味。于是蔡老师在课前为学生布置了一个任务,即通过网络调查相关资料。然后蔡老师在课上为学生准备了一个竞赛环节,既引入了课堂的主题,又调动了学生的积极性。接着蔡老师让学生根据自己调查的资料,分小组讨论探究亚非大河文明的兴衰、特点、成就等等。之后在学生代表发言的基础上蔡老师再加之以归纳补充,使得整堂原本枯燥的课变得生动了许多。

蔡老师的这堂课很好地利用了网络资源来为课堂教学添彩。学生运用自己查找的资料讨论探究,既能够让他们融入本堂课的学习,又能够培养他们运用网络资源学习的能力,可谓是一举两得。

显然,上述案例都诠释了探究课的优势所在,即在真正意义上实现了课堂内容的解放,课堂不再仅仅拘泥于课本,而开始朝着周围世界和生活实际延伸。而也正因为这样的优势,原本的知识要点不再孤立,相反它们会被盘活。这些来自课本外的内容与课程教学息息相关,贴合学生的生活,是课堂知识的深化、延续、应用和发展。如此,充分挖掘、利用课外资源的优势得以真正的发挥[①],这使得学生能够把学习到的知识运用起来,实现了知识到能力的转化。同时,上述案例更体现了探究课的教学目的及训练过程主要在于帮助学生形成训练有素的逻辑思维能力和创造思维能力。教师通过引导学生多角度全方位地运用课内课外的学习资源,让学生搜集资料、阅读资料、分析综合资料、讨论探究资料。这样的实践过程中就包含了知识的获得和能力的培养。在探究活动中学生的思维是自由的、开放的、活跃的,活动的进程体现了学生自身逻辑思维和创造思维的发展。

(二)探究课堂的操作——按照自己的节奏学习

苏霍姆林斯基说:"在课堂教学中,占据你的注意中心的将不是关于教材内容的思考,而是对于你的学生的思维情况的关心。这是每一个教师的教育技巧的高峰,你应当向它攀登。"进一步来说,关注学生的思维情况很大一部分体现在教师是否关注学生的学习节奏。在探究课堂中,教师的教学节奏和学生的学习节奏应当是贯穿始终,形成前者带动后者,后者反馈前者,前者再做调整的循环。同时在探究式课堂中,学生是学习的主体,教师是学习活动开展的主导者,因此教师要充分考虑学生的生理和心理状态,合理安排教学活动,让学生按照最适合自己的节奏学习,这样才能使得课堂效果最优化。再者需要引起重视的是,心理学上普遍将学生的注意分为三个阶段,即注意转移阶段、注意稳定阶段和注意疲劳阶段。那么作为教师,就更应该去关注学生的思维情况,随时协调或设计教学中的相关因素[②],做到起伏有致、动静结合、张弛错落、快慢相宜,如此才能使得教学节奏符合学生的注意情况,学生能够在最适合自己的节奏里学习知识。

---

① 严培源. 发展学生思维 促进概念形成——科学探究活动中学生逻辑推理能力的培养初探[J]. 教育实践与研究,2011(17):54—57.

② 刘小龙. 课堂节奏要与学生的注意节奏相适应[J]. 语文天地:小教版,2016(5).

1. 起伏有致

潮有涨落，山有峰谷。"起"指的是探究课堂中学生思维最活跃、师生情感交流最灵通的高潮阶段；"伏"指的是学生情绪相对平稳，思维敏感度稍微退落的状态。[①] 教师要精心安排教学的开始、发展、高潮和结局，使教学过程有起有伏，形成节奏，在学生学习的黄金时间里出现高潮。

案例 5-5：数学问题探究的起伏有致

黄老师在八上"函数 2"中，为使学生在和谐起伏的教学流程中了解函数关系的表示方法，她首先带领学生穿越时空来到宋朝的布庄，由卖布的故事导入新课，激起学生学习兴趣和丰富的想象，形成第 1 个波峰："宋朝时期，有一王记布庄出售一种布匹，每尺 4 文钱。你能列一个式子来表示出购买这种布匹所需的金额数 y（文）与所购买的数量 x（尺）之间的关系吗？"学生静思，寻求解答，形成波谷。然后黄老师话锋一转，形成第 2 个波峰："有一天王掌柜要外出进货，只有不会算账的王夫人在家营业，怎么办呢？"于是黄老师接着趁热打铁，让学生小组讨论 y 与 x 的关系，学生顺利地用表格表示了金额与数量之间的关系，王夫人对照表格又可以正常营业了。最后黄老师又把课堂推向一个新的波峰："有人知道王夫人的底细，故意为难她，问买 2.5 尺的布匹需多少钱呢？这一问让王夫人愣住了。"于是黄老师再次让学生小组合作，学生又一次顺利地在平面直角坐标系中，用图像表示了金额与数量之间的关系，这样王夫人对照此图又可以正常营业了。

在整个教学过程中，黄老师充分考虑了学生思维起伏的特点，教学环节有起有伏，有高潮有平缓，既激发了学生自主探究的兴趣，又让学生不至于疲于探究。在黄老师的引导下，学生的学习节奏符合学生的认知规律，可谓是一节优秀的探究课堂教学案例。

2. 动静结合

"动"指的是学生在探究课堂中的活跃状态，如学生积极参与讨论、踊跃发言、争辩等，而"静"指的是学生在探究课堂中的一种相对安静的状态，如学生静思听课、深入思考等。教师在组织探究课时，要讲究教学方式的间隔变换和合理搭配，使之有动有静、动静结合，把师生间的双边教学活动，在动静交替中有节奏地进行。

---

① 王月平. 中小学课堂教学节奏研究[D]. 保定：河北大学，2010.

案例5-6:辩论比赛的动静结合

以林老师的探究活动课《实话实说话"流行"》为例,在该课中,林老师就"青少年学生该不该追星?"这个问题,将持不同观点的学生以自愿举手的方式组成正反方,进行自由辩论赛。在辩论开始之前,林老师先是让学生自己思考自己的辩题并罗列出若干观点,然后林老师要求每方推选4位能说会道的辩手,其他同学组成智囊团。整个辩论环节可谓是华山论剑,双方各出妙招想驳倒另一方的观点。另外智囊团也是十分专注,在听辩论的同时他们都拿出了本子,记录对方论点里的漏洞,及时罗列反击观点还击给辩手,整个辩论过程的精彩程度让林老师自己都叹为观止。

从林老师的这堂探究课中,我们看到了动与静的结合,林老师既给了学生自由思考的时间,让学生可以深入探究己方辩题,同时又为学生创造了一个展示自我的舞台,让学生可以辩出自己的风采。这样的动静结合吻合了学生思维有动有静的特点,让学生的逻辑思辨能力得到了很好的训练。再者,林老师给予了学生充分的准备和辩论时间,让学生可以按照自己想要的节奏去实践,最大限度地让每个学生都能有所表现。

3. 张弛错落

"张"就是紧张、急促;"弛"就是轻松、舒缓。如果课堂教学中一味地"张",会造成学生心理紧张,影响学生的身心健康;但如果一味地"弛",学生会精神涣散,注意力无法集中。所以在探究课堂中,教师既要懂得运用比赛、辩论等方式营造紧凑的课堂节奏;也要学会采用游戏、故事等手段舒缓课堂气氛,使得学生能够在张弛之间把握好自己在课堂上的学习节奏。

案例5-7:阅读竞赛的张弛

李老师在上有关于新加坡的阅读课时,她先是播放了一段有关于新加坡的介绍片,既舒缓了课堂气氛,又导入了旅游这一主题。然后,李老师围绕阅读文本本身的四个主题,即语言、食物、动物园和气候,展开了一场探究知识竞赛,让学生在组内探究讨论新加坡的风土人情,然后再进行竞赛,营造了热烈的课堂气氛,为学生之后的阅读活动建立了一定的基础。接着,李老师又采用了故事的方式,以自己游新加坡的经历为引子,带领学生在书本中"探访"新加坡。

李老师的这堂课很好地体现了张弛的错落。话题本身的趣味性加上合理的教学设计使得学生很快就度过了从下课到上课的注意转移阶段。另外,无论是探究知识竞赛和阅读任务中的"张",还是观看视频和聆听故事时的"弛",

都符合学生思维一张一弛的特点。整节课下来,学生的感觉就是既学到了知识,又体会到了学习的快乐。

4.快慢相宜

一堂课的速度通常有两种极端倾向,若速度太快,急如骤雨,学生反应跟不上,就只会造成学生"消化不良";若速度太慢,迂缓拖沓,就会搞得学生无精打采。一节课前紧后松,或前松后紧、虎头蛇尾、草率收兵的"超前"或"滞后"都是不正常的。因此,课堂进行的速度宜快慢交替,使人听了有错落之感。

案例5-8:数学问题分析的快慢相宜

胡老师对"分式方程1"的教学,由于教学内容的限制,课的后期需安排较长时间的课堂练习,若节奏掌握不好,容易造成先松后紧。于是在刚上课时,胡老师通过创设情景引起学生的探究兴趣,使学生的注意能迅速转移到课堂教学上来,故在学习分式方程的概念时,教学是明快的。而本节课的重点是探究分式方程的解法,需多安排一点时间,一步一步地引导学生,使学生有充分的时间消化每个步骤,不至于囫囵吞枣。故在学生了解分式方程的概念之后,胡老师先让学生复习一道一元一次方程的解法,然后进行小组讨论,通过类比尝试解一道分式方程,自行探索、归纳分式方程的解法。最后出示几组练习加以强化,从而使本节课的节奏紧凑而又不失重点。

从胡老师的这堂数学探究课中,我们可以看到课堂的节奏虽然紧凑,但是并不会头轻脚重,每一步的设计都有其意图,无论是刚开始的节奏明快还是之后的节奏放慢都显得自然而不突兀。同时,胡老师合理地运用小组制,在引导的基础上让学生自主探索讨论,如此就可以为学生创造出一个探索归纳的机会。并且,小组合作的自由性使得学生能够在自己节奏里去探究,这样便能够使得学生的学习效果最大化。

综合上述的案例,我们认为在探究课堂或在探究环节中,教师要充分考虑学习的心理状态,研究学生注意力的特点,在这些基础上再通过巧妙合理的安排,促成良好课堂节奏的形成。同时,教师更要让课堂节奏服务于学生的学习节奏,以学生的学习为中心,帮助学生在课堂中形成思维的节奏并找到合适的学习节奏,追求思维训练的高质量。

三、探究课堂的延伸——科学调查

(一)为什么提倡科学调查

伽利略说:"一切推理都必须从观察与实验得来。"在这位敢于为科学而献身的伟人眼里,科学的本质在于观察与实验,而绝非空谈。因此,科学调查的重要性不言而喻。长期以来,科学调查一直被视为探究性学习的核心或中枢,虽其最初被运用在科学学科中,但之后就迅速地向其他学科延伸。

科学调查对于学生来说是一次神奇的探索之旅,学生通过自己的努力一步步发现问题并最终解决问题。在这样的过程中,学生获得的不仅仅是知识,更是综合实践探究能力的提升。因此,提倡科学调查在各学科中的运用对于学生的发展具有重要的积极导向作用,它能够有效地提高学生发现并解决问题的能力,使学生成为思维敏锐严谨、行动力敏捷、探究创新能力出众的人才。

(二)科学调查

科学调查一般需要投入大量的时间,且具备一定的挑战性。探究的主要环节:提出问题、提出假设、设计研究方案、实施方案(收集证据)、检验假设、报告与交流(见表 5-2)。①

表 5-2　科学调查的步骤②

步骤	内容	活动形式
提出问题	辨别和界定问题,激发兴趣,构建现有的知识,结合过去经验,确定几个可能的研究	——设置情境,引导学习者关注有关的主题,如实地考察,讨论一个价值悖论,考虑一个具有挑战性的问题 ——案例分析,研究地图、照片、广告、漫画,做游戏或进行角色分配,确定研究方向
提出假设	形成预测和假设,包括:广泛搜索有关问题,辨别并提出主要问题,选取中心问题	运用"头脑风暴"等研讨形式提出可能的预测或假说,并确定研究的方向
设计研究方案	设计制定研究方案,包括:确定人员分工,准备研究工具	——取得一致意见 ——制定计划划分小组 ——制定小组行动方案 ——明确个人的任务 ——分析所需的资源 ——制定时间表

---

① 朱清时.科学[M].浙江:浙江教育出版社,2012:27—32.
② 朱清时.科学[M].浙江:浙江教育出版社,2012:27—32.

续表

步骤	内容	活动形式
实施方案	通过各种途径、形式搜集数据资料（搜集资料不仅是目的，而是了解事物的手段）	——参考和实地考察 ——调查和采访 ——进行实验 ——查阅文献 ——观看影视录像
检验假设	数据资料的筛选、归类、统计、分析、比较，再用之以检验假设是否正确	——小组分工整理资料 ——明确个人负责的整理板块 ——运用笔头、计算机等工具辅助整理 ——分析结果是否与假设相符
报告与交流	要求学习者表达自己在研究过程中形成的见解，并且与别人进行交流。包括解释获得的信息、形成并修正判断、证实、改变或抛弃原来的假说或预测	——撰写研究报告 ——开展交流讨论会 ——讨论修改不当之处

案例5-9：科学调查

一天科学课前，施老师正好走入教室做课前准备。突然一堆学生簇拥着过来问她为什么二教楼楼下的一排同样品种的植物有些枝叶茂密，有些却看过去只有零落的叶子。因为施老师之前也没有观察过这一排植物的性状，所以一时间也无法回答学生。然而，富有经验的施老师灵光乍现，想到这是一次组织学生科学调查的好时机。

于是，在下午的科学辅导课上，施老师趁热打铁，让学生做头脑风暴，思考任何他们能够想到的影响这些植物差异产生的原因。这一时间就活跃了整个课堂的气氛，同学们各抒己见，提出各自的解释。

生1：这可能和土壤有关。

生2：会不会是因为光照不一样？

生3：也有可能与水分的多少有关。

生4：这些植物的品种真的一样吗？会不会只是长得比较像。

……

在学生们提出了足够多的想法后，施老师又引导学生去思考这些因素中，哪些可以通过讨论被排除，哪些需要经过调查研究才能获取结果。比如和光照有关这一项，几乎可以确定这些植物的光照条件差不多。然后，施老师把学生按照他们自己的观点分成了若干组，有些组调查土壤因素，有些组调查水分因素，有些组调查品种因素，等等。

接着,施老师让学生们分组制订自己的调查探究计划,而她则走入学生之中,解答学生在制订计划时的疑难,帮助学生完善他们的计划。同时,施老师也让小组派代表分享自己组的调查探究计划,让其他小组提出意见,集思广益,优化方案。

"土壤"小组的计划是分别掘取每株植物下的土壤,尽量做到等量,然后他们想用这些土壤栽培同一种盆栽若干,看看其长势是否存在不同。然而他们在掘取土壤时发现有些土壤比较湿,有些却比较正常。最后他们小组的各个盆栽长势也差不多,他们也无法理解。

"水分"小组的计划是查看植物在雨天受水的情况。他们发现在下雨时,因为地面本身的倾斜加之下水道的堵塞,一边的土壤往往都浸泡在水里,另外一边则没有浸泡在水里。他们欣喜地把这个消息告诉施老师,施老师指导他们去附近的博库书城查阅下有关植物栽培的书籍,学生发现当植物的根部被水包围时,根部无法从周围的空间里吸取空气,会造成缺氧,影响植物的生长。

"品种"小组则专门去找了学校里比较熟悉植物的老师询问这些植物的品种,最后发现这些植物完全是一个品种,且是同一时间栽种的。

之后,施老师组织学生进行了一次小组汇报,在汇报之后又进行了讨论。大部分同学认同"水分"小组的探究结果。同时,同学们也讨论了为什么"土壤"小组掘取的土壤不一样,但盆栽却长得差不多。大家基本认同是因为之后土壤没有再被水浸泡,所以对于盆栽的生长造成不了很大的影响。

最后,施老师让同学们给学校总务处提意见,汇报他们的发现。学校总务处于是疏通了下水道。数月之后,那几株本来叶片稀疏的植物终于也变得枝繁叶密,同学们看到了也很开心。

在整个科学调查的过程中,施老师善于利用学生自己的发现,引导学生提出问题,确定研究方向和计划,并合理地开展调查研究。虽然这个科学调查花费了学生许多的课余时间,但是无疑它培养了学生发现问题,制定探究方案,实施探究方案并解决问题的能力。苏霍姆林斯基说过:"自由支配的时间是学生个性发展的必要条件。"苏霍姆林斯所说过的自由支配时间,其实就是这种自主学习的时间,同样它也是探究的必要条件。因此,我们有理由相信科学调查对于学生的思维发展和创新意识培养有种举重若轻的作用。

近年来,我们一直在尝试探究教学方法在课堂中的运用。无论是小组合作制的推广还是现代化信息技术的运用都是我们做出的有效探索。事实证明，无论是小组合作还是现代化教育技术的运用都能够为学生的发展铺路。小组合作的制度为探究课堂的开展建立了良好的地基，现代化教育技术的融入则真正意义上解放了课堂的教学模式和教学内容。同时，我们也在致力于教师的发展，不断地为广大教师提供学习培训的机会，倡导教师与时俱进，鼓励教师充分利用社会以及学校提供的各种资源，为课堂教学的变革出力。再者，我们也提倡教师自身也要参与到学生的探究中去，做一位优秀的引导者，而不是传输者。

在新课改的大背景下，我们将不断探索该如何建设符合学生学习发展规律的课堂，如何真正地解放学生的课堂。相信在全校师生的共同努力以及上级领导的关心支持下，我们学校的课堂建设会越来越好，培养出来的学生也会越来越优秀。

第三节 整合课堂

2001年，教育部印发《基础教育课程改革纲要（试行）》，从课程目标、课程内容、课程实施过程、课程评价等多方面系统地提出了基础教育课程改革所要实现的目标。如今课改已经走过十多个年头了，与课改相关的拓展性课程、学科核心素养、信息技术进课堂全等新的教学理念与实践也应运而生，作为杭州市"课改实验学校"，集团上下勇立课改潮头，实现了对课堂资源的整合，经历了"为什么整合"到"怎么样整合"到最后"整合后之变"的完整历程。

一、整合课堂的缘由

《纲要》出台之后对传统的课堂与老师而言都是一种挑战，很长一段时间里集团教师都在思考为什么要进行课堂整合以及如何进行课堂整合，集团也尤为注重对教师教学观念转变的引导，通过专家引领、理论研读、论坛思辨等多种方式解教师之惑，最终集团从学生、教师、学校三个层面的变化找到了这个问题的答案。

（一）整合让学生从"学会"到"会学"

传统的课堂是一种以知识传授为本位的课堂，从课程内容和结构上来说，文、理科课程科目界限清晰，难以形成一个相互联系的课程体系，这导致学生学习时增加了许多学科，学习内容也难以系统化地相联结，无形中增加了学生学习的负担。此外从传统课堂的学习过程与效果来说,传统课堂过分强调书本知识,重视学生的理论而忽视了实践,重视培养学生的理性思维而忽视学生的审美与感性,重视学生结论性的知识而忽视了学生求知的过程。[①] 这样的课堂下学生学习的积极性难以得到充分发挥,学生的负担加重,学生的学习效果也仅仅停留在"学会",创新能力难以得到提升。

纲要出台后,从素质教育的层面提出对课堂实行整合的要求,其中包括学科间的整合与教学资源间的整合等多个方面的内容。这样的整合既是对传统课堂的一种颠覆,也是对学生培养目标的一个再认知。整合后的课堂将从学校顶层设计出发,构建一个融合学校文化与共同核心育人目标的课程体系,从而把各门看似毫无关联的课程串联起来,以此实现学科间整合的目的。

从学习内容层面出发,整合课堂实现了减负,同时增加了内容的趣味性,激发学生的学习兴趣。从学习过程层面出发,整合课堂尤其是课程资源整合,将信息化多媒体资源、纸质化传统资源甚至教师个人人脉资源等多种教学资源灵活运用于课堂,配合全新的合作学习教学方法,让学生在探究的过程中掌握知识。从学习目标层面出发,整合课堂有利于培养学生包括质疑、实践、探究等能力在内的多种学习能力,促进学生自主学习、主动学习。

(二)整合让教师从"教书匠"到"教育者"

传统课堂更像是教师个人表演的"舞台",从课前备课到课堂教学甚至是课后反馈几乎都是教师的"独角戏"。在传统课堂师生双边关系中是以教师为中心的,师生的互动通过课堂上的"教师讲,学生听、记",课后的"学生背、做,教师改"这样的方式来实现。[②] 这样的传统教学模式下,学生的应试能力确实可见一斑,但是到知识实际运用的时候,我们的教育往往与生活脱节。同样这种模式下的教师也仿佛成了"流水线"上的工人,只要备好一堂课就可以用几个月甚至是几年,教育的创造性全然无从体现。

新一轮课改实施后,对教师角色进行了重新塑造与定位。不变的角色是教师依然为知识的传授者,但是为这个角色注入了新的内涵,例如师生关系改为平等甚至是以学生为中心,传授方式也由单一的讲转变为讲解配合,整合了多媒体、实践等多种教学资源的引导法。在整合课堂的前提下,课堂也发生了变化,由传统课堂转变为翻转课堂、小组合作探究课堂等多种不同形式的课堂。在新课堂的授课环境中,教师的角色也相应地发生着变化。首先教师要

---

①　余文森.试析传统课堂教学的特征及弊端[J].教育研究,2001(5):50.

②　陈建平.传统课堂教师心理特点分析及建议[J].现代农村科技,2015(18):66.

成为学生学习的鉴赏者,为学生提供一个利于其自主学习的情境,同时教师需要在鉴别学生所学的学科知识对错的同时,赏识学生在学习过程中的思维、能力、情感的发展,使其更适应这种学习方式的转变。①

教师要做教学中的研究探索者,与以往的"教案用一辈子"不同,新课改整合了部分学科内容与知识,打破了传统的学科体系,教师需要时常更新教学内容与教学素材。从某种意义上来说,新课改的整合课堂是对教师教育工作创造性的一种激发,也是将教师从书本条条框框理论下的一种解放,让教师真正从"教书匠"转变为"教育者",体会到教育带给教师的乐趣与成就感。

(三)整合让学校从"场地"到"舞台"

学校是有计划有组织地进行系统的教育活动的组织机构,也是学生学习科学文化知识与身心发展的主要场地。学生在校主要参与活动就是课堂教学,在校的绝大部分时间也是以"课"的节次作为划分单元,因此如何让集团的课堂整合变得多元化同时又能吸引学生兴趣,激发学生参与,促进学生成长与成才是每一位集团教师迫切需要面对的问题。

传统的学校以应试教学为主任务,每天基本是语、数、英、科配合少数体育、艺术课程连轴转,长此以往真正的学校教育难以深入学生内心,获得学生的认可。新课改出台后,随着课程设置等的变化,学校的作用也悄然发生转变。学校依然是传授知识的主要场地,不同的是学校的知识传授不再局限于传统的课堂,也不再聚焦于单一的知识体系课程。我们提出"按孩子的想象构建现代化学校"的课改目标,整合全校范围内的教学资源为打造灵动的课堂服务,以科学课程建设为例,大到实验室各种器材小到校园的一草一木都可以为教学服务,都可以是学生学习研究的对象。

除传统课程外,我们还整合师资、课程、教学资源,为整合课堂服务,开设了包括学农、精工、美工等多种类型的实践类课程,让学生在掌握知识的同时关注生活实践,培养学生动手能力。同时我们结合教师的特长与学生的兴趣,开设了知识拓展类、体艺特长类等50多门拓展性课程,并形成完备的拓展性课程实施以及管理体系,真正做到让以"鹰文化"为主体的校园文化建设深入了每一位师生的内心,让学校成为每一位学生求知的殿堂、成长的摇篮、表演的舞台。

---

① 李博.浅析新课改下教师角色的转变[J].吉林省教育学院学报,2012(7):82.

二、课堂整合的基本做法

在明确为什么要整合课堂之后,下一步就是探索如何整合课堂才能达到最佳的新课改效果。集团的整合课堂主要从对学科的整合入手,具体包括三大方面,学科内部整合、学科间整合、学科延伸整合。可以说这是一条前人从未走过的路,但是却让我们看到了教育之路上别样的风景。

(一)学科间的整合

1.建设"三自"学校课程体系

学科间的整合除了学科知识内容的整合之外,最重要的一点是充分融合校园文化特色,从学校顶层设计出发,构建各课程校本化实施的学校课程体系。所谓学校课程体系是指学校在把握宏观教育目标的基础上,在国家、地方、学校三级课程管理体制不变、国家课程设置不变、学生发展基础目标不变的前提下,对现行国家、地方课程内容进行适当整合重组,提高实施质量,依据学校育人理念、学生需要、校内外教育资源,进行校本课程、隐性课程的科学规划和建设,进而构建学生发展所需的、具有学校特色的、融显性课程与隐性课程为一体的学校课程体系。[①]

学校课程体系的建设有利于学校从系统的整体出发,关注每一门课程发展的同时,注重课程整体的协调与一致,最大限度地调配课程、教师资源与设置,满足学生不同的发展需求,促进学生全面发展。在学校课程体系建设中,为了确保课程整合兼具学科知识性与学习趣味性,应当充分运用教学资源,发挥教师作用,将课程体系地方化、校本化。

集团在构建学校课程体系的实践中充分传承和发展集团的育人目标、校训、学风等教育哲学,构建在遵循学生认知发展规律的基础上,培养时代所需、符合集团育人目标的课程体系。集团课程体系的核心概括起来就是建构"自信、自强、自立"的课程群,这其中既融合了传统知识类课程,也囊括了体艺课程、实践课程等。集团的课程体系就是通过"三自"的育人目标将学校所有课程有机联系起来,构成拥有共同教学理念与目标的课程群,具体为以下课程各自的学科内容分类及培养目标(见表5-3)。

---

① 丰际萍,杜增,李东梓.学校课程体系建设的研究与实践[J].当代教育科学,2011(14):33—35.

表 5-3　十三中教育集团课程群

课程群名称	所属类别	课程内容	培养目标
自信类课程	学科知识类	语、数、英、科、思品·社会以及其他知识性课程	以"智慧生成"为核心素养,以发展学生表达能力为切入点,以培养阳光、自信的社会人为目标
自强类课程	体艺特长类	体育、音乐、美术等与体艺相关的拓展性课程	基于学生的多元智能和兴趣爱好,旨在培养学生的体艺特长,养成良好的锻炼习惯、积极的生活态度和高雅的审美情趣
自立类课程	实践活动类	美工、学农等生活实践类课程	旨在引导学生体验生活、探究自然、了解社会,着重培养学生动手实践、科学探究、团结协作、服务社会的能力

　　课程体系构建完成后,为了确保培养目标的实现,我们还出台了相应的评价体系、实施手段等一系列文件予以保障,实施过程中重点突破了教学时间、地点以及教学资源、评价考核上的限制。在教学时间上,学科知识类课程做到固定中的灵活,固定即严格执行国家规定每节课稳定在 45 分钟,灵活又是指课堂各环节的时间分配和授课方式可以由教师自行把控,如英语课教师可以以 10 分钟进行单词认读,15 分钟进行配音小组活动进行听力与语言训练,剩余时间作为练习检测和课外兴趣拓展。生活实践类课程每个学期抽出一至两天的时间,分年级、分班级地走出校园,前往专门的场地进行实践教学。在评价方式上,集团坚持知识类课程以测验为主,但是逐渐加重平时学习在评价中的比重。生活实践类课程则由教师自主评价。

　　"三自"课程体系的构建使得学校原来各自独立的学科由于拥有共同的育人目标与教学理念而相互联结,相互促进,实现了学科间高效整合提高学生效率的同时减轻学生负担,同时校本化地实施又使得校园文化获得新的诠释与发展。

　　2.学科间借鉴与整合

　　构建具有学校特色的课程体系是从育人目标等学校的顶层设计出发,用共性的学校文化将不同课程加以区分和串联,使得零散的课程形成体系,达到宏观上的整合要求。而真正落实微观层面课程整合要求,实现素质教育目标的则是跨学科之间的资源与内容整合。必要的学科整合与互动有利于促进学生学习效率的提高,近年来集团鼓励不同教研组之间通过教研组活动、学术节论坛等方式进行互相探讨,就不同学科之间相互交叉的部分内容从本专业角度提出实施的建议,实行至今,取得了不错的反响。如语文学科的文言文阅读与历史学科的史料解读存在着某种联系,两个教研组之间的良性互动为促进学生文言文阅读能力的提升起到了重要作用。再比如数学学科与科学学科之间就解题思路与做题方法之间的探讨等等,可以说在集团内部,教研组之间跨学科的交流已经十分普遍。

除了上述学科整合外,信息技术与课堂教学深度整合则是学科间整合最好的案例。《纲要》中明确指出要"大力推进信息技术在教学过程中的普遍应用,促进信息技术与学科课程的整合",信息技术进课堂如今在集团日常教学中可以说达到了常态化的实施。

信息技术与其他学科整合的关键在于把技术作为一种辅助教学的手段引入课堂以改变传统的教师教学模式与学生学习方式。[①] 可以整合的内容涵盖教育理念、教育技术、教育资源、教学内容、教学形式等教育的各个方面。十三中信息技术与学科整合的成果包括教学微课的制作、教学资源库的建设以及用信息技术实现教学互动与评价。

微课层面,集团要求每一位教师都要制作自己的精品微课,在校级以上的公开课上必须融入相应的微课元素,近年来集团也有多位老师的微课在区、市甚至省的比赛中获奖,集团还将教师的微课整理出版,作为学校的教学成果展示。

教学资源库层面,集团要求每个备课组每学期都需要编制校本作业,校本作业的形式可以结合信息技术多元化展开,比如试题库、学术资源视频网站等等。

教学互动与评价革新方面,许多年轻老师已经走在了全区前列,在校、区各级公开课上,将移动终端与多媒体设备相连接,借助 Classflow 等国外已普遍使用的软件实现与学生线上线下的实施互动与评价。

学科间的整合不仅实现了教学内容与教学资源的最优化配置,同时也是对课堂的一种趣味化延伸。更为重要的是培养了学生实践信息技术的能力,使得课程整合对学生而言是一种人性化的整合,同样可以辅助教师对身边现有的教学资源进行深入挖掘,实现教学效果质的飞跃![②]

(二)学科内部的整合

1.梳理学科知识,整合课程资源

学科间整合之余,集团还鼓励老师从本学科自身出发,实现课堂整合,整合的重点内容包括知识点、学习方法、课程资源等。学科自身的课堂整合是为

---

① 林明.略论信息技术与学科整合[J].桂林师范高等专科学校学报,2002(4):92.
② 常毅.谈信息技术与课程整合[J].中国教育技术装备,2011(25):6—7.

了理清学科线索,为本学科的课堂教学和课后实践提供便利,同时为学生的自主探究学习创造条件。

学科内部的整合最重要的是对于课程内容的整合,集团的每一位老师各有特色,而且基本都采用了"学生自主整合,教师引导总结"的全新整合模式。

同样在一个单元或者一个学期结束的时候,我们鼓励老师创新复习方式,采用知识框架结构的形式将本单元或本学期的知识点加以梳理和整合,力求使得知识点模块化、系统化,形成一个简洁明了的知识体系,学生只需要对着知识体系回忆相应的具体知识点,这同样也有助于学生对知识进行分类识记和迁移发散。

除了知识内容的整合,集团的老师们也注重对学生学习方法层面的整合和引导。

2.加强内部整合,落实"高效导学"

课堂教学始终是学校教学的核心,为了促进学科"高效导学"课堂建设,集团充分整合相关课程资源为整合课堂教学服务,为学生服务。

所谓课程资源是指形成课程的要素来源以及实施课程的必要而直接的条件。它根据不同的划分标准,可以分成多种不同的类型。课程资源的整合作为课程资源进入课程实施的一个关键环节,其充分和适切程度决定着课程目标的实现范围和实现水平。[①] 目前集团上下正在探索进一步深化课程内部的整合,以配合"高效导学"课堂的建设。高效导学课堂首先与传统课堂最大的区别在于小组合作的学习模式,2012年,集团摒弃传统的排排坐课堂组织形式,把学生的座位全盘打乱,由学生自主选择组成学习小组,所有的教学环节包括探究、展示、答题都以小组为单位,在组内进行。这样的组合首先使得组内互相监督互相促进,确保教师提供的课程资源能兼顾到所有的学生。其次这样的组合有利于提高学生探究发现问题的能力,培养学生的合作意识,对教学资源的学习接纳上能起到小组"1+1>2"的效果。

"高效导学"课堂的核心在于"五环五化",即课堂教学的五个中心环节预学、合学、展学、质学、拓学。预学环节,集团的每一位老师在开展课堂教学时都会充分整合身边与本课主题相关的所有课程资源为"高效导学"整合课堂的实现助力。

学科内部自身的整合使得本学科的条理更为清晰,对教师而言是一种解

---

① 叶婷婷.课堂教学中课程资源整合初探[J].新课程(教育学术版),2007(2):91.

放,解放了教师的教学条件和方式,为多样化的课堂和高效课堂的创设创造了可能性。对学生而言也是一种解放,解放了学生爱玩的天性,在主动参与探究的课堂环境下习得相关的知识。

(三)学科延伸整合

学科延伸整合是指在现有课程基础上,深入挖掘课程中的兴趣点并放大,借助探究式教学法,形成独立的拓展性课程体系。学科延伸整合一方面实现了对现有知识内容趣味化再巩固,同时也达到了知识拓展的目的。

1.从无到有的突变

浙江省教育厅于2015年9月正式发布了《关于建设义务教育拓展性课程的指导意见》,指导拓展性课程的开发,如今已过去一年有余,这一年之中,十三中教育集团筚路蓝缕,实现了拓展性课程从无到有的根本性转变。在这过程中,学校的顶层设计对于拓展性课程最终能否开设以及开设到何程度等问题起到了决定性的作用。

2016年3月,集团教代会讨论通过了集团"十三五"规划,明确了学校的育人目标是培养适应未来社会不同需要的具有"鹰"品质的公民,而"鹰"品质集中表现在"自强、自立、自信"三个层次。围绕核心育人目标的要求,集团从顶层设计出发,确定了以"鹰文化"为主题的拓展性课程体系的结构与目标,"鹰文化"拓展性课程体系可以从以下这张课程群图来具体解读。

2.从有到细的新变

如果说集团的顶层设计是从宏观角度把控拓展性课程的发展方向,那么教师的开发与实践则是从微观角度激发拓展性课程的内在活力。集团为了确保能开齐、开好拓展性课程,形成了横向、纵向两条管理线,纵向确立了从校级领导到中层各职能部门再到教研组、备课组最后到教师个人的五级垂直管理体系,横向则形成了前期研讨、教师职责、教学监控、走班制度、教学研究、考核评价等具体的管理制度与内容。集团拓展性课程管理体系见表5-4。

3.从细到精的质变

在完成集团顶层设计和具体规范制定等步骤后,2016年10月11日,全校范围内的第一次拓展性课程顺利拉开帷幕,有的班级的学生在实践操作手工工艺美术,感受传统文化的魅力;有的班级的学生在欣赏话剧表演,体会文学艺术的多样形式;有的班级的学生则在动手做一些生活中的小实验,探秘科学的奥妙……各式各样各有千秋,百花齐放!

表5-4　杭州市十三中教育集团拓展性课程管理体系一览

纵向 横向	学校领导 （宏观把控） →	中层职能部门 （具体管理） →	教研组 （学科开发管理） →	备课组 （年级课程指导） →	教师 （课程实施）
前期 研讨	**专题会议加强认识** (1)2016年1月关于新课改集团动员大会 　具体阐述义务教育阶段的课程改革内容,解读《关于建设义务教育拓展性课程的指导意见》,提出集团关于拓展性课程文化的顶层设计;教研组层面具体研讨关于学科拓展性课程的理解和开发措施。 (2)2016年上半学期的期末工作会议 　布置暑期具体任务,每一位老师要在暑假完成自己的拓展性课程的课程框架和教学设计,每一个备课组要在暑假后上交本备课组的拓展性课程实施方案和介绍,每一个教研组则要做好拓展性课程的审核和汇总工作。 (3)2016年8月底集团暑期全体教职工大会 　部署落实拓展性课程的具体实施,进一步明确拓展性课程的任务与实施路径。 (4)2016年9月下旬拓展性课程实施动员大会 　从课程的开发、基于选课走班教学而设计的选课系统的使用、课程具体实施步骤等问题展开培训与研讨。				
教师 职责	**任务导向明确规范** 　拓展性课程教学的开展由于行政班级的打破而具有挑战性,因此学校要求教师重点做好规范教育工作,包括学生的习惯教育与课程点名记录以及课堂纪律掌控等。				
教学 监控	**有效监控促进实施** 　学校明确了对拓展性课程有效性的监控主要包含教学管理、教师管理和学生管理三个方面。				
走班 制度	**选课走班点亮特色** 　走班制度作为拓展性课程的核心表现与要求,学校十分重视,从学生的选课原则、教师课程的录取比例、走班学生的管理办法等方面做了具体的规定。				
教学 研究	**专业研究引领成长** 　教学研究的目标着眼于拓展性课程的长效性与创新性,鼓励教师围绕拓展性课程的开发与实施做专题的教育科研,学校层面给予一定的教师奖励以及课程开发资源扶持。				
考核 评价	**多元评价提升效果** 　考核评价是对课程的一个总结,集团的考核评价主要包含两个维度的内容,一是对学生课程成绩的认定办法,鼓励以多种形式评价学生而非单一的考试,二是对该课程的评价,主要包括学校考核和学生满意度调查等。				

　　拓展性课程如火如荼地开展至今,我们边反思边完善,最终实现了拓展性课程从细到精的华丽转变,这样的转变并非只是学校层面的自吹自擂,而通过从学生、教师、实习老师到家长等多角度的反馈中真正总结出的结论。

三、整合后之变

　　从实行课改至今,集团通过对学科课程、拓展性课程的整合与开发,在各方面都取得了飞速的发展，全体教职工从摸索到实践，如今向社会交出了一份满意的答卷。我们的学生在新课改的课堂整合下，学习更为灵活，成绩也有了显著提升。在历年中考中，十三中教育集团在杭州市公办学校中都名列前茅，中考状元也曾多次花落集团。集团学子升入高中后，由于初中阶段打下的基础和学习方法的影响，依然一路高歌，有众多学生被清华、北大等国内知名高校录取，也不乏学生前往新加坡南洋理工大学、英国剑桥大学、美国哈佛大学等国际知名高校深造。

除了学业方面，学生其他各方面综合素质也获得了全面的发展，体育方面集团的棒球队是全省中小学唯一一支棒球队，每年暑期都会代表集团参加国际青少年棒球比赛，并取得不俗战绩。集团的足球队也取得了耀眼的成绩，曾多次在"市长杯"青少年校园足球比赛中取得佳绩，集团也被获评全国青少年足球特色学校。此外，集团多位学生在市、区级各项德育比赛中获奖，其中郭致彤、刘雨辰两位同学2014年暑期完成的《碧水梦——寻访身边的美丽河流》社会实践报告荣获西湖区一等奖、杭州市一等奖的好成绩。

集团的教师队伍近年来在课改中也获得多项荣誉。教学方面，学校多位优秀老师被评为名师或学科带头人，并通过名师工作室的模式对年轻老师进行"传、帮、带"，许多年轻老师也多次在市、区各级比赛中喜获佳绩或开设公开课，为集团教育事业锦上添花。科研方面，集团实现了全校的突破，所有老师积极参与教育科研，其中多位老师撰写的论文在省、市、区各级各类论文评比中获奖，更是有数十篇优秀论文在《教学月刊》《地理教学》等核心期刊上发表。集团主持实施的"按孩子的想象构建现代学校"课题也顺利入选浙江省教科规划2011年度重点研究课题。

正是由于全体师生的在各方面付出的努力以及取得的成绩，学校也实现了新的跨越。2012年学校开始引入小组合作探究的课堂模式，课堂之中出现的"T字形""长方形""E字形"等"学习小组"得到了浙江在线、杭州网等各级媒体的广泛关注，面对升学的压力和质疑，集团坚持实行课改，用实际行动和成绩打消了社会各界的疑虑。

集团对课改和课堂整合的种种探索经各级媒体报道之后不断有来自省内外的学校前来"取经"，学校也被评为杭州市首批"课改实验学校"。集团从课改至今，陆续获得了包括浙江省首批行为规范达标学校、首批省文明学校、首批省校本教研示范学校、浙江省现代教育技术实验学校，浙江省绿色学校、浙江省对外交流理事单位、杭州市对外开放学校、杭州市文明学校、杭州市文明单位等荣誉称号。2017 年 12 月，集团被评为浙江省课改突出贡献奖。

同时集团也是教育部"十五"重点课题"建构式学习环境与中学科学教育研究"实验学校、联合国教科文组织"环境、人口和可持续发展教育（EPD）项目的实验学校"、全国科学教育"十五"重点规划课题研究基地。集团承担着多项国家级、省级、市级重点课题并与国内、国际知名教育机构和学校有着长期友好交流和往来。

课改十余年，集团始终坚持以育人为本，全体教职工一起努力取得了一系列骄人的成绩！相信未来集团也一定能成为一所"规模和效益并举，优质和特色共行"的可持续发展的现代教育集团！

第六章　评价解放

第一节　自我突破的综合性评价

随着学校课程结构的日益个性化,随着课堂教学方式的日益多元化,我们的评价机制也正在悄悄地发生变化。如何评价? 我们是该好好思考一下这个问题了。传统的学生评价体系虽然评价对象是学生,但是评价的主要目的是提升教学效果,往往忽略了评价对于学生的激励功能。我们的评价更注重于使学生在不断地自评、互评和他评中激发学习的积极性、不断提升学习力、实现学生的自我突破。

一、自我突破式评价

评价可以是为了衡量结果;评价可以是为了评判过程;评价可以是为了确定方向。而教育领域的评价还有一个更重要的功能,也是不容忽视的功能,即:促进发展。我们将学生的发展称为"自我突破"。

自我突破式评价,顾名思义即为了促进学生自我突破的综合性评价。这种评价需要具备全面性、发展性、个性化等特点。因此,我们重新设计了学生综合性评价标准的内容,使原来较为抽象、粗线条的评价标准更具体形象、涵盖的面更广,更体现学生的完整学习生活,或者弥补过去学生评价标准中对于学习过程性评价的缺失等问题;评价形式上更多样化,不仅用评价结果激励学生发展,更希望通过各种不同形式的评价过程,使学生在参与评价过程中体会到学习的价值,促进他们的自我发展和突破。

以学校学生学期末综合素质评定结果产生的过程为例,用图 6-1 可以将其表述出来。

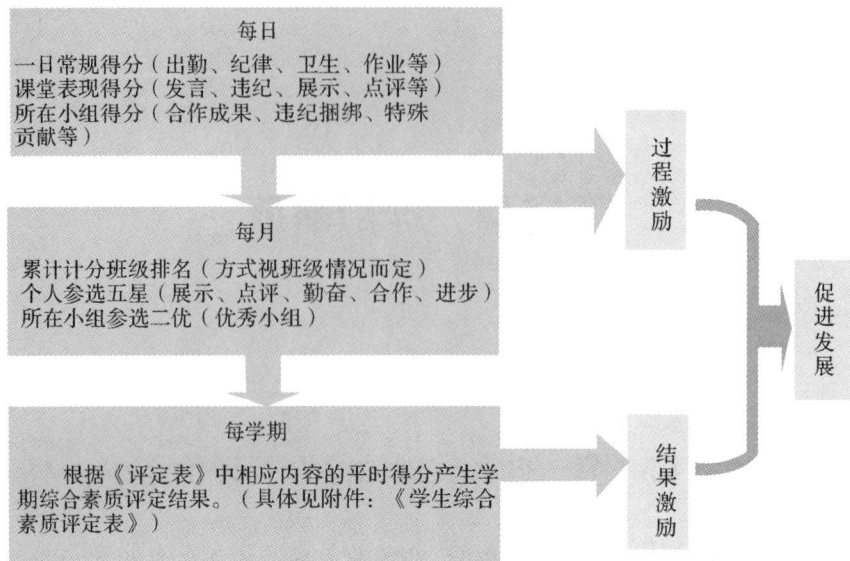

图 6-1　学生综合素质评价流程

前期在考察和研讨基础上已基本形成学校学生学习过程评价标准,此标准内容包含了学生在课堂学习过程中的交往状态、参与状态、情绪状态、生成状态、思维状态、注意状态。如"乐于承担组内的工作,积极参与管理小组事务"等条目是对学生参与状态的考核;"冷静地面对组员指出的自身的缺点,并能积极改正,在行为习惯和学习工作方面取得进步"等条目是对学生交往状态和情绪状态的考核;"认真倾听,尊重他人观点,适时补充自己的见解"等条目是对学生注意状态的考核。

制定有关学生课堂学习基本情况的评价标准是为了弥补学生评价现状中存在的忽略学生学习过程性评价的问题。我们对学生的评价多是终结性的学业评价和过程性的德育评价,对于学生的学业评价多集中在以终结性的考试为主要方式的评价体系,而学生在平时的学习过程中身心的变化以及参与的情况并未能及时进行评价。所以,学校开始着手制定学生个体学习状况评价标准细则。

学生学习过程评价标准制定以后,我们面临的一个最直接的问题是:如何增强评价结果对学生发展的影响? 如果评价结果并未对师生产生一定的影响力,那么最终这一标准只会流于形式。当时,我们想到了把新制定的学生学习过程评价标准与杭州市中学生综合素质评价标准融合起来,使学生在校学习过程中的表现与期末的综合评定挂钩。最终,通过结合与修改形成新的学生综合素质评定表。

实施办法是：(1)学生自评和组内互评每周一次，建议周五进行；教师评价和学校评价每月一次（使用学生评议表），每月末进行评议，并汇总到班主任处。(2)评定成绩及等第每月公布一次，学生自评及互评以周为单位，以月为期限，计算出月平均分。(3)各级评分的权重：自评分和组内互评的平均分为学生评议小结分；任课老师评分和班主任评分的平均分为教师评议小结分，学生评议与教师评议分各占总评分的50％。(4)每学期评定一次APE等级。学生个体每月得分将作为学校"每月之星"评比的标准之一，每月评选出"优秀小组"予以表彰。

新的学生综合素质评价标准试行了一年，此过程中也发现了不少的问题，比如：教师对学生个体评价量化增加了教师的工作量；课堂学生表现被分数量化后带来的副作用；随着学生年龄的增长，对于量化分数的反感及老师的无力感等。

我们在自我实践的基础上还借鉴了很多学校的做法，比如把学生的表扬卡和奖状发到家长的工作单位等做法，制作精美的表彰宣传橱窗等。但是我们也深刻体会到，对学生的评价绝非只有量化评价一种方式，量化评价对学生确实有激励作用，但是过度使用也会有副作用，导致学生关心的只是获取分数，而不是获取知识本身的价值。所以，我们在之后的做法中将更多关注学生的综合表现，把质性评价与量化评价结合起来，继续使评价主体多元化，让更多的人参与评价，更多地关注学生的过程性评价。

二、评价内容全方位

传统的学生综合评价标准包括了道德与素养、劳动与技能、实践与探究、交流与合作、运动与健康、审美与艺术等六大块内容，从粗线条来看，已经涵盖了学生的全方位表现，但是在细化到具体的学习和生活中，有两个方面的不足：一是忽视对于学生学习过程的评价；二是道德评价过于抽象化，脱离正确行为习惯尤其是学习规范的引导。

为了解决这一难题，学校德育管理组进行了多番研讨，也制定了无数评价标准修改稿。在研讨中我们发现，要实现突破必须解决以下两个问题：一是明确评价内容的范畴；二是明确评价标准各内容的比重。

学校在此评价标准的大方向指引下，制定了一套适合本校学校生源实际情况，并与杭州市综合素质评定体系相匹配的学生学习过程评价标准。

新评价标准的最大特点在于其评价内容,在六大块内容中补充了学生学习过程中的表现,包括:交往状态、参与状态、情绪状态、生成状态、思维状态和注意状态(见图6-2)。学生学习中的非智力因素,如:兴趣、意志、注意力等方面对学习的效果产生了非常重要的作用,对学生非智力因素状态的评价是非常重要的。因此,学校在修订学生综合素

图6-2 评价内容

质评价标准的基础上还制定了《学生个体学习状况评价标准细则》(见表6-1)。

表6-1 学生个体学习状况评价标准细则

说明:本标准是在"以学定教"课堂教学改革背景下制定的,旨在指导学生适应新形式的学习过程,对学生的学习过程做出客观、全面、具体的评价。此标准将融入学生的综合评定标准中去。

项目	要素	关键表现	分值	自评	组内互评	学校评定	总评
(一)道德与素养	Ⅰ诚实守信(12)	按时完成预习任务	3				
		准时完成作业	3				
		诚信考试	3				
		能公正、客观地评价自己和他人	3				
	Ⅱ自我约束(8)	能在上课准备铃声响起后做好课前准备,安静等候或认真参与课前朗读	2				
		当老师讲课或同学发言时尊重他人,认真倾听	3				
		课堂小组讨论时,不做无关的事,不说无关的话	3				

续表

项目	要素	关键表现	分值	自评	组内互评	学校评定	总评
（二）实践与探究	Ⅲ参与意识（13）	上课积极发言，主动发表自己的看法	5				
		曾多次作为小组代表上台展示或发言	4				
		积极参与课堂内各种实验、表演或体验活动	4				
	Ⅳ探究精神（4）	能主动提出问题，并乐于在组内进行问题的交流和讨论	4				
	Ⅴ社会实践（3）	积极参与社会实践活动，善于用生活实例说明理论知识	3				
（三）交流与合作	Ⅵ小组协作（12）	能与组内其他成员和睦相处	3				
		在组内担任一定职务，承担一定工作	3				
		愿意在学习和生活上帮助其他组员	3				
		所在小组获得优秀学习小组称号	3				
	Ⅶ沟通分享（8）	积极参与组内讨论，经常提出有用的建议	3				
		能客观、婉转地指出同组成员的缺点	2				
		冷静地面对组员指出的自身的缺点，并能积极改正	3				

三、评价形式多样化

一开始，我们只知道评价可以是一张试卷；评价可以是一个问题；评价可以是一套量表。后来我们发现，评价可以是一次推心置腹的交谈；评价可以是一个轰轰烈烈的典礼；评价可以是一场个性激情的展演。评价过程与评价内容一样重要，光靠设计完善的评价标准，但方法用错也只能是事倍功半。

因此，学校德育管理小组在修订评价标准的同时还努力尝试不同的评价形式。一是实践和探索一种具有可行性、科学性和实效性的评价操作方法，并培训参与此评价的师生熟练地掌握此方法。二是设计形式多样、丰富多彩的评价活动和评价结果展示平台。

（一）五星两优的评比

合理、及时的评价能激发学生学习动力，激励学生积极参与学习，有助于树立集体荣誉感,增强小组凝聚力,是促进合作小组健康发展的重要环节。评价奖项分为星级学生和美丽学生两个层次。星级学生包括:五星(参与之星、展示之星、点评之星、勤奋之星、进步之星);两优(优秀小组、优秀学生);社团之星;服务之星等。在星级学生的基础上再评出"美丽学生"。评比要求公平公正,由自荐和推荐产生候选人,再公开选举,再由学校通过网络、展板进行公布和宣传。同样的,每次评比的最终目的是为了学生在自评、推荐、互评和表彰的整个评价过程中,相互学习、相互评价、不断提高。

(二)"三鹰卡"的晋级奖励

"三鹰精神"融合进学校的每一位师生的学习、工作和生活中,有外显的文化展示鹰的精神面貌,有体现内涵的活动设计,更重要的是培养每个十三中人具有鹰的精气神。"三鹰精神"具有三个层次的内涵,分别是:雏鹰展翅,即学习独立、感受挫折;翔鹰有志,即确立目标、勇于进取;鹰击长空,即挑战困难、激发潜能。学校设计了一种卡片晋级的评价方式,学生可以因学业成绩、行为表现或好人好事等方面的出色表现获得奖励卡,卡片分为"雏鹰卡""翔鹰卡"和"雄鹰卡"三个等级。三鹰展翅,培育视野宽阔、自强不息、思维敏捷的杰出人才(附奖励卡发放细则)。

奖励卡发放细则

一、依据:学校行政会议决议实施。

二、目的:

1. 以积极鼓励,养成学生良好行为。

2. 以奖卡(章)为增强物,鼓励学生在行为、习惯、态度及学业各方面求取进步。

3. 培养学生荣誉心,得以在自我勉励、自我约束中健康成长。

三、办理原则:

1. 强调立即奖励原则,发挥实时效应。

2. 强调公开办理原则,树立参照楷模。

3. 强调人人参与原则,激发团队共识。

四、奖励内容:

(一)校内活动

根据班级、年级、学校三级设置不同的级别奖励,见表6-2。

表 6-2 三鹰卡分配

奖励名称		给奖名额	给奖方式	颁奖时间	核章单位
系列合作学习	五星学生	每班 5 人	雏鹰卡 1 张/人	一月一评	学生处
	美丽小组(班级、年级、校级)	班级:每班 2 个;年级:每年级 1 个;校级:1 个。	班级:表扬卡 1 张/人 年级:雏鹰卡 1 张/人 校校:翔鹰卡 1 张/人	一月一评	学生处
常规德育系列	期末星级学生	每班 10 人	雏鹰卡 1 张/人	学期末	学生处
	好人好事 志愿者服务	不限	表扬卡 1 张/人	学期末	学生处 团委
	社团服务之星	每社团 2 人	表扬卡 1 张/人	学期末	社团
学习成果系列	进步奖	每班 4 名	雏鹰卡 1 张/人	期中、期末	教导处
	单科前 20 名	四门学科	翔鹰卡 1 张/人	期中、期末	教导处
	优秀三等奖	30 人	雏鹰卡 1 张/人	期中、期末	教导处
	优秀二等奖	30 人	翔鹰卡 1 张/人	期中、期末	教导处
	优秀一等奖	20 人	雄鹰卡 1 张/人	期中、期末	教导处
	校级学科竞赛	不限	任课老师发表扬卡	活动结束后	学生处

(二)校外比赛

根据学生在校外评比的级别,设置奖励卡,见表 6-3。

表 6-3 校外奖励设置

奖励名称	给奖名额	给奖方式	颁奖时机	核章单位
社区街道、区级比赛	依办法规定	凡获奖得表扬卡 1 张	比赛结束后	学生处
市级及以上比赛	依办法规定	凡获奖得雏鹰卡 1 张	比赛结束后	学生处

五、核奖权责:

班主任或负责教师报相关教导处、学生处,由各部门主任统一核发。发奖活动需提前申报。

六、奖励卡兑换办法:

1.五张表扬卡晋级为一张雏鹰卡;

三张雏鹰卡晋级为一张翔鹰卡;

三张翔鹰卡晋级为一张雄鹰卡。

2.学生晋级时,表扬卡回收。

3.奖章于每学期末兑换完毕,不得累积到下一学期。

(三)美丽学生的评比展示

传统的学生评价称谓,如"三好学生""优秀班干部"等,都只集中在少数学业成绩优秀的学生身上,这样的评价非常局限,也不利于实现基础教育层面的素质教育要求。学校里不乏优秀的孩子,他们虽然没有傲人的学业成绩,但是他们中有些人有体育、艺术方面的特长,经常会在各级运动会、艺术节中表现突出;他们中也有一些人品行端正、道德高尚,经常会在校内外帮助他人,不计个人得失为集体做出贡献;他们中还有一些人通过努力在现有的基础上提升很大,虽然在某次考试中还是不能脱颖而出。这样的孩子更需要鼓励和表彰,"美丽学生"就是我们用来表彰这些孩子的评价称谓。

"美丽学生"是通过层层评选的,先由班级推选出五星两优,再由年级组通过活动载体从中选拔为学校的美丽学生,最后在每个学年一次的集团学术节中,通过辩论、小组文化展示等形式选出集团美丽学生。比如,第四届以"实践中改革、研修中提升"为主题的学术节进行了"我和我们的故事"紧密小组文化展示活动。要求每个小组准备好一个感人的、有意义的个人与团队的真实故事,通过某种方式表现出来,可穿插活动录像、对话、小品、歌曲等。故事主题可以是团队发生的变化(在个体的影响下或在活动的带动下等),某个个体在团队中成长进步的故事,在合作中竞争的故事,小组所有成员在共同的合作和努力下完成了一个非常特别的任务;作为组长我遇到的困难以及我克服困难最终带好队伍的故事等。在这样的活动中,我们每个学期有所侧重地选拔美丽学生,在第四届学术节中我们明显更突出表彰在小组团队中合作良好的学生。

第二节 个性定制的课程评价

美国学者罗纳德·杜尔认为:"课程评价是一种广泛而持久的努力,以便探究按照明确的目标所使用的教学内容和教学过程的效果。"根据评价所发挥的作用,课程评价至少有三种明显不同的类型,即以教育行政部门为主体的关注课程的价值、社会效益等根本性问题的决策性评价;以课程理论工作者或课程开发者为主体的研究性评价;以课程实施者——教师等为主体,目的在于对正在实施的课程是否达到既定目的和质量做出判断的工作性评价。与前两种不同的是,这种评价的结果首先不是针对课程本身,而是针对学生个体的,是对学生学习和发展情况的主要判断;其次其也用来评价教师的教育教学水平(见图 6-3)。

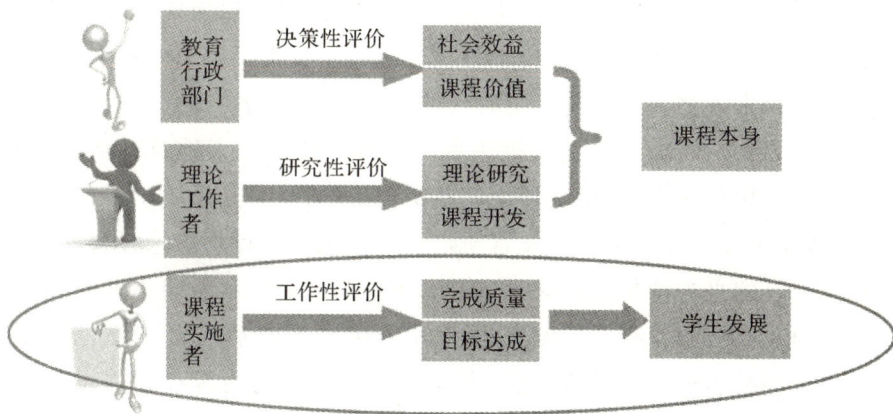

图 6-3 课程评价类型

学校在课程改革过程中,充分认识到学生个体的差异性问题,这种差异性不仅表现在学生的家庭背景、行为习惯等方面,还表现在学习能力、学习方式、兴趣动机等方面。国家基础课程的评价有统一的标准,但是基于学生个性特点的拓展性课程却无法用统一的标准来衡量和评价学生的学习情况。因此,学校开始研究基于斯塔福尔比姆等学者提出的 CIPP 评价模式的"个性定制课程评价体系",见图 6-4。

图 6-4 CIPP 评价模式

一、以课程纲要制定为载体的"背景评价"

这里的背景包括课程计划实施单位的背景(学校和教师的情况)和评价对象的需要(学生的需要)。"背景评价"是指在了解这些背景的基础上确定一般和具体的目标,并判断这些目标是否反映需要。"背景评价"一般发生在课程开发时,开发课程的老师们会将此评价以制定课程纲要的方式呈现。

以学校拓展性课程"中外历史人物评说"为例,此课程作为基础性课程的延伸与拓展,以学生感兴趣的重要历史人物为核心内容,以历史学科的基本概念和方法为支撑,提升学生的历史学科核心素养。在人类历史发展中,涌现出一大批重要历史人物。他们是特定时代的产物,并以其各自的个性和活动,从不同侧面有力影响人类历史的发展进程。了解这些历史人物及其活动,探究他们与时代的相互关系,科学地评价其在历史上的作用,是历史学习的一个重要内容,也是现代公民必备的人文素质之一。拓展性课程具有选择性等特点,学生根据自己的兴趣特长选择课程,因此,历史与社会学科教研组在开发此课程时在《课程纲要》中便有明确的表述:"'中外历史人物评说'所介绍的人物是从学生感兴趣的历史人物中选取的,与基础性课程中的内容存在一定的关联性。这些人物在基础性课程叙述中可能只是历史的'楔子',只是'知识点'而不是'人物'。而在拓展性课程中可以获得必要的'人'的铺展,彰显人物的活动,概述人物的评说,凸现人物的厚度,培养学生的人文精神。通过构建历史人物评价框架'感受和了解人物历史——理解和评说历史人物——感悟和体验人生经验——归纳和比较同类人物的特征'的学习思路来组织教学。"纲要的制定过程中,开发者就对学生的兴趣、基础课程的学习情况进行背景的评估和考察,最终选定课程内容和方法。

如 2016 学年下教研组通过学生民意调查,决定拓展性课程研究的人物为武则天和朱元璋。选课的学生们认为这两个人物是《历史与社会》八年级教材中提到的重要历史人物,而且这两个人物的身上都有学生感兴趣的点,比如武则天这位女皇帝是如何在一个男性至上的社会步入统治阶层的顶端的;为什么朱元璋的各种画像间存在那么多的差异,朱元璋到底是怎样的一个开国皇帝等。通过类似的背景分析,作为课程开发者的教师,可以选定并设计课程内容。

二、以课程开发组研讨为载体的"输入评价"

输入评价是指选择相对较好的课程计划以确定利用不同的策略达成目标,实现课程目标的实际效益。学校在课程开发之初会组建课程开发组,共同研讨校本课程的开发事宜,比如:修改课程纲要和课程规划,研讨分工完成的课程设计。还是以"中外历史人物评说"课程为例,课程开发组研究了课程实施的策略,比如:多渠道获取信息的策略、人物生平事迹年代尺制作、小组合作探究形成报告、组间互展互评等。具体要求如下:

（1）充分考虑学生的经验和选择，帮助或引导学生从学习和社会生活中选取学生感兴趣的历史人物，在已有的知识和方法基础上进行探究。

（2）充分利用多种课程资源，如教材、视频、网络、图书馆、博物馆资源学习。

（3）指导学生编制相关历史人物的生平事迹年表。

（4）采取小组合作式学习的形式，对所获得的资料进行充分的讨论和分析，最后形成结论并制作成演示文稿。

（5）为学生提供必要的信息（如相关网站、参考书籍等）和相关的指导，同时对学生的知识背景、团队合作情况作深入的了解。在知识背景方面，要了解学生已经掌握的知识和理解程度；在团队合作情况方面，主要了解小组内同伴之间合作的意向、成员之间能否积极互助，每个学习者能否尽到自己的责任等。

（6）组间交流共赏，各小组在课堂上展示交流研究的成果，使学生更好地把握历史人物在社会发展中的重要地位和作用。学生以评价量规从内容、制作技术、交流三方面为各个小组打分，教师进行点评。

（7）每个学段结束前对同一系列的历史人物做比较分析，引导学生运用比较的方法，归纳相同点，寻找各自的特点，使学生感受到不同历史人物所具有的独特的历史意义和社会价值。

三、以动态分层标准实施为载体的"过程评价"

"课程在实施过程中，活动是否按照预定计划进行？教学方法、实施步骤、学生活动等是否存在问题？通过过程评价，为课程开发组提供反馈信息、预测课程在实施过程中可能出现的缺点并为修改或详细解说计划提供指引以及记录课程的实施过程。一般途径有：课堂观察记录、学生问卷调查、座谈会等。"以上是一般意义上对课程的过程评价的定义，突然让我想起加德纳在《多元智能》一书中提到的一句话："特别重要的是那些用于人生'入门'的测试，一定要设计得能让学生发挥出他们的长处、表现出自己的最佳水平。到目前为止，这方面努力很少，考试往往用来找出人的弱点而非长处。"[①]评价不仅是为了发现对象的缺点，更要去发掘对象的优点。不同的学生在学习习惯、态度、兴趣等非智力因素方面存在差异，在记忆力、思维力等智力方面存在差异，假如通

---

① 霍华德·加德纳.多元智能[M].沈致隆，译.北京：新华出版社，2004：182.

过评价能够将他们的不同显现出来，教师再根据个性特点进行分层教学指导，相信这样的评价才是真正有效的。

我们采用的就是以动态分层标准实施为载体的过程评价方式。其实无论是国家基础性课程，还是拓展性课程，对于不同的学生，课程实施的效果呈现是不同的。传统的课堂教学过程评价仅限于发言点评、课堂练习反馈等，但是忽略学生在课堂学习过程中的其他表现，当然在现代课堂学教方式丰富多彩的背景下，过程性评价的内容也变得丰富了。学校的具体策略如下：

（1）预习评价的目标：培养学生自主学习的能力。评价标准：根据学生的预习情况进行分层评价。评价方式：由于不同层次学生的预习完成度是不同的，比如《历史与社会》学科的预习任务一般包括阅读教材、提出问题、查阅资料、解决问题等。课堂前5分钟的预习检查反馈不可能面面俱到，也不可能全由教师一个人完成。我们经常会采用组员互查、组长检查、自主监督等方式完成。

（2）探讨评价的目标：培养学生合作学习的能力。评价标准：根据学生的合作学习参与度进行评分。评价方式：根据异质分组的特点，每个小组里有不同层次、不同特点的组员，他们进行分工合作，共同完成探讨任务。对于探讨这一栏目的评价，多由教师通过观察来完成。主要看各小组在合作探究过程中的分工是否明确、合作是否顺利、是否全员参与合作、组长作用是否发挥等。

（3）展示评价的目标：培养学生能表达的逻辑能力。评价标准：根据学生展示的体态，表达清晰度，知识的内在逻辑度给予一定的评分。评价方式：多采用组间互评的方式进行，在时间允许的条件下，可以先设计组间相互点评的环节，教师也可以适当进行引导点评，围绕合作成果呈现的效果、展示中组员的合作分工程度、展示中组员的参与度等维度进行1～6分的评分。

（4）点评评价的目标：培养学生善质疑的思维能力。评价标准：根据学生的点评质量，给予加1分或2分的点评分。评价方式：教师随时计分即可，但是不能完全取代教师的语言评价，对于学生的点评，教师可以根据具体内容做出指导。

（5）规范评价的目标：培养学生的课堂行为规范和学习规范。评价标准：根据教师自己的规范要求给予一定的加分或扣分。评价方式：这是唯一有扣分的项目，违反纪律的情况，教师及时扣除小组的分，这种小组捆绑式评价，可以促进组员相互间的监督与管理。

每个项目的最高分为6分，每个小组安排一名组员记录每堂课的量化评价分值,这些分值作为班级每周一反馈,每月一总结,每季度"五星两优"评比的依据。此课堂过程评价涉及学习过程中的方方面面,可以让不同层次、不同特点的学生都能在评价过程中体现自己的才能,得到同龄伙伴和老师的认可,最终实现真正意义的分层评价。

四、以课程决策组研讨为载体的"结果评价"

结果评价包括学生课堂学习评价(见表 6-4)、教师课堂教学评价(见表 6-5)两部分。对学生学习情况,如"准备、倾听、互动、自主、达成"等几方面进行评价。建立以学生的自主活动过程为主要内容的"个性定制"的评价机制,采取学生自评、同伴互评、教师评价的多元化评价方式。学校还建立了课程评价的网络平台,教师可以直接在平台上对选课学生做出最终结果评价。同时,对教师教学情况如"环节、呈现、交流、指导、机智"等方面进行评价。由听课评课教师、上课教师本人、学生代表等人员进行多元评价。

表 6-4　学生课堂学习评价

学生学习		
视角	观察点	课堂观察纪实
准备	预备铃响后学生做什么? 课本等材料是否准备好?	
倾听	老师讲课时学生的坐姿如何? 同学发言时学生是否倾听? 倾听时,学生有哪些辅助行为(记笔记/查阅/回应)?	
互动	学生有几次合作交流行为? 参与提问、回答的人数大致有多少?	
自主	是否有学生自主学习时间? 有多少人认真参与? 自主学习形式如何?(整理笔记/阅读/思考/练习) 自主学习时学生是否有讨论现象?	
达成	课中有哪些依据(观点/作业/表情/板演/演示)证明目标达成? 课后抽测或者巩固小结情况怎样?	

表 6-5 教师课堂教学评价

视角	观察点	课堂观察纪实
	教师教学	
环节	教学环节是怎样展开的？ 哪些环节是促进学生学习的？	
呈现	讲解效度怎样（清晰/结构/契合主题/简洁/语速/音量/节奏）？ 有无板书？是否促进学生学习？ 多媒体运用是否合理？ 是否有动作（实验/制作/示范动作）呈现？效果如何？	
交流	教师提问的时机、问题的设计是否合理？ 是否给予学生足够的候答时间？	
指导	有否指导学生自主学习？（读图/读文/作业/活动）效果如何？ 有否指导学生合作学习？（分工/讨论/作业/活动）效果如何？ 有否及时评价学生？	
机智	有无发生来自学生或情景的突发事件？ 如何处理？效果如何？	

学校课程决策组通过考评、座谈等形式收集与课程实施结果有关的描述和判断，把它们与前几种评价的信息联系起来，测量、解释和评判课程计划的成绩，充分肯定教师校本课程实施的成果，帮助决策者决定是否应当终止、修订或继续课程计划。各教研组积极组织拓展性课程教材编写的任务，学校将此项工作纳入年度考核。学校对参加课程研究的教师在外出学习、教学研究校本教材编写等方面提供物质支持，设立课程实施的研究及奖励基金。

第三节　高效协同的班级评价

"尽量避免因学生的行为而给予'对错好坏'的评价，而是让他们对自己选择的结果负责。"这是美国学者 James P. Raffini 所著《这样教学生才肯学——增强学习动机的 150 种策略》一书中提到的关于增强学生自主性的其中一条建议。刚开始，我们并不能透彻地理解这句话，评价难道不是评出个对错好坏吗？通过对学校各个班级评价体系的调查和研究，我们发现虽然各班评价体系的内容大同小异，但产生的效果确有很大的差别。这些差别的背后到底有怎样的奥秘？如果我们找到根源，便可以让班级评价更有效，更能促进学生的发展。

评价效果显著的班级其评价体系一般具有以下几个显著的特征：一是评价标准的内容并非是由班主任一人所定，而是集全班之力讨论的结果；二是评价过程中除有规定的评价流程外，还有评价管理团队和具体操作分工；三是评价结果不仅仅是对学生个体评价，还有对小组团队的捆绑评价或激励。

以上三个特征使得班级评价不再是老师对学生个体行为给予的"对错好坏"的评价，而是让学生在自己认定的评价标准面前做出选择，做出符合标准的行为或做出违反标准的行为，都将对结果承担责任，做出自评和互评。所谓协同："协，众之同和也。同，合会也。"评价主体有学生、教师、家长等；评价方式有学生自评、组内互评、组间评价等多种形式。让这个教育生态系统中存在的所有元素都协同互动起来，达成评价的高效。这就是我们所说的"高效协同"班级评价。

一、评价标准我来定

新生的第一次见面会，由班主任对学生进行分组，并讨论班级规章制度及评价标准。同时，在学生口述、记录过程中，班主任初步了解了学生个体情况，为后期临时班干部的选定和班级规范的制定奠定基础。开学后，班主任利用第一次班会课组织全体学生以小组为单位，在见面会成果的基础之上进一步修改和完善制度与标准，最后确定班级评价标准。学校认可的理想的班级评价标准内容如下。

(一)关注日常,综合考评

提升学生学业水平能力在初中学习生涯中固然重要，但初中教育更应关注学生行为规范的养成与学生综合能力的培养。为更好地反馈学生每日的表现及情况，在班级评价中的个人考评重点落在日常细节与综合考评上(见表6-6)。

根据学生在校学习生活的情况，从早晨到校情况、仪容仪表、实时纪律(如早读表现、各课纪律、自习课纪律、三操情况、课间休息)、卫生保洁、集体活动、作业情况及其他这七大板块入手，由班委成员负责，详细记录每个学生的日常表现，若表现出色或得到老师表扬肯定则及时加分，反之则注明情况并扣除一定分数。考核表重在对学生日常的点滴进行评价，能直观且客观地反馈每位学生每日各个方面的情况，同时还能促进学生明确日后改进的方向。

表6-6 学生日常表现评价

时间：_____月_____日到_____月_____日 积星榜_____

分值	周一	周二	周三	周四	周五	一周小计
诚信(5分)						
仪容仪表端正(2分)						
按时交作业(2分,拖欠注明学科)						
作业分						
订正日日清(次日评,2分,拖欠注明学科)						
个人物品有条理(2分)						
打扫卫生按时到位(2分)						
早读认真,随到随读,声音响亮(2分)						
集会/早操/室内操静齐快,队列整齐,动作整齐到位(2分)						
遵守课堂纪律(3分)						
听课认真,课堂笔记记录认真(3分,不认真标明学科)						
课堂积极发言,声音响亮(1分/次,公开课2分/次)						
组内活动积极(2分)						
课间文明休息(2分)						
见到老师家长敬礼打招呼(2分)						
学习积极主动爱问问题						
眼保健操认真做(2分/次)						
体育运动到位有毅力(3分)						
不传播不良信息(3分)						
好人好事(5分)标明事件						
团结热爱同学、班级(2分)标明事件						
竞赛类见具体考核细则						
学习类见具体考核细则						
评分人						
一日总分						
家长签字						

备注提醒(由当日评分人写):周一:_____

周二:_____ 周三:_____

周四:_____ 周五:_____

家长留言(在家表现)_____

(二)关注素养,多维激励

引用十三中一名优秀班主任的话:"多一把尺子,就多出一批好学生。"坚持该评价原则,从多维度激励评价学生,充分关注学生的核心素养,挖掘每个学生的潜能。

九大核心素养具体化到学生的生活中涉及的内容非常广泛。在此对学生进行评价主要从心理素质和品德素质两方面进行。评价学生心理素质时,从做事有恒心、有担当、具有创新精神、乐于交往、与人和睦相处及主动关心帮助他人、能运用交流和沟通方法进行合作等七个方面综合评价;评价学生品德素质时,从爱国爱校有礼貌、遵守校纪校规、诚实不说谎、团结同学不打人骂人、遵守交通规则、环保意识等几个方面综合评价。在评价过程中,针对以上内容我们使用日常表现评价表,采取学生自评、互评、家长评价、教师评价相结合的方式进行,让学生的情感在评价中丰富,在丰富中发挥积极的情感作用。

(三)关注过程,动态激励

学生在学习过程中表现出来的学习能力包括:学生搜集信息的能力,与人合作、交往的能力,独立分析、解决问题的能力,实践与创新的能力等。在对学生这些能力进行评价的过程中,关注更多的是学生在每一种能力获得或提高过程中所表现出的情感态度、学习主动性、学习方法、学习习惯等方面的素质,从而更好地引领学生在评价中提升自己。班级结合学校的"五星两优"评价来推进,"五星两优"的评价涵盖了学生学习发展的各个方面,每天、每周、每月、每学期、每学年都要进行评价和展示。对学生推行周、月、学期、学年不同时间段表彰和鼓励的"五星两优"先进个人与先进小组的评选,开展动态激励机制,对促进学生的全面发展起到了巨大的推进作用。

二、自评互评我来评

班级的主体是学生,不是教师。因此,班级评价要真正地以学生评价为主体,还评价于学生,即把评价的权力还给学生。相对于教师的评价而言,同龄人的正面评价对孩子的学生等各方面的成长起着促进、激进的有效作用。

(一)以小组为评价实施的单位

让各个小组长成为班级评价的主体核心,充分发挥他们在班级管理和课堂组织方面的主观能动性,体现他们在教学中的主体地位。班主任在班级组织和课堂的管理上,实行小组长领导下的副组长负责制度。学校每一个班共有 6 个小组,每组各自选出一名小组长和一名副组长,小组长相当于该组的班主任,副组长相当于该组的班长,小组长在课堂的管理和组织方面要积极配合副组长有效发挥其领导、监督与统筹的作用,促进该组的和谐发展。无论班级的大小事务必要在小组长们的带领下团结协作、权衡利弊,由副组长们具体实施策划,各成员积极参与配合,共同发表建议,实现高效。每个副组长负责该组的学习、卫生、品德及纪律,及时登记好评价量化统计表,在管理中做好相应的记录,每天及时反馈给小组长做好审核工作。组长每周召开一次组内例会,根据评价量化统计表,大家及时发现问题,讨论并交流、总结与反馈问题,不足的加以改进,最终促进大家养成良好的学习习惯和学习态度,为后续的学习做好铺垫。然后,组长将各组本周内的评价统计表汇总后,反馈给值周班长,由值周班长做好整理,分析汇总,于教室后面值周栏上做总结性的评价,对全班起到警示和勉励的作用。值周班长定于下周的班会课汇报上周班级各组的具体情况和总结反馈。最后,班主任基于值周班长的总结和平时的细心观察,对全班同学做相应的有效总结,强调重点突出,关注细节落实。只有小组评价落实到位了,班级评级才能真实有效,班级优势才能得以呈现。同时,组内每一位成员在评价中都有自己的一份职责,在参与的过程中得到评价,这也符合学校"为每一位学生量身定制一个合适的岗位"的德育理念。

(二)不断积累学生成长足迹

在评价学生学习的过程中,还可以采取成长记录袋等方式,见图6-5。成长记录袋由学生做策划者,根据学生的个性特点去设计,记录袋的内容积累可由单一内容开始,逐渐丰富,以反映学生学习进步的历程。为更好地发挥成长记录袋的评价功能,教师还要及时对成长记录袋中收集的作品进行理性的分析、归纳、整理,并向学生做出积极的解释或反馈。对于学生成长记录袋中的作品要定期进行展示,由于每个学生所收集的都是自己满意或最佳的作品,因此能够反映学生的个

图6-5　成长档案袋存放区

体差异或特长,激发学生的内在学习动机,使学生产生积极的情感体验。后期,学校也开发了学生综合评价网络平台,教师可以在平台的相应栏目添加学生在学习过程中的各种成果,如:在某次比赛中获得怎样的奖项等;也可以呈现各种评价结果,如4月五星两优评价结果等;家长、教师、学校管理者可以通

过账号查看学生某一阶段的表现,如某某学生 2016 学年第一学期获得过哪些荣誉,小组评价等级是什么等。无论是网络平台还是手工档案,最终目的是不断积累学生的成长足迹,让评价变得更为丰富、更具人性化。

(三)通过多元化渠道进行评价

从理论上来说,评价分为量化评价、质性评价;也可以分为过程性评价和终结性评价等。每一类评价都有优缺点,都无法作为一种独立的评价取代其他评价。学校也深知这一道理,无论量化评价效率有多高,也不会完全舍弃质性评价,因为对于一名学生的评价,仅用数字来量化其所有表现是不科学的,也是不人性的。无论学生有多在乎终结性评价结果,都无法抹灭过程性评价对其成长的巨大影响。我们在评价过程中利用多元渠道了解情况,如家访、面谈、QQ、短信、家校联系本等,利用这些渠道使得教师、学生和家长三方的沟通更加顺畅和有效。再利用这些渠道展示学生的各方面表现,对学生的发展提出合理有效的建议,并且指导家长积极参与对学生的评价,以保证评价的科学性。学生期末综合考评成绩根据学生的平时各项量表的得分加学生的期末推优选票加教师的选票构成。通过这样多方面、多角度的评价尽量展现每一位孩子的进步和发展。

三、我与团队一条心

班级评价体系在强调个人考评的同时,也关注学习共同体的建设发展,需要让学生学会在小组合作交流中共同发展。

(一)前提:均衡分组、文化建设

为有效促进小组捆绑评价的公平性及推动学生竞争互助的积极性,小组分组均衡是基础与保证,小组后续建设是助力与推力。在分组时,首先应根据班级人数,思考将班级学生分成等额成员的几个小组,在人数上先保证均衡。其次,依据学生不同性别、学业能力强弱、性格特长差异等情况,遵循"组间同质,组内异质"的原则,组成若干综合能力相近的小组。再者,充分考虑学生后期发展变化及特殊情况,进行小组成员的适当调整,在分组时尽可能地确保客观性与科学性,以形成势均力敌的小组。前期的均衡分组在客观上保证了小组捆绑竞争的公平性,小组文化建设也至关重要。一个优秀的团队要有其特定的团队文化与精神,组名、组训和组规的讨论和确定便是小组文化建设的中心内容。

(二)过程:指导到位、逐步推进

在均衡分组与小组文化建设完成后,班主任还需要指导小组如何合作与竞争。学校有组长培训课程,专门有教师培养组长们明确职责,提高他们的组织管理能力。班主任也定期召开组长会议,指导其如何正常开展小组管理工作,如何在组间竞争中获得优势。班级通过各种组间的竞争活动,让学生在活动与实践中,学会合作、学会求助、学会评价(见表6-7)。

表6-7　小组每日情况记录表

日期_____　　　　记录人_____

	作业完成	课堂表现	文明礼貌	卫生保洁	两操外出	自习纪律	仪容仪表	其他	总计
第一组									
第二组									
第三组									
第四组									
第五组									
第六组									

班级对小组的日常情况记录可以从作业完成、课堂表现、文明礼貌、卫生保洁、两操外出、自习纪律、仪容仪表、其他等各个方面综合考量。更多的班主任将学生个体编入小组群体中,进行捆绑式评价。若小组中所有成员都在作业完成方面表现好,则该小组在该方面有加分;反之,若有一人表现欠佳,则整个小组都将有影响。团队捆绑式评价有以下几个优点:(1)淡化个人的优势,凸显小组的整体性;(2)增强学生的集体责任感和团队凝聚力;(3)发挥舆论的积极引导作用,实现学生自主管理,互帮互助的好风气。

(三)结果:团队反馈、互为反思

现代心理学实验证明,及时反馈能起到强化作用,可鞭策后进并激励先进,以更好地促进每一个体发展。因此,班级评价也要注意时效性,不仅加分要及时,反馈也得及时。在让学生能适时知悉个人情况,并及时纠正错误、完善自我的同时,还能进一步促进班级评价体系的严谨性、科学性和合理性。

班级采取"每日一小结""每周一总结""每月一评比"的方式进行反馈。因为是团队捆绑式评价,因此反馈的方式也变成了"团队反馈、互为反思"。"每日一小结"是指每日的值日班长及时统计个人每日量化考核表和每日小组情况记录表的分数情况,在当日放学时进行情况反馈与小结,告知班级同学当日个体和小组表现优秀及欠佳的部分。之后,组长根据小组情况组织组员进行反思。

　　"每周一总结"则是由班主任助理每周统计汇总当周的个人与小组分数情况，将个人当周分数记录到个人量化汇总表上，将小组的分数进行汇报，在班会课上分别用"雏鹰卡"来奖励当周积分前三的个人，用星星来奖励当周积分前四的小组，以资鼓励。

　　"每月一评比"则是与学校的"五星两优"挂钩，依据每日、每周的个人及小组考核情况，按积分和星星数目从高到低排序，以划定竞选范围来投票选举每月的"五星两优"，并通过班级和学校两个层面进行嘉奖和鼓励。

　　该反馈方式，重点在于对学生个体与小组进行激励，确保班级评价在公开、透明中进行，希望所有学生能取得进步并更加优秀，各个小组能齐心协力互帮互助，在班级中发挥积极的正能量，为优良的班级建设服务。

　　总之，自我突破的综合性评价、个性定制的课程评价、高效协同的班级评价，以上这三种评价在学校整个评价体系中相辅相成、不可分割。学校的整个评价体系都在努力实现发展性、高效性、个性化和协同化，试图通过这样的评价系统，调整学校的育人模式、完善学校的课程系统、提升学校的教学质量。这一过程不可能一蹴而就，我们还在路上。

第七章　保障体系

深化课程改革建立学习新常态,促进学习解放行动,对教师和课程管理者提出了更高的要求。学习新常态构建倒逼着教师观念的改变、管理机制的优化、技术的支撑等。集团的管理能否与时俱进地提供系统的保障,决定着改革的成败。为此学校一直把保障体系的构建作为学校管理的核心,特别在教师成长和现代教育技术与学生学习深度融合方面,探索出新的思路和经验。

第一节　打造智慧校园

教育集团致力于课堂教学改革与现代教育信息技术的高度融合,专心打造高效的现代课堂和以校园数字化与信息化建设特色项目为载体的智慧校园,不断求索,不断创新,走出了一条令人耳目一新的课改之路。

一、形成微课程开发体系

微课程一般由知识点清单、知识地图、微课视频、进阶练习和学习任务单等组成。学生在学习过程中通过"微课视频学习—练习—重复学习微课视频—再练习—全部掌握知识点知识能力目标",实现学习的查缺补漏。

(一)微课视频

围绕单一的、严格定义的知识点,用视频形式呈现的教学资源,时间长度一般在3~5分钟以内。微课视频一般用于解释知识点的核心概念或内容、方法演示、知识应用讲解。

微课类型又可以细分为:情境创设类、概念阐释类、难点释疑类、实验探究类、巩固强化类、知识拓展类、错题归档类、思维引导类。学生可以根据自己的所需选择内容进行观看学习。

(二)微进阶练习

与微课视频配套,一般采用在线测试方式,用于检测学生对知识点的知识能力目标的掌握程度,是微课资源的重要组成部分。

进阶练习与一般常模测试不同,是一种基于课程标准的查缺补漏学习过程,是类似游戏通关的在线检测系统,学习一段视频教程后要完成相应的练习题,只有当学习者全部答对一套题目后,才可以进入到下一个单元的学习。这种在线检测的设计目的在于帮助学生掌握课程的基本能力要求。

(三)微任务单

学习任务单强调任务驱动和问题导向,把学习任务转化为激发学生思考的问题,让学生在问题解决过程中达成学习目标。

学习任务单能让学生根据个人需要有一个自定进度的学习,即让每个学生按照自己的步骤学习,取得自主学习实效。学习任务单一般以表单为呈现方式。

学习任务包括整体把握和具体把握的要求。"整体把握"在结构的梳理中有效地从整体上把握学习内容,使学生在自主学习中逐步学会提纲挈领。"具体把握"指具体知识能力要求的把握,一般用问题形式呈现。

问题设计是学习指导书设计的核心。问题导向是自主学习的关键,要求教师把教学重难点或其他知识点转化为问题提出来,使学生在解决问题的同时把握重难点或其他知识点,从而培养学生解决问题和举一反三的能力。

配套学习资源指帮助学生为达成学习目标而创设的情境。通过提供情境,帮助学生在必要时通过对情境的探究或处理,达到理解课堂重点和难点的目的。

(四)微教案

微教案,也称微教学计划、微教学设计、微导学案等。通常以五分钟左右为单位设计的具体教学方案。通常包括:教学方法、教学目的、教学内容、课的进程和时间分配等。由于学科和教材的性质、教学目的等的不同,微教案也没有固定的形式。

(五)微课知识地图

微知识地图是一种知识(既包括显性的、可编码的知识,也包括隐性知识)导航系统,显示不同的知识存储之间重要的动态联系,依据课程标准和学习质量标准生成学习知识导航地图。

二、建设微课堂精品资源库

微课导学、微课疑难问题解决、微课纠错、微任务单、微进阶练习、微知识地图等教学手段现已在集团广泛运用，并逐步建立了翻转课堂学习范式，一是课前翻转——任务翻转自主探究，主要有微导航、微资源、微测试、微反思；二是课堂翻转——角色翻转展示碰撞，主要通过情景激活、开放课堂、教师点拨、激励评价等环节开展自主合作学习；三是课外翻转——主要通过作业批阅、错题纠错、微课提升。它不仅提高了学生的学习兴趣、激发学习热情、对知识理解更加深刻，而且能更加直接、更为直观地体验和参与学习的过程，学生的自主学习能力、解决问题的能力得到更大提升。教师的教学方式也进一步优化，课堂气氛更加活跃，教学效果更加显著。集团已累积录制微课堂教案、课件、素材、试题库、拓展资源8000多个，名师微课1880余个。

"微课堂"精品内容资源库包括两个部分：软件平台、资源库。前者为支撑和应用平台；后者为数据和信息平台：

1. 软件平台。构建微课堂云空间平台，为所有班级、学生、教师、家长提供共享的实名制网络学习空间，让所有用户实现全媒体接入（PC、PAD等）数字内容的学习交流。

2. 微课资源库。根据不同的维度，设置不同参数进行划分，具体包括——年级维度、学科维度、名师维度、知识图谱维度、优质课维度、跨校标杆维度等等。

2015年与浙江省音像出版社、杭州师范大学、浙江教育出版社等专业机构合作，大力推进精品微课建设，2016年200多节优秀的微课已在浙江音像出版社正式出版。

（1）形成了微课系统。学校统一做好微课建设内容的整体规划，确定建设方案和进程，形成建设规范和体系，避免重复和无序开发。内容规划的一项重要工作是要按照新课程标准并结合本地区使用的教材，组织教研员和一线学科专家共同确定各学科各年级的知识点谱系，在征求意见后统一发布，供学生和教师有针对性选择开发（见图7-1）。微课平台是区域性微课资源建设、共享和应用的基础，由学校信息中心统一开发，平台功能满足微课，学校已经引导学生和老师开通"名师微课网""浙江省微课网"等网站，以补充学校资源的不足。

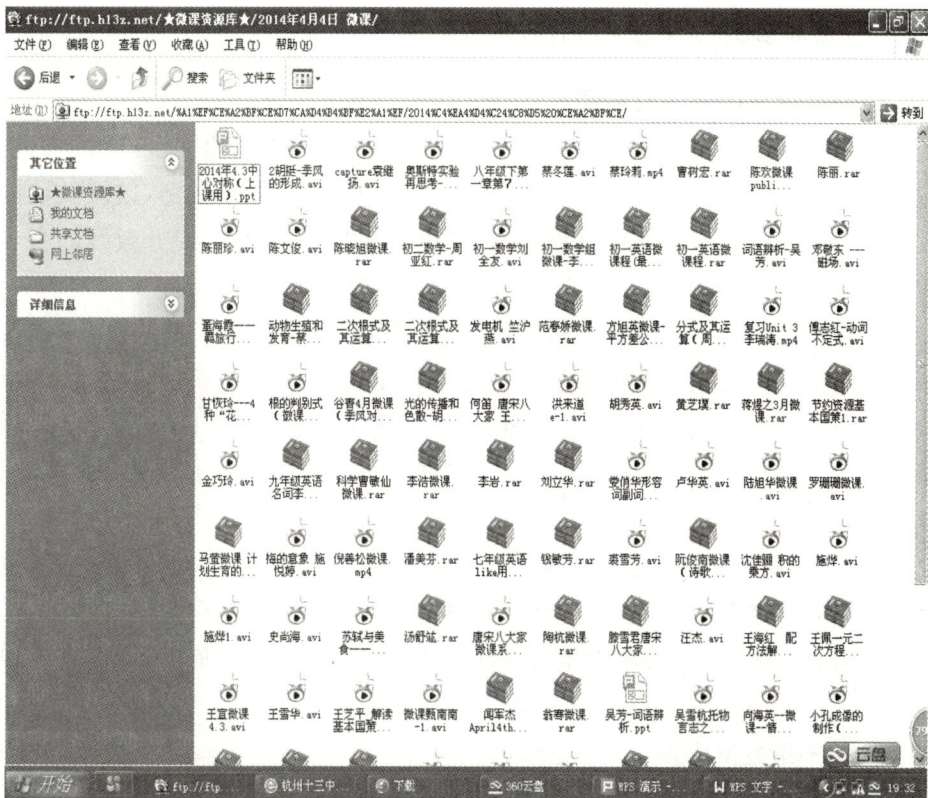

图 7-1 微课系统

(2)形成了导学系统。导学案系统集团统一规划,教研组具体执行设计,经备课组集体研究、个人备课、再集体研讨制定的,用于学生自主学习、主动参与、合作探究、优化发展之需。它以学生为本,以"学为中心"为出发点和落脚点,是学生学会学习、学会创新、学会合作,自主发展的成长框架。导学案的实施培养学生的学习能力,为学生的终身学习奠定基础。学校每一个寒假暑假布置给老师进行设计和开发导学案,目前已经形成一个系统,可以供给全体师生下载使用,点击率很高。

(3)形成了进阶题库。集团的题库,是按照不同的学科门类以及其内在联系,将不同的试题分门别类地汇集起来,为特定学科知识和技能测试提供备选试题的一种系统资源。试题库系统包含考点设置、试题建设与管理、试卷生成及其管理、编辑和打印等功能,以课程为基本单元,可用于单门课程、专业学科课程群与全校性试题库平台的建设。

三、拓展多元智慧学习途径

(一)云视窗的开发与应用

集团致力于打造微课堂的协同教研、教学"云视窗"互动平台,通过"云视窗"提供开放的协同教研数字化展示平台空间和丰富的教学资源,以区域协同教研促进本区各校教师间的互动交流,形成教师学习共同体,提升教师的自我学习能力,带动集团教师的专业发展,进而提升集团的教育质量。

以液晶视频为基本载体,使用先进互联网技术,集合电子海报、电子幻灯片、流媒体视频,对内容和发布形式进行个性化切分,分级分班分发信息,在全校公共空间和班级进行布建,强化教师、学生感知,让微课堂以及后续的各项课改真正地扎下根来,实实在在地帮助学校、老师、学生,出成效、出成果、出成绩。

微课堂和云视窗通过无处不在的网络与移动设备可以为教师、学生搭建联通的学习环境,让学校、家庭、社区都能为学生微学习、泛在化学习、移动学习提供可能,让学习渗透在学生日常生活的每个环节、每个角落,真正实现以学生为中心无缝学习。

(二)未来教室建设

围绕"微课堂"课程建设及智慧教育平台,深度利用电子白板、平板电脑进教室或未来教室,构建个性化、多元化的智能学习环境,拓展学生学习的广度和深度。

通过平板电脑进教室,促进课堂教学改革的深入,同时探索推进教育信息化逐步从传统的教、学、考、评、管等环节单点系统的垂直建设,向各系统相互协同的一体化建设转移,向以大数据、云计算、移动互联为标志管理,达到国家政策要求中小学要鼓励学生利用信息技术主动学习、自主学习、合作学习,增强学生在网络环境下提出问题、分析问题和解决问题的能力;加强教师教学方式多元化的结合,满足新课堂的互动要求,改善大班教学一刀切状况,有效地提高课堂的效率;培养智能移动设备对师、生、家长的网络教学习惯的不断养成,提高学生课内、课外、校外学习效率,最终构成一套完整的智慧教育校园系统。

1. 技术支撑的音乐教室

为了深化教育改革,全面推进素质教育的基本精神,以音乐审美体验为核心,使学习内容生动有趣、丰富多彩,有鲜明的时代感和民族性,引导学生主动参与音乐实践,尊重个体的不同音乐体验和学习方式,以提高学生审美能力,发展学生的创造性思维,在课堂上能充分发挥学生的主动性,使音乐知识能够更加近距离、直观形象地呈现给学生,充分利用声光电和实物、模型、图片等资源,加深学生对知识的识记、理解,最大限度地拓展学生的音乐视野,并能现场制作音乐作品,形成良好的人文素养,为学生终身喜爱音乐、学习音乐、享受音乐奠定良好的基础。学校投资 25 万元建设了技术支撑的音乐教室(见图 7-2),它能够有助于解决音乐教学中的问题。让学生能够了解电脑音乐制作的完整过程;会使用音乐软件读谱;会使用制谱软件制作乐谱;会制作简单的音乐作品;会进行初步的音频编辑工作;可以接触混音及母带处理的全过程。

图 7-2　先进的音乐教室

2. 技术支撑的科学实验室

国家课程改革对科学教育提出了更高的要求,强调培养学生科学探究的素养、创造性思维和解决问题的能力。初中科学教学内容由于师生知识水平和实验仪器设备的局限性,传统实验都是进行定性研究和简单的定量分析,对于一些微小或瞬间数据的测量无法实现,无法满足优秀学生、研究意识较强的教师的学习要求。学生课内外实验的进一步深入研究和研究性学习课题的开展,拓展性课程的开发急需学校对许多探究性实验提供进一步的技术支撑。探究实验室中的几个核心技术很好地解决了以下几个问题:

第一，传感器：现代信息技术和传感技术的发展，对探究实验室的产生提供了技术支撑。书本上和课外的理化生实验相当一部分可以采用传感器来完成。通过两根 USB 线将传感器数据传入液晶一体机，通过软件进行图像拟合分析。

第二，数码显微镜：将精锐的光学显微镜技术、先进的光电转换技术、液晶屏幕技术完美地结合在一起。我们可以对微观领域的研究从传统的普通的双眼观察到通过显示器上再现，从而提高教学效果。

第三，3D 打印：通过数字技术对一些特殊市场无法买到的科学教具和模型进行设计制作，学生的学习将变得更为直观，更容易理解。

第四，平板电脑：学生实验过程即时呈现，与其他小组成员、教师进行互动分析，提高学习效率。

(三)智能化自主学习服务

根据学生个性化学习需求，为学生在相关区域教育云平台上开通实名的网络学习空间，通过网络将课堂与实际生活联系起来，极大地丰富教育教学内容，并帮助学生利用网络空间进行讨论、作业、考试、拓展等创新型开放学习，在不断的体验中获得知识、发展能力。以电子书包、手机等移动学习终端为载体，帮助学生灵活利用基于统一教育资源平台的移动学习系统，通过电子教材阅读、课堂笔记、课件下载和信息订阅、教学视频点播、作业下载和提交、辅导答疑、考勤信息和成绩查询、学习工具等功能，实现任何时间、任何地点的个性化学习(见图 7-3)。

图 7-3　个性化学习

(四)"视像中国"网络在线教学合作探索

与"视像中国"结对的姊妹学校,通过共建网络学习平台,加快与内地、港澳台及海外的教育交流与校际协作,拓宽学生的学习视野。探索新课程背景下在线课程建设与实践研究新路径,提升教师课程建设能力。应对新时代的教育挑战,引领教育创新及科技应用(见图7-4)。

图 7-4　视像中国远程教育发展中心

(五)求索盒子进校园

为培养在校学生对于科学技术、人文历史、动物世界等的学习研究兴趣,提高学生分析问题和解决问题的能力,我们引进了求索盒子(见图7-5)。求索盒子内包含为中小学生精心挑选的、从美国Discovery探索频道原版引进的优质节目,旨在结合中小学的课程需求,培养和提高青少年学生对于科学知识、历史人文、动物等的学习兴趣,提高对科学技术与小发明制作的兴趣,营造一种"学科学、爱科学"的校园氛围。

主要内容如下:

1. 求索科学:包含物理、化学、生物科技等自然科学相关领域,由银河系的深处、科学新发现到日常生活的实用小科学,满足学生对科学知识的好奇心和求知欲,满载发现的乐趣。

2. 求索纪录:包含经典野外求生、历史人文等主题纪录片。

3. 求索动物:以动物为主角,野生动物,居家宠物等动物的习性和生活。

图 7-5　求索盒子

（四）促进教师专业技能水平

在信息日渐高速化发展的今天，资源共享已经成为双赢必须具备的成长因素。因此，为了学生自主发展，投入使用平板电脑白板技术、录播教室、微课专题网站等，建设一名师一名课，创设精品示范微课，挖掘和培育新课程，建立学生社团 53 个，开设了"素质拓展"类课程 12 个，其中以身心发展和学科拓展类课程为主，学生参与数量也有了大幅度的提升，达到 5230 人次。

教师通过各种课题、论文、微课比赛取得可喜的成绩：

（1）2013 年智慧微课堂杭州市立项课题，2014 年结题。

（2）2014 年智慧微课堂杭州市规划课题三等奖。

（3）2013 年，西湖区首届微课作品征集评比活动一等奖 14 人，其中社会组和科学组集体一等奖、二等奖 9 人，英语组获得二等奖、三等奖 15 人。

（4）2014 年西湖区中小学信息技术教师技能比武，智慧 5 分钟微课资源包制作评比(单项)二等奖 1 人,三等奖 4 人。

(5)2014 年浙江省基础教育微课程开发活动中,集团有 10 个研究小组被立项,其中体育组的何江楠、袁玉彬"初中体育中考三类常见错误动作剖析"微课程通过 2014 年浙江省基础教育微课程开发活动省级验收,面向全省推荐使用。

(6)杨鑫栋等 5 人合作的"电与磁的有效复习"微课程通过 2014 年浙江省基础教育微课程开发活动省级验收,面向全省推荐使用。

(7)王宣、俞华芳、史尚海、李浩、阮俊楠、施悦婷合作的"古诗鉴赏中的'季节观'"微课程通过 2014 年浙江省基础教育微课程开发活动省级验收,面向全省推荐使用。

(8)2016 年 1 月学校荣获杭州市智慧教育示范校。

(9)2017 年,陈苍鹏的课题"智慧微课:提升教学实践能力的实践研究——以初中科学教师专业发展为例"荣获浙江省师训课题一等奖。

第二节　注重教师成长

集团现有专任教师 268 人,其中高级教师占 34％,中级教师占 40％;特级教师 2 名,并设有特级教师工作室;区级首席教师工作室 4 个,集团名师工作室 33 个;省、市、区教坛新秀 80 余人,市区级学科带头人 60 余人。集团顶层设计把提升教师专业素养为核心的教师队伍建设作为集团"十三五"规划总体目标之一,把课堂教学改革作为实现该目标的主要实施路径,把理念先导、制度保证、课题引领、同伴互助、活动助推作为实现该目标的实施策略。

一、大众科研,引领方向

学习解放行动需要全体教师共同发挥主观能动性,不断完善和创新。当然,老师们的思考和行动是有方向、有方法的,这个方向和方法就要用科研来引领。集团通过由校长负责的重点规划课题,和教研组、年级组、备课组负责的一般规划课题和教师个体的小课题编织了一张指引行动的思维网,从课改行动的各个角度,教学的各个领域、学校工作的各个层面,糅合所有人的智慧,营造良好的研究和实践的学习型氛围。

2011 年,我们以省级立项重点规划课题"按孩子的想象构建现代学校"引领,进行第二次"课堂教学改革",提出"小组合作自主探究"的课堂教学改革,三年以来,已经取得令人振奋的业绩,得到省内外以及国际友人的高度评价,其成果于 2013 年获得浙江省规划课题一等奖。

2012 年,我们以西湖区重点课题"构建让师生焕发生命活力的科学课堂教学实践研究"为载体,"着手课堂活力"为研究视角进行课改,通过一年来的实践与研究,取得了一定的成果和实践成效,诠释了生命活力课堂的新内涵,完善了教师的校本研修内涵,切实减轻了学生的课业负担,生成了一批可以借鉴的课例,提高了教师课堂教学水平。课题获得西湖区一等奖。

2013 年,我们申报立项了浙江省重点规划课题"新'三助',基于自主合作的初中生课堂学习范式研究"。基于翻转课堂的组织与技术革新策略,一是通过载体革新:导学案作为自主合作学习的脚手架,微课程作为自主合作学习的启明星。并进行小组建设使班级组织革新,为学生搭建合作基地。各班级搭建灵动的合作小组,积极探索小组合作学习的方法,小组合作在课堂教学中合理的运用,以及加强小组合作学习策略的研究。二是范式创新:基于课堂习得流程与模式革新的策略,创建新"三助"课堂习得的一般范式,并在此基础上创建新"三助"课堂习得的变式实践范式。三是评价创新:基于自主合作学习课堂教学激励机制,创建课堂激励评价方略、开展学生个体评星活动、完善自主合作课堂评价、自主合作小组评选机制。课题荣获西湖区一等奖、杭州市二等奖。

2014 年,集团教师从微课的视角申报杭州市重点规划课题"基于微课的初中翻转课堂学习范式设计与运用"。我们从信息技术的层面研究了现代课堂的新特点。我们建立的学习范式:一是课前翻转:任务翻转自主探究,主要有微导航、微资源、微测试、微反思;二是课堂翻转:角色翻转展示碰撞,主要通过情景激活、开放课堂、教师点拨、激励评价等环节开展自主合作学习;三是课外翻转:主要有作业批阅、错题纠错、微课提升。

2014 年,集团教师申报并立项了浙江省重点规划课题"四形并塑:基于公民意识培养的德育路径的整合研究",由于青少年时期是公民意识奠定基础和获得发展的关键时期,学校教育的最重要目的之一是培养合格的社会公民,增强学生的公民意识,养成良好的公民素养。集团进行了按照学生的想象构建现代教育集团的实践,学生们被充分地赋予了权利,实践了自我管理、学生校长等,促进学生的主体参与意识、规则意识、监督意识等公民意识的提升。

2015 年,集团申报并立项了杭州市重大课题"'自由灵动 适性发展'的课堂教学解放行动",基于新常态的课堂教学依托先进的教育理念、厚实的校园文化、民主的教学管理,通过"学为中心"的教育教学改革,规范学生、教师、学校三个主体级作用,本着科学管理、民主开放、以人为本和多元评价的原则,以在继承中创新,在创新中发展,在发展中提升为设计支点,促进学生和谐全面发展。

2016 年、2017 年我们主要围绕"解放行动:初中课堂教学新常态构建研究"开展一系列的实践与研究,并系统梳理十多年来的教育教学经验,形成专著出版。

二、管理新常态,成长有保障

2011 年 2 月,我们制定了《杭州十三中教育集团 2011—2015 年发展规划》,在五年规划中,我们回归教育的本源,把培养人放在第一位,面向未来,使学生学会生存、学会合作、学会改变、学会做事、学会学习,力图培养新一代社会公民。

2012 年 3 月,我们制订了《杭州十三中教育集团 2012—2015 年课改三年行动计划》,在五年规划的引领下,对课堂的解放行动提出了明确的实施路径,其中我们狠抓课堂这个核心要素,强调通过课改,引进新理念新方法新技术新策略等,通过教的方式、学的方式、评价的方式的转变,实现学生解放、教师解放和学校解放,尤其是实现学生在课堂中的深度愉悦,解放我们的课堂,让孩子全面生动发展。我们的课堂强调"学为五体",即突出"学生想象、学生参与、学生提升",突出"学生的学",全力推进素质教育,在各种教育教学活动中真正确立学生的主体地位,尊重学生的学习权利,让学生获得充分、全面、多元和个性的发展。

2015 年 10 月,我们制定《自由灵动、适性发展——杭州十三中教育集团拓展性课程建设和实施方案》,探索构建符合孩子想象的课程体系:综合实践活动课程、近百个社团活动课程、人文课程、系列德育活动和综合活动课程等。这些课程围绕满足孩子多样化需求和个性化发展,为孩子搭建了飞翔的舞台。在这些课程建设的过程中,更多是从孩子的需求出发来建设,缺少一定的顶层设计和课程体系的规划。《方案》旨在以学校的"鹰"文化为引领,以"三自"核心素养为目标,解放我们的课程,构建"自由灵动 适性发展"的课程体系,尽最大可能满足每一位孩子的需求。

我们创建了适合课改推进的教师管理体系,修改了《杭州市十三中教育集团教职工考核办法》,在课改考核的指标中,涉及导学案、小组建设和评价、导学课堂等方面,形成了学校管理新常态,为充分激发教师参与课改的主动性和积极性提供制度保障。

三、借助新技术，促进新发展

我们通过组织全体教师进行微课制作与评比，创建了微课资源库供师生学习交流，广泛运用微课导学、微课疑难问题解决、微课纠错等教学手段。"云视窗"的建设，给师生的课堂教学时空的拓展提供了另一条的途径。平板电脑进入课堂，为教学改革增添了无穷的魅力。微课、电子白板、云视窗等教育技术手段在课堂教学改革中的运用，极大地丰富了教学内涵，教师的教学手段更加多样，有效地拓展了学习的时空，实现了课堂的翻转。

四、"学、教、研、训"一体化，提升专业素养

我们将"学习、教研、科研、培训"融为一体，以三航工程、名师工作室、备课组集体备课、教育小组例会、中老年教师的示范展示等为载体，从导学案设计、小组合作、学科特质、多课型研究、拓展性课程开发等不同的角度设计研讨的主题，探讨课改过程中的困惑，交流教学过程的精彩瞬间，积累教学经验；通过省重点规划课题和教研组、年级组、备课组负责的一般规划课题和教师个体的小课题编织了一张指引行动的思维网，促进教师个体与群体理念的转变，教学方式方法的优化，专业素养的发展。

五、举办学术节，搭建展示载体

为了推进教师积极参与课堂解放行动，为师生搭建展示的舞台，集团连续组织和举办了九届学术节活动，以学术节活动推进课堂解放行动。每一届学术界有相应的主题和丰富的活动，如"一师一优课"之晒课、导学案评比、校本作业评比、微课制作比赛、师生绿色阅读、青年教师专业技能比赛、美丽班级与美丽小组评比、美丽班主任与首席班主任工作室展示活动，活动内容丰富，充分体现了教师和学生在不同学期的最高水平，也助推了信息技术与课程改革的不断创新。

学校通过课堂教学改革这一有效途径，取得了丰硕的成果：学校举办的九届学术节涌现出一大批新鲜的课改力量；在三届西湖区课堂节评出的课改先锋，集团占了一半；省级立项课题一共 4 项，已经结题 3 项，市级立项 5 项，结题 4 项，市级重大课题 1 项，其中浙江省课题成果一等奖 1 个，杭州市课题成果一等奖 1 个；教师在区级及以上发表、获奖的课题成果、论文、案例近 300 篇，其中《教学月刊》为集团刊登了课改专题系列论文 6 篇；学校被评为浙江省教科研先进集体、杭州市首批课改实验学校等市级以上荣誉 10 余项。

第八章　农村学校的课改范式

当前中国学校的现代学校构建意识普遍没有觉醒,学校管理的水平仍然很低,教育管理以及教学活动还停留在人治化、经验型的水平上。农村学校发展越来越紧迫地需要提出"以人为本"的发展战略,只有充分尊重学生发展规律,我们才能科学地完成教育优质化,才能走向持续优质的规模化发展。

第一节　农村课改的构建

由于周浦离杭州城区路途遥远、交通不便,致使不少优秀教师流向城区,学校的师资水平得不到有效的提高;而学生基础薄弱、能力欠缺,在以中考为主要评价指标的评价体系中,教师长期得不到成功的体验,教学的积极性受到挫伤。杭州市周浦中学约三分之二的学生家长不重视孩子的教育,学生家庭教育严重缺失,学生在家学习得不到家长的有效监督和帮助。只有改革,才能让周浦中学走出一条阳光之路。

一、课改的背景

(一)国内的导学课堂改革风起云涌

导学课堂模式在全国许多省市的中小学已经展开,比较出名的是江苏省南京市竹山中学、浙江省安吉县昆铜乡中学、广东湛江市徐闻中学、江苏省盐城市滨海县蔡桥镇中心小学、黑龙江省伊春市友好三中、河南省沁阳市永威中学、山西省临汾三中、青海省西宁市湟中县中学、湖南省常德市桃源八中等。这些实验学校以中学居多,最早的是从 2008 年开始实验,大部分已见成效。

导学课堂模式的总体思路为:突出落实学生的主体地位,体现主体参与意识和自主发展的教学目标,培养学生学会学习,学会创新,加强能力培养,以学案为载体实施对学生自主探究、主动学习的指导,将课后与课堂相结合,学案与教案相结合,学生自主学习与教师讲解引导相结合,让学生自主探究主动学习,亲身体验知识形成的过程。在这种模式中,学生根据教师设计的学案,认真阅读教材,了解教材内容,然后,根据学案要求完成相关内容,学生可提出自己的观点或见解,师生共同研究学习。教师则不仅仅是知识的传授者,更重要的任务是培养学生的自学能力、自学习惯,教会他们怎样学习、怎样思考,提高学生分析问题、解决问题的能力。学案导学的基本流程可以概括为:编制学案→自主学习→对话交流→精讲释疑→当堂训练→小结评价。

因为以上学校绝大多数都是寄宿制学校,学生的自主学习都有充足的时间保障,一般都放在晚自修时完成。而本校的学生都是走读,自主学习时间一般在家里进行,如何在这种情况下保证导学案的学习质量是本校导学课堂模式的一个难点。

(二)改变学校的落后面貌势在必行

杭州市周浦中学是西湖区教育局管属的一所初级中学。它位于西湖区双浦镇的周浦街,创办于 1968 年,是浙江省农村示范初中。随着城市化进程的不断推进,周边的乡镇得到了飞速的发展,而双浦镇周浦地区因为是国家级的良田保护区和钱塘江的水源保护区,它的发展受到了很大的制约。大量人员进城,农村人口不断减少,而且学区内的优秀小学毕业生大量流失到城区各初中,造成了学校学生数近几年连年大幅减少、学生整体素质明显下降。学生学习基础薄弱,学习能力欠缺,学习信心不足,学校素质考试在西湖区排名明显靠后。

除了这些客观原因外,学校也存在着认识上的误区。对学生、老师的评价和考核还是主要停留在中考和区域的统考,忽视了学生的起点。不管生源质量如何,课堂教学的内容选择上都是瞄准中考和统考,大部分教师课堂关注的是升学有望的学生,教授的是相关的考点,很难顾及全体学生和学生的起点。因此部分学生基本丧失了学习的兴趣,课堂的质量总体比较低下。我们的中考前八所除了保送以外几乎没有学生能够通过中考考进,杭州市后三分之一的抽测在全区往往排名垫后。2011 年这一届初一新生,在新生素质测试中,所有的学科都排在整个西湖区的最后。

(三)成立紧密型教育共同体带来改革机遇

为了推进城乡统筹发展,让城郊和农村的孩子能在家门口享受优质教育资源,实现教育的公平,西湖区教育局在 2011 年采取了重大的举措,即对西湖区辖区内4所薄弱的农村学校与城区四所优质的学校(集团),结成紧密型教育共同体。城区支援学校派6～8名骨干教师、中层、校级领导支援农村受援学校(年限至少三年),共同体必须有经常性的教育教学研讨与管理的沟通,受援学校可以充分享受支援学校的优质资源。2011年7月西湖区教育局决定:杭州市周浦中学与杭州市十三中教育集团结成了紧密型教育共同体。这一项决定得到了十三中教育集团总校长、紧密型教育共同体组长汪建红的高度重视,十三中教育集团派了7位骨干师资(3位校级干部、2位中层干部、2位骨干教师)组成了一个强大的团队,全面支援周浦中学的整体工作,其中主持工作的法人由支援学校的校长林久杏担任,学校原领导班子4人除1人留下外,其余3人调离了学校。十三中教育集团强大的、优秀的资源可以与受援学校共享,这给学校的课堂教学改革提供了有力的保证。

最重要的是西湖区教育局领导、共同体领导小组组长和新一任的受援学校校长这三个层面的一把手都决心采取重大措施,彻底改变周浦中学长期落后的面貌。

二、课改的意义

第一,课改能提高教师的专业化素养。通过课改,大大提高教师对新课程标准和相关理论的认识,提高对教材的驾驭能力和对学情的把握能力,增强教师之间的沟通协作能力,提高教师课堂的控制能力,全面提高教师的教育教学能力。

第二,课改能提高学生的学习素养。让学生有明确的学习任务,提高学生课堂教学行为的有效性,使学生学会学习、善于学习,形成终身受益的学习能力和良好的学习习惯,增效减负,达到课堂教学最优化,从而构建高效快乐课堂,全面提高教学质量。学生在学校里可以有更多的时间参加各种兴趣小组,全面和谐的发展。

第三,课改能改善学校的文化建设。通过校园文化、班级文化、小组文化三个层面的文化建设,发挥环境育人的功能,让师生能在校园找到自己的名字和笑脸,能看到自己的点滴进步,能从校园的文字、图片里感受到温馨的归属感和奋发有为的使命感。

第四,课改能构建适合本校的高效课堂教学模式。通过几年的不懈努力,全校三个年级都已全部推进导学课堂模式,并在模仿的基础上进行了创新。经过不断的反思和总结,不断地尝试和完善,核心构建了适合周浦中学师生实际情况的高效的课堂教学模式。

第五,课改能提高学校的声誉。通过提高教学质量和提升师生的生命质量,全面推进素质教育,增加学校的凝聚力,扩大学校在本地的知名度和美誉度,吸引更多的生源和优秀的教师,引起社会的关注和重视,从而扭转被动的局面,推动学校的可持续发展。

三、课改的理论依据

新一轮基础教育课程改革特别重视理性实践与专业引领,我们参考了许多教育理论,从本校实践角度,选择以下理论作为我们实践的理论依据。

(一)先学后教、以学定教

洋思中学"先学后教,当堂训练"、山东杜郎口中学"三三六教学模式"、东庐中学"讲学稿"、山东兖州市第一中学"循环大课堂"、山东昌乐二中"271高效课堂模式"等取得良好成果的教学实验,深究其本质都有一个共同之处:准确把握了课堂教学改革的核心,凸显了学生的主体性和"教"服务于"学"的追求,是课程改革的本质诉求。当教学活动真正成为学生活动的时候,当教学过程真正成为学生学习过程的时候,教学才具有真正的意义。

(二)学习金字塔理论

"学习金字塔(cone of learning)"是由美国学者埃德加·戴尔(Edgar Dale)1946年率先提出的。

从图8-1中可以看出,两周以后学习的内容的留存率与不同的学习办法密切相关:听讲——只能留下5%;阅读——可以保留10%;声音、图片——可

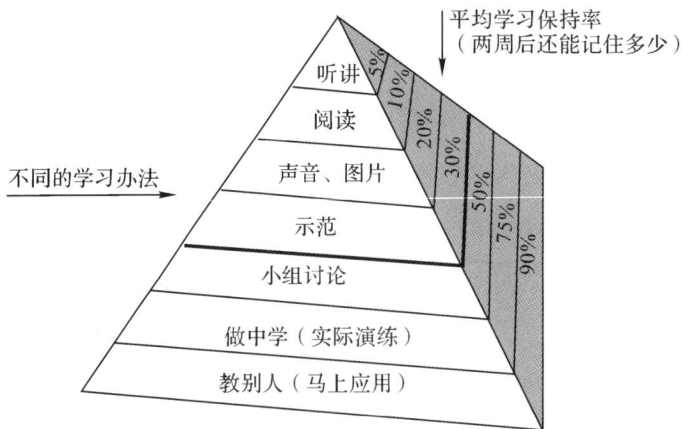

图 8-1　学习金字塔

以达到 20%；示范——可以记住 30%；小组讨论——可以记住 50%；做中学（实际演练）——可以达到 75%；教别人（马上应用）——可以记住 90%。

(三)271 友善用脑理论

友善用脑理论由新西兰学者克里斯蒂提出。理论指出要把"以教师为中心，以课堂为中心，以书本为中心"的教育方式转变为"以学生学习为中心，以强化个体实践为中心，以信息交流为中心"。"变被动教育为主动教育，变应试教育为素质教育、变知识教育为智能教育。"友善用脑理论综合了多元智能（加德纳）和思维导图（东尼·博赞）的理论。通过多感官对学生进行教学。友善用脑是让学生在安全、友好、快乐中学会学习，发挥每个个体的才能，发现个体的长处，改善教学方法，引导学生学会学习。

友善用脑理论中又有"271"一说，即知识范畴的"271"、认知能力的"271"和时间安排的"271"。知识范畴的"271"含义：7 成的教学知识，学生可以通过自学掌握，2 成的教学知识，学生通过老师的讲解才能掌握，只有 1 成的知识学生很难掌握；认知能力的"271"含义：7 成的认知能力，学生可以通过自学掌握，2 成的认知能力，学生通过老师的传授才能掌握，只有 1 成的认知能力学生很难掌握；时间安排的"271"含义：7 成的课堂时间，学生可以高效地自我利用，2 成的课堂时间，学生需要老师的监管才能有效，只有 1 成的课堂时间，学生利用效率不高。

四、农村课改的内容

(一)课改核心内容

课改的内容是深度改变原有的以讲授为主的课堂，全面推进导学课堂模式，同时改变和形成相关的理念和制度。

导学课堂模式是以导学案为载体，学生的自主学习为主体，以教师的指导为主导，师生共同合作完成教学任务的一种教学模式，充分体现了教师的主导作用和学生的主体作用。

学案导学的课堂教学模式核心在于，学在前，教在后，以学定教，顺学而教，当堂达标。简单说来，这种模式主要分为三步：一是自主学习，即学生借助导学案自主学习，小组交流；二是合作探究，即学生课堂展示、探究、交流，教师点拨、师生、生生交流；三是反馈训练，即反馈、练习、拓展、提高。当然，其中的模式及要求并非固定不变，可以根据实际情况加以调整。这样的教学模式，能凸显学生的主体性，实现"以学定教"的教学原则，激发学生学习的动机，同时更能说明教师的责任不在教，而在于教会学生学的施教道理。

（二）课改的分项内容

1. 科学编写导学案

导学案编写基本格式：容量、排版、字号、字体、纸张大小、页眉页脚内容、编号。

导学案编写基本原则：知识问题化、问题层次化，难点探究化、探究情景化。

导学案的编写的基本过程：备课组长分工，教师个人主编，教研组长审核，学校课改办审批。

2. 建设学习小组

划分学习小组的原则："组间同质，组内异质"并存。

学习小组的标识：组名、组徽、组歌、组训、组规。

学习小组的管理：座位安排、活动分工，课堂记录、组员表彰、成员培训等。

3. 营造课改文化

班级文化标识：班名、班徽、班歌、班训、班规。

教室的布置：内外墙上各种标语（班级文化标识、激励性的语言等）的张贴、图表（如学习小组一周情况反馈表、学习小组考核一览表、课堂反馈一日记录表、星级小组表扬表、课程表、值日表、作息时间表等）的确定、制作和摆放，以及卫生工具的品种、数量、摆放，饮水机、花盆等物品的摆设。

校园文化：学校的办学思路、方针、目标、特色。

4. 课改评价管理

"三长"的分工：教研组长、备课组长、年级组长在课改中的分工。

课堂教学的督导：导学课堂观察、评价的标准、评优评先的表彰、常规考核和期末考核等相关制度的完善。

5. 对外交流

教师的培训、外出学习交流、校内参观的接待等。

第二节　农村课改的推进

周浦中学的课改实践基层推进，有序进行，可分为三个阶段：第一阶段为全方位构建导学课堂阶段；第二阶段为课改提升阶段；第三阶段为课改深入阶段。

一、第一阶段：全方位构建导学课堂阶段（2011 年 8 月—2014 年 6 月）

周浦中学的导学课堂由文化和课堂两大系统构成：文化建设是动力系统，是前提和核心，就像汽车的发动机，发动机质量的好坏和动力的大小直接决定汽车的性能；课堂教学是操作系统，是保证，就像驾驶员的驾驶技术，技术的好坏直接影响驾驶，但是如果车子的动力不行，再好的驾驶技术也无用武之地。文化系统（包含文化建设、小组建设、评价体系）构建是否合理，直接决定着导学课堂改革能否成功。

周浦中学导学课堂体系的构建示意图如下（见图 8-2）。

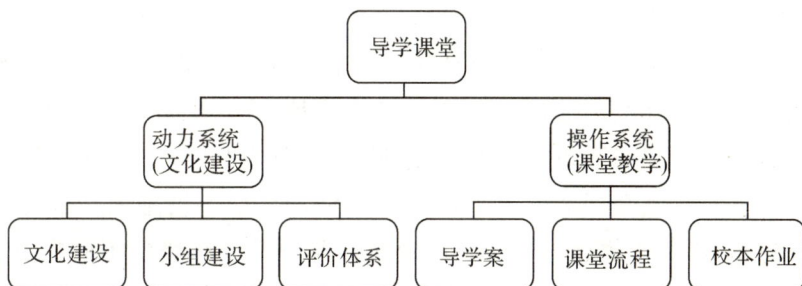

图 8-2　周浦中学的导学课堂体系

（一）"一纵三横"的管理机制

在依法治校、文化立校、扁平管理、方案运作管理思想的指导下，线上研究，块上落实是学校的课改管理机制。以校长室、教导处、教研组的研究进行方向引领，以年级组、备课组、教育小组建设进行三个年级组横向落实的课改的管理机制。纵向主要负责文化的建设、方案的制定、模式的研究、师生培训等方向性的理论研究；横向重点是以年级组为中心，以备课组、教育小组为抓手，根据年级特点分层落实的研究。

（二）"四位一体"的文化建设

文化建设是导学课堂的核心，配合课改的需要，营造与之相匹配的校园文化、班级文化、小组文化、个人文化，是课改成功的关键，也是促进学生可持续发展的保证。

1. 校园文化：每位学生都能找到自己

校园文化不应该仅仅在墙上，它体现的不仅仅是校长的意志，更应该满足学生的需求。校园文化不是设计师设计出来的，它应该是师生共同营造出来的。让每一个角落都能说话，让每一个学生都能找到自己，是学校校园文化的

理念追求,学校为此营造了五廊文化:

四季长廊让每位学生找到自己的风采,展现充满青春活力的莘莘学子美丽风采。

书画走廊让每位学生找到自己的作品,精美的书画作品张扬学生们的艺术天赋。

十步木廊让每位学生找到自己喜欢的名家、名著,介绍古今中外文学名家名作,影响孩子的心灵。

哲理走廊让每位学生找到的信仰,小故事蕴涵深刻人生哲理。

感恩青廊让每位学生找到自己的孝心,肺腑之言弥漫着感恩之情。

2. 班级文化:每天进步一点点

每个班级,学生自己做主,设计选择班徽、班训、班名、班规(公约、目标)、班牌、班星、班歌、班级凡人凡言、班级名人榜,确立班委轮换竞聘制、班级轮流值周制、学生社团活动制、卫生承包制、组长负责制(组长对组内6名学生的管理更有效,形成微型的学习型团队),鼓励各个小组轮流承办名人墙、图书角、反思角、心语心愿、学习园地、评价等。兼顾不同年级的不同特点,也体现不同的特色。让整个教室群构成可以流动学习的"博物馆","让学生成为学习的主人"。

3. 小组文化:助人助己,共融共存

班级要形成每个小组的组牌、组名、组号、组徽、组规(目标与约定)、小组行政分工(人人都是组干部,人人都是课代表)、小组承包制(承建文化墙、文化橱墙等)等,需要学生个体的多感官参与,互助的倾向并施展个性化的本领。在建设本组的文化过程中,学生各展所长,往往与学科成绩无关,与单一的传统评价无关。"助人助己,共融共存"是小组文化建设的核心理念。

4. 学生个体文化:阳光自信笑盈盈

会表达善沟通、能辅导善组织、勤反思重思维是导学课堂的核心目标,让阳光、自信的学生在导学课堂中融入小组是个体文化建设的目标。

(三)两种形式的小组建设

1. 组内异质,组间同质

合作学习小组通常由5~6名学生组成,在构成上要求小组成员的性别、学业成绩、智力水平、个性特征、家庭背景等方面形成合理的差异,使每个小组成为全班的缩影或截面,这样构建的合作学习小组"组内异质,组间同质"。组内异质为互助合作奠定了基础,而组间同质又为全班各小组间展开公平竞争创造了条件。

2. 组内同质，组间异质

最有利于合作探究的合作学习小组形式是"组内同质"，但是组内同质势必产生"组间异质"，而组间异质不利于小组间的公平竞争。因此在二模的操作中把5～6名成绩优秀、管理能力强的学生组成一组，称之为"巡导团"，其他四组按"组内异质，组间同质"配置，构成了周浦中学特有的"4＋1"模式。

操作方式：如何进行科学、合理的分组，实行"4＋1"模式，以30人的班级规模构建6人合作小组的操作程序为例，全班可以组成5个合作小组。

首先从全班挑选出6名学习成绩好、辅导能力强的学生组成"巡导团"，在剩下的同学中挑选出4名学习成绩好、组织能力强，威信较高的学生担任每组的组长；然后按学业成绩和能力水平，从高到低分别选择编排每组的副组长（1人）与组员（4人），并从组长到组员依次编号。

最后由班主任与各科教师统一协调，根据每组成员的性别、性格、成绩、智力等方面的比例结构进行组间平行微调，使同号的组员实力相当，组际之间的各科水平和综合水平基本平衡。要特别注意为班上的优等生找到一个理想的位置。男女比例要适当，而且每组都要有女生，一般而言，女生书写认真，步骤规范，能按老师的要求去做，而男生思路灵活，讨论积极，往往注重结果，步骤不规范，书写相对潦草，这样男女生可以取长补短；再者，从思维方式上看，男生侧重理性思维和抽象思维，而女生侧重形象思维，对文理各科的学习可以互帮互助，共同进步（当然，这一点也视不同班级具体情况而定）。

小组长和小组成员的培训：真正好的组长不是选出来的，也不是天生的，而是班主任培养出来的。不要只注重小组长现有的能力，而忽略了对学生的潜能的开发与培养。要充分调动他们的主动性和积极性，这是小组建设成功的关键。要让他们知道当小组长是一次锻炼的机会，是他施展自己才能的舞台。这样他才会积极主动地去建设自己的小组，真正成为小组的主人。

（四）三层五级的评价体系

评价是激励不是甄别，及时公正、团队归属、多维评价是导学课堂最持续的动力。我们的评价从班级、年级、学校三个层面进行，让所有的评价都能发挥其应有的作用；而一课一评、一日一评、一周一评、一月一评、一学期一评的五级评价充分体现了及时、公正。评价的主体侧重团队评价，同时采用"我为小组贡献多少？"的个人评价，理顺了团队个人的关系。

1. 五级评价形式

第一，一课一评。由任课老师对各小组的表现进行打分，各小组课代表当堂进行记录。第二，一日一评。行政小组长把当天各课的总分相加得出该小组一日的评价分，再报给班长，班长把它记录在教室后面的黑板上。第三，一周一评。班长把各组一周五天的评价分相加得出一周的评价分，就是一周一评，将结果写在教室门口的告示板上。根据分数，班级评出一周星级小组和五星学生，即勤奋之星、展示之星、参与之星、点评之星、希望之星。第四，一月一评。根据每周之星，再评出一月之中的月度星级小组和月度五星。月度星级小组和月度五星要在学校层面通过多种形式进行表彰。第五，一学期一评。根据月度星级小组和月度五星评价，学校评出星级班级、校级星级小组、校级五星学生，编进学报，报送家长和社会。学期星级评定结果是学生期末各种综合荣誉评比和综合素质等级确定的重要依据。

2. 星级学生、星级小组的量化操作

第一，班级评选出的每月星级学生每人加一颗★，希望之星获得者加两颗★。第二，希望之星获得者兼得当月班级的优秀小组长。第三，每月的星级小组的组内成员被评为"团队之星"，团队之星每人加一颗★。一学期被评为"校级星级小组"的组内成员每人加一颗★。第四，考试分数量化操作：考试一般为月考、期中、期末等由年级组或者学校组织的统一批改考试，一月一次。若本月不组织月考，学科考试由备课组统一确定。年级考试总分名列年级前60名的同学，每人加一颗★。新进入前60名的同学加一颗★，其所在团队加一颗★。单科考试成绩在年级平均分以上者每人加一颗★。加分学生名单由任课教师提供。小组内若有同学总分处于班级后10名的，按照存在学生数团队每人扣一颗★。如果一个小组内有两名以上者，班主任有权根据实际情况考虑斟酌扣★数量。第五，一学期末评选的星级学生列入初三保送生加分条例。班主任每一个月将班级学生最终评定★级数量进行全班公示，期末学生评比前将一个学期的★级数量整理并公示。第六，学校每学期按年级评选五星学生各一人，星级小组各一个。获得星级小组的班主任在班级评优评先方面优先考虑。

3. 星级学生评比结果使用

第一，获得优秀小组长荣誉的同学有资格参加校级优秀学生干部的评选。校级优秀学生干部有资格评选区级、市级优秀学生干部。第二，进入班级获★数量前30%的学生有资格参选校级优秀学生。校级优秀学生有资格评选区级、市级优秀学生。

班级每月勤奋之星、参与之星、展示之星、点评之星的获得者在期末班级学生综合以及单项评比中优先考虑。学生获★数量的多少作为入团的重要参考依据。

(五)"五花八门"的校园活动

1. 常规活动系列化

活动是培养学生能力、丰富学习生活、提升团队归属和班级凝聚力形成的有效载体,也是课堂教学改革的重要阵地。学校德育活动以主题化、系列化的德育活动为目标,学校一年活动统筹安排为9月始业教育、运动会,10月语文阅读节,11月心理辅导月,12月艺术体育暨元旦迎新,2月英语阅读节,3月学雷锋活动,4月感恩孝心展,5月红歌,6月初三毕业典礼等学年十大活动。每一项活动都有各自侧重点和针对对象。德育处在活动开展之前制定详细的实行方案,做到有计划、有目的,有反馈,有宣传,力争通过有特色的校园活动,培养学生能力,让学生通过积极参与各项活动陶冶情操,留下校园生活回忆。在此基础上,各年级每月进行辩论赛、讲故事比赛、课堂文化展示、五星学生和星级小组表彰会定期举行,不仅是德育活动的有效补充,更是为提升学生的多种能力、彰显个性提供了广阔的舞台。

2. 社团活动多样化

学校成立了综合活动中心,指导各社团开展活动。学校共有春江文学社、墨缘书法社、星期五素描社、第一乐章合唱团、浦红鼓乐队、敏星篮球队、瞬间摄影社、乐陶陶陶艺社、指尖手工社团、小农夫社团等11个社团。每周五下午是社团活动时间,三分之二的学生找到了适合自己兴趣的社团,几乎做到了周周有活动,个个有归属。

3. 家校合作常态化

重视家校配合,有效监管家庭作业,争取认同,提升声誉,形成教育合力,班主任主动做好家访工作,深入了解学生家庭具体情况。利用不同形式,沟通学生在校情况,提出学生在家、在校的学习常规要求,使学生在教师、家长的指导下,能够沿着正确的轨迹前行。定期召开形式多样的家长会,每学期三次。举行形式多样的家长开放日,开展家校交流。进一步增强家长委员会的作用,增强家校联系与沟通。学校组织的大型活动邀请家长参加,虚心听取家长的反馈意见。合理、高效利用校讯通和家长进行沟通、联系。设计《家校联系本》,提高家庭作业的监管力度。

（六）有法可依的制度保障

学校制定了《周浦中学导学课堂的核心制度汇编》，包括《周浦中学有效课堂的小组建设及评价制度》《周浦中学有效课堂"五星"、"星级小组"评价实施方案》《周浦中学导学案的编写及使用制度》《周浦中学集体备课制度》《合作型学习小组一周情况反馈表》《合作型学习小组考核一览表》《课堂反馈一日记录表》以及《我为小组贡献多少》等。

为了从经济上保驾课改，学校还修订了《周浦中学教职工考核办法》，增加了有关课改的内容，如在量化考核中，有关课改的分数占了约三分之一的比例，设立了课改先进奖项，奖金达 1000 元，等同于教学业绩突出奖，课改办对各类先进评奖有一票否决权等。

（七）给师生培训，形成理性认识

1. 课改领导小组、学术团成员的培训。课改领导小组、学术团成员是推动课改的核心力量，在课改问题上达成共识才能最大限度地团结广大教师，形成强大的合力。每周一次例会，碰到问题及时研究、探讨。课改领导小组、学术团成员的培训是决定课改方向和有效落实的关键。

2. 一线老师培训。在课改的实施过程中，对于教师的培训已经形成了常态化，模式的培训与熟悉、课改问题的研究和探讨、小组建设和量化评价的研究和统一、学科的研讨等，每周进行教师培训。

3. 全体学生培训。班主任利用两节课的时间对学生进行了导学课堂的体验式培训。老师根据期中考试的成绩和学生的个性，把学生分成了 5 个小组，每个小组 5～6 人。通过培训，学生明白了自己在行政组长和课代表中的分工。学生基本清楚了导学课堂的流程和注意事项。各组制定和交流了组名、组徽、组歌、组训。

（八）学校课改重大活动

在学校统一规划、行政推动、有序推进下，在全体教师积极配合下，基本实现了各阶段的目标并承办了大量的省市区活动（见表 8-1）。

表 8-1 课改活动记录

序号	活动名称	时间	参加或上课人员
1	杭州市第 19 届社会、思品教研工作会议	2013-01-08	卢红泽、杨静娟上课
2	安吉实验、十三中教育集团"两地三校"联合教学研讨活动	2012-12-20	西湖区教育局副局长黄志元、谢昱圣校长等
3	省初中科学学科带头人培训班教学实践活动	2012-12-25	浙江外国语学院邵爽、陈晓萍教授,林银祥上课
4	区进修学校教研员听课并评审"课改综合之星"	2012-12-26	骆欣苗、薛月影、郑杭弟、骆建富、金霞、许爱君、袁秋萍、郭起月、徐剑、黄敏君、江凌、潘国强等 12 人上课
5	西湖区学术节"学案导学、以学定教"课堂教学研究专场活动	2012-12-27	俞晓红上课
6	西湖区科学南片教研活动	2012-11-29	林银祥、郝静上课
7	新安江三中领导来学校观摩课改	2012-11-27	金霞上课
8	市科学"以学定教"研讨活动	2012-11-22	市科学教研员吴志东组织,黄敏君上课
9	省级课题"紧密型教育共同体的运作机制研究"之"课堂教学变革"专题研讨活动	2012-11-21	黄敏君、黄钧军上课,教研员点评
10	杭州市科学名师班成员研讨活动	2012-10-24	省教研室科学教研员王耀村组织,王夏芳上课
11	社会组亮剑十三中首届学术节	2012-10-25	杨静娟上课
12	省市区领导专家参加学校省级课题开题论证会	2012-10-24	省教研室张丰副主任、市教研室曹宝龙主任、西湖区教育局副局长黄志元
13	新华社记者和省内外兄弟学校领导考察学校文化建设和课改工作	2012-10-11	新华社记者余靖静、河北省承德市教育局领导、临安市青山中学老师
14	西湖区初中"课改"主题调研暨课改学科研究小组研讨活动、南片课改联片活动	2012-10-09	薛月影、许爱君、鲁秀娟、张建峰上课,区教研员点评
15	"回眸课改,踏浪前行"的课改校本培训	2012-09-29	全校教师参加
16	科学组与十三中教育集团开展"小组合作"和"导学案"主题教研活动	2012-09-20	林银祥上课
17	上泗中学老师前来观摩导学课堂	2012-09-18	初一、初二 12 位教师开课
18	初一课改的培训和高效阅读的培训	2012-08-22	初一年级所有老师参加

续表

序号	活动名称	时间	参加或上课人员
19	举行以"培育学习文化打造学习型小组"为主题的课改研讨活动	2012-07-05	庞中治主持,初二年级老师
20	召开课改课题研讨会	2012-07-01	课题立项人
21	学校优秀教师参加杭十三中"两地四校"课改研讨展示活动	2012-06-14	郑杭弟等10位老师上课
22	学校科学组与公益中学科学联合教研活动	2012-05-25	芦秋燕上课
23	教师培养"123工程"第二批师徒结对仪式和课改阶段性总结、表彰大会	2012-05-18	全校教师
24	林久杏校长带队赴昆铜中学考察	2012-05-17	林久杏上导学课堂交流课
25	汪建红总校长上导学课堂示范课	2012-05-11	科学组老师
26	温州同仁观摩导学课堂	2012-04-27	瓯海区两所中学的60余人
27	语文组与丰潭中学联合教研活动	2012-04-18	吴雪琴上课
28	林久杏校长等在台州参加省课改联盟学校活动	2012-04-05	林久杏等3人上课
29	"如何进行有效点评"主题教研组长会议	2012-03-31	教导主任、教研组长
30	区英语、数学教研员来校指导教学活动	2012-03-29	全校英语、数学老师
31	科学组导学课堂有效点评主题教研活动	2012-03-19	科学组老师
32	社会组与留下中学开展联合教研	2012-02-27	林久杏上课
33	教师培养"123工程"启动暨师徒结对仪式	2012-02-24	集团导师、全校老师
34	市科学教研员、市科学教研大组成员到学校调研"学案导学"课堂	2012-02-23	吴志东、周华松、张建峰、王夏芳上课
35	共同体领导小组组长汪建红给学校干部培训	2012-02-07	校委会成员

这些课改活动提升了学校的声誉,这一年来周浦中学提升了知名度,得到了省市区专家、领导的一致好评,也得到了家长社会的认可。更重要的是,通过系列活动展示了我们周中学生阳光、自信的良好状态,我们听到最多的话是:"最令我感动的是你们的孩子看不出是农村的孩子,与城里的学生没有区别。"这些话也给了我们继续坚定不移搞课改的动力;课改更让我们教师快速地成长,在研究、探讨、实践改革的过程中,教师不断成长,在课改搭建的平台上教师反复得到磨炼、不断成长。

二、第二阶段：课改提升阶段(2014年7月—2016年6月)

学校的课改经过了第一阶段的积淀,慢慢从感性走向理性,从形式走向内涵。我们开始思考以下几个问题:导学案是否科学、适性,导学课堂的学科特质有哪些,各教研组备课组有哪些亮点,课堂时间不够用怎么办?

与此同时,学校领导班子也发生了变化。以林久杏校长为首的班子支教期满,调离学校,区教育局从支援学校调来以陈超校长为法人的新的支教团队。新的领导班子有力地回答了走入深水区的课改如何推进,如何更好地接地气地持续发展的问题,从备课组到校长室,再从校长室到备课组,我们进行了大规模的讨论和思考。并且,把这些思考付诸实践之中,进行检验。周浦中学的课改进入了第全面深化的第二阶段。

(一)导学案瘦身

人太胖了对健康不利,就要减减肥;在"控制自学教学模式"的课堂上,导学案太"胖"了,对学生自主学习不利,也要给它瘦瘦身。

以往,我们在设计导学案时,偏重于对学生知识的传授,试图让学生在课堂学习中掌握更多的知识。这种教学理念,导致教师在备课时选取了过多过细的教学目标,为学生设计了过繁过重的基本问题和基本习题。"鱼我所欲也,熊掌亦我所欲也",我们总会觉得每一个教学目标都很重要,每一个知识点都无法割舍,所以导学案总是很"肥大",总是瘦不下来。

导学案的肥大,大大增加了学生预习的时间,直接影响到自主预习环节中学生学习的效率和效果。同时,导学案的肥大造成更严重的后果,束缚了学生的独立思考,学生因此而失去了独立思考的机会和空间,缺少了自主发现,也丧失了质疑的能力。学生预习的问题和内容过多,预习时间过长,也影响到接下来的交流展示环节。要交流的内容多,学生就达不到深入细致地交流,交流展示的效果就不理想。总而言之,导学案需要瘦身。

周浦中学导学案的瘦身是导学案升级的过程,周浦中学导学案的升级可以分为三个阶段。

1. 第一阶段:避免习题化和标准化现象

刚开始进行课改时,教师对导学案非常陌生。因为教案是传统课堂中的唯一载体,使用教案是教师传统的职业习惯,所以,当导学案这个概念刚出现时,首先面对的问题是教案向案的转变,"教为中心"教学观念向"学为中心"教学观念的转变。

最早设计的导学案,主要是教师对教学问题的照搬,教师把在传统课堂中的提问问题,设计在导学案中,试题化和标准化现象严重,造成课堂中的教与学处于游离状态。

分析起来,主要原因是:一是从"教中心"到"学中心"的转移需要有一个适应阶段;二是学习流程及小组合作没有协调统一;三是学科专业性严重不足。主要表现在教师对学生的控制和给学生的指令信息太多,内容臃肿、繁杂,学习目标模糊不清,学习流程及评价不成系统,致使学习效果很不理想。

当时,教师面临的困难可想而知:没有专家、没有权威、没有经验,只有靠自己的理解和摸索,不断地探究、改进。学校组织了多次研讨活动,在共同的"集智"努力下,导学案渐渐开始成熟。从陌生到理解,从疑惑到熟悉,教师走出了导学案改革的第一步。

2. 第二阶段:提升合作学习质量

这个阶段主要是教师理解了导学案"学"的思想后,将学习的权利充分归还给学生的过程,是在教师集体备课的质量得到了明显提升的情况下进行的。这时的导学案,主要强调引导学习兴趣、重视体验操作、规范学习流程、注重学情暴露,使学习小组的合作学习质量有了较大进步。

导学案的"瘦身"促进了学生小组合作学习的主动性,学生的学习习惯和学习兴趣都有了较大改善。但是,由于教师缺乏对学生思维的培养,对导学案的使用,还局限在课本讲解上。这时的问题主要表现在学不透、学不精,课堂学习效果没有得到充分挖掘。

3. 第三阶段:导学案成册

为了集中更多的精力推进课程改革,也为了巩固导学课堂变革的成果,减轻师生的教学负担,提高教学效率,学校领导班子群策群力,未雨绸缪,在2016年暑期组织导学案学科审核小组、教研组长、备课组长,收集、规范、补充、修改、整理三个年级的语文、数学、英语、科学、社会等学科的上学期导学案,集中成册,以供2016学年第一学期教学之用。

组织学生有效学习是教师的核心能力,而导学案集是学生有效学习的重要载体,是培养学生自主、合作、探究能力的重要手段。本导学案集是周浦中学全体教师集体智慧的产物,是学校近五年来导学课堂沉淀的物化成果,是非常接地气的校本教学资料。其使学习过程进入主动、持续的境界,更加有利于对学生的主动性与创造性的培养,以收到更好的学习效果。

(二)课堂元素推进、学科特质

学校的单元整合实践探究始于2015年1月,经过前三年的课改实践,形成了独具特色的导学课堂流程。然而,在学校课改模式已经成形的背景下,如何打造符合学科特质的学科模式,这是我们进入课改深水区后思考的问题。为此,我们开始了一系列的探索研究和实践。主要包括以下四个阶段:(1)2015年1月17日,学校课型研究小组成立。基于单元微整合的课型研究启动会议,确定学校课改研究的新方向。该小组由各学科骨干教师组成,由各学科校长担任顾问。小组成员通过查阅文献资料等对单元微整合展开了理论的研究。(2)2015年2月7日,西湖区"高效导学"课改的设计师和引路人、西湖区教师进修学校副校长王曜君出席了学校课改课型研讨交流会,并做了关于进一步推进课改的专题讲座。(3)2015年4月9—16日,学校课型研究小组成员分两批前往嘉兴桐乡市求是实验中学观摩导学课堂,为学校进入深水区的课改集思广益。(4)2015年6—9月,我们对第一实验阶段进行了总结和反思,初步形成了基于单元微整合的、反映学科特质的课型模式。

(三)一组一特色

"一组一品牌,一备一特色"是学校第八届学术节的主题,也是学校课改进入深水区后,校领导提出的有深远意义的发展方向。通过教研组、备课组的讨论、提炼和申报,各教研组备课组形成自己鲜明的品牌和特色,并且通过论坛、公开课、晒课等活动在全校推广。经典诵读,数学组的"问题单"导学课堂,英语组的微能力培养,科学组的10分钟的有效导学,社会组的时事进课堂,冷眼看热点,综合组的课堂学生核心素养——欣赏能力的提高等,就像一道道滋补大餐,给予学生学识和精神上的双重滋养。

(四)长短课时的调整

在反复论证的基础上,学校确立了长短课时的安排:在确保学生在校学习时间不变,国家课程、地方课程课时数不变的前提下,第一至第三节课,第五、第六节课统一的为长课50分钟,第四节课、第七节课全部实行40分钟的短课,长短课时的调整为校本课程的开设提供了重要保障。

校级相关领导干部一起预定目标、审议计划、逐步实施。设置长短课时,学校有了对校本课程的开发的空间,进一步拉动了新课程中的校本课程、综合实践活动课的实施。长短课时制加强了基础知识学科的学习,在不加重学生负担、不改变国家课程和地方课程总课时数的前提下,学校按照"实践—审议—开发"的课程开发模式,首先把国家课程、地方课程做到开全开齐开足,其次增设了多个校本或综合实践课程,赢得了学生和家长的普遍欢迎。长短课时调整为学校课程开发、建设提供了良好条件。实施长短课时制后,时间和空间的矛盾得以缓和,为学校课程开发与建设搭建了一个工作平台和载体。

三、第三阶段:课改深入阶段(2016 年 7 月至今)

为贯彻落实《浙江省教育厅关于深化义务教育课程改革的指导意见》和西湖区教育局课程改革规划,围绕共筑中国梦和立德树人的根本任务,努力构建符合学校七彩课堂实施框架和"十三五"规划内容的课程体系,促进学生全面而有个性,朴素而有理想,健康而有视野的发展,结合学校自身实际,学校开始了课程改革的探索。

根据省厅课程改革的总体设计要求、九大核心素养,以及学校的实际情况,将学校的课程体系分为两类,分别是基础性课程、拓展性课程。拓展性课程中又分三类,分别是知识类拓展、艺体类拓展和活动类拓展。突出选择性和个性分发展,结合学校七彩课堂的实施框架,总体符合当前形势,同时体现学校个性和内涵发展。

基础性课程是核心,按照国家规定的课程标准开足开齐,是培养学生基础能力的主要平台,也是拓展性课程的开发源泉,改革的重点在于高效、优化、培养合格的中学生。同时将部分基础性课程的内容校本化,做拓学延伸。

(一)课程内容

拓展性课程分三类,知识类拓展源于基础性课程内容,艺体类拓展主要面向不同学生的体质健康和艺术素养的培育,活动类拓展是在学校原有活动基础上,整合创新,建立体系。三者的共通点是注重选择性。同时根据地方特色适量开发有浓郁乡土气息、深受学生喜爱、符合学情的拓展性课程(见表 8-2)。

表 8-2　周浦中学课程设置项目

涉及素养	基础性课程	拓展性课程		
	国家课程	知识类拓展	活动类拓展	艺体类拓展
学会学习 人文底蕴	语文	经典诵读 古文观止	绿色阅读节、经典诵读 大赛	
	英语	国际口语 英语写作 影视英语	英语节、影视社团	

续表

涉及素养	基础性课程	拓展性课程		
	国家课程	知识类拓展	活动类拓展	艺体类拓展
学会学习 科学精神	数学	生活逻辑 多维视图 趣味数学	趣味数学社团	
	科学	户外课堂 创新实验	科技节、户外科考	
国家认同 国际理解 社会责任	思想品德	时政达人	社会实践	
	历史与社会			
身心健康	体育健康		体育节、运动会、趣味 比赛、篮球联赛	篮球、花式篮球、足球、 羽毛球、乒乓球等
审美情趣 人文底蕴	音乐		艺术节、汇演、画展、天 堂儿歌	书画、歌唱、手工、茶 艺、陶艺等
	美术			
实践创新	综合实践		"互联网＋"	
人文底蕴	地方课程		双浦足印	
国家认同 社会责任	校本课程	校本德育	美丽小组、"三步"	

周浦中学的课程,主要通过结合国家课程标准中的名目进行设置。在优化原有基础性课程的同时,根据基础性课程本身的知识体系做了延伸,根据已有老师的教学水平和学生的认知水平主要在语文、数学、英语、科学、社会等考试学科进行知识性拓展,另外,结合学校已有的社团活动、科技节、艺术节、体育节、阅读节、文艺汇演、传统节日和乡土特色,整合和开发活动拓展课程,主要覆盖在美术、音乐、体育、信息、综合实践和地方课程等考查学科。校本课程基于学校的课改特色,有专门的小组文化建设,一模到三模的培训体系,始业教育、学术节、美丽小组评选等展示平台,有针对不同年级的"三步"系列校本活动课程,迈好中学、迈好青春、迈好人生第一步三个大型活动。

其中,花式篮球、"互联网＋"、书画、九曲红梅茶艺、双浦足印是学校基于自身校情所开发设置的课程,包含在艺体和活动课程之中。针对部分学生,通过体育课、信息课、社团活动、节假日社会实践等时段保障课时。花式篮球是基于双浦优秀的篮球传统;"互联网＋"是针对信息时代的学生培养需求;书画是结合中小衔接,以及就近杭七中的美术资源,传承和创新并存;九曲红梅茶艺源于双浦,制作工艺历史悠久;双浦足印主要围绕地区乡土文化和传统特色开展。

(二)课程设置

1. 基础性课程

学校严格执行国家课程标准和《浙江省义务教育课程设置及课时安排》（2015年修订）的要求，设置学校课程。同时根据学校自身发展需要，设置长短课时，一周总34节课时，上午每节课45分钟，下午每节课40分钟，其中的27节课作为基础性课程的课时保障，完成省定课时的要求（见表8-3）。

2. 拓展性课程

根据学校实际，结合学生的意愿，我们设置了拓展性课程及其课时分配。

表8-3　周浦中学拓展性课程设置及课时安排

课程类型	课程名称		适合学生
知识类拓展课程	语文	经典诵读	全体学生
		古文观止	7—9年级文言文功底好的学生
	数学	趣味数学	7年级全体
		生活逻辑	全体学生
		多维视图	8—9年级几何基础好的学生
	英语	国际口语	8—9年级部分
		英语写作	全体学生
		影视英语	7—8年级口语好的学生
	科学	户外课堂	7—8年级全体
		创新实验	8—9年级实验基础好的学生
	思品社会	时政达人	7—9年级对时事感兴趣的学生
活动类拓展课程	德育活动	"三步"活动、文艺汇演、美丽小组	全体学生
	学科活动	阅读节、英语节、经典诵读大赛、"互联网＋"	7—8年级学生
	艺体活动	体育节、艺术节、运动会、球类联赛	有艺体特长的学生
	社团活动	学校所有社团	全体学生根据兴趣选择
	社会实践	户外考察、双浦足印、团队进村社	7—8年级部分学生

每周余下的七节课时，以及大课间、社团活动、体育活动、假期时间，作为拓展性课程的实施空间。初步计划每周二第六、七两节、周五下午五、六两节，其余周一、三、四各最后一节，设置拓展课程。进行分层走班，根据学生自身需求和学校开设的课程范围，双向选择。在保障原有基础性课时不少的前提下，

充分体现学生的选择性。

3. 部分特色拓展性课程说明

（1）花式篮球：篮球是双浦地区的传统体育活动，村社之间每周都有篮球比赛，氛围浓厚，基础较深，学校基于这样的乡土传统，结合学生的兴趣特点和多样的表演形式，设立了花式篮球特色课程，联系浙江广厦俱乐部邀请到北京花式篮球队教练来校指导，从初一开始培养对花式篮球有兴趣的同学，一周 5 训。同时在社团文化节、社团嘉年华、村社篮球联赛、文艺汇演、运动会、CBA 联赛等平台给予展示机会，基于传统，创新于传统（见表 8-4）。

表 8-4　周浦中学拓展性课程设置及课时安排

课程类型		课程名称	适合学生
艺体类 拓展课程	艺术	书法、篆刻	7—9 年级有美术兴趣的学生
		陶艺、手工	7—8 年级有美术兴趣的学生
		九曲红梅茶艺	7—8 年级有兴趣的学生
		素描、漫画	7—8 年级有美术兴趣的学生
		视唱练耳、合唱	7—8 年级有美术兴趣的学生
		舞蹈、乐器	7—8 年级有音乐兴趣的学生
	体育	篮球	7—9 年级有兴趣的学生
		花式篮球	7—8 年级有兴趣的学生
		足球	7—9 年级有兴趣的学生
		排球	7—9 年级有兴趣的学生
		乒乓球、羽毛球	7—9 年级有兴趣的学生
		体操、棋类	7—8 年级有兴趣的学生

（2）"互联网＋"特色课程：开发源于农村学校学生的国际视野和信息技术能力的缺失，新形势下的学生需要有广阔的眼界和先进的信息技术支撑其长远的发展，所以建立在学校信息技术师资优良、综合教学楼拔地而起的硬件支持下，开设此类特色课程，结合交互式学习、平板和智能手机的生活化应用，网络环境下的移动学习等方面，通过信息技术课程和社团活动，以及其余闲余时间，逐步推进。

（3）书画特色课程：学校所对应的周浦小学有一文一武的传统，即书法和篮球，是当地的乡土文化传承，学校出于中小衔接、历史传承的需要，结合学校学生自身的艺术特点，并和杭七中结对就书画特长进行深度衔接，创新性地开发书画特色课程,满足学生需要,适应学校发展。

(4)九曲红梅茶艺特色课程:九曲红梅是周浦当地灵山村的特产,制作工艺历史悠久,享誉四方。为传承历史工艺,培育学生情操,塑造地方认同的核心素养,开发此课程,利用社团活动、综合实践、社会实践等时间,给学生搭建平台,目前已经与传统制茶的传人有过交流活动,准备作为地方特色深入。

(5)双浦足印课程:实质上是一门乡土的校本课程,学校大部分生源来自双浦地区,也有外来务工人员随迁子女,普遍对于双浦落后的经济和地区面貌认同度低,所以在此基础上开设地方乡土课程显得尤为必要,通过对双浦地区的历史沿革、地理面貌、传统文化、名人伟人、发展趋势进行课程架构,让学生通过实地调查、走访,翻阅史料和文献,感悟传统,认同家乡,增强自身认同、归属感和自豪感。课时通过历史与社会、思品、社团活动、社会实践等来保障。

(三)管理推进

1. 积极推进,强化领导

(1)制定和完善学校课改工作方案。成立以校长为组长的课程改革工作领导小组和具体实施的工作小组。

(2)制定学校课程规划。做好顶层设计,立足学校实际,根据学生情况、三年发展规划和现有资源做好课程整体设计,努力在探索中凸显学校特色。

(3)加强方案科学论证。多层次、广渠道听取意见,召开专家论证会,力求方案的科学性和规范性。

2. 组织实施,突出重点

(1)认真学习,转变观念。组织多种形式的学习会、研讨会,强化理念转变先行,为课程改革的实施做好前期各项准备工作。

(2)突出基础性课程的核心地位。建立和完善"杭州市周浦中学课程体系"的整体建构,制定学校基础性课程、拓展性课程和特色课程的具体实施办法。科学合理用好课时调节机制,做到总量保障,变量灵活,用好长短课时。突出和重视基础性课程的核心地位,研究梳理各学科教材,整合知识性学习内容,开发适合学校师生的有价值的校本课程,满足不同学生的学习选择。

(3)有序建设拓展性课程。学校根据学生特点,年段要求,分层次、有步骤开好拓展性课程,科学安排各课程之间的比例,满足不同年段学生的选择。

(4)统筹课程实施,强化德育课程的探索与实践。在课程实施上,结合农村学校特点,因地制宜;做好多学科间"横向整合",做好单学科的"纵向整合"。

努力在学科学习和课程实施过程中形成正确价值观的德育新渠道,努力探索德育课程与少先队课程、法制教育、心理健康教育、环境教育、安全教育等课程的整合实施。

(5)深化学教方式变革的研究。深化生本课堂的改革,优化作业设计与实施,利用先进的教育技术促学教变革。促进参与式、启发式、讨论式、探究式等方法优化,科学用好分层教学形式,满足不同层次学生的学习需求。

(6)建立有效的评价机制。树立科学的教育质量观,形成过程性评价、表现性评价和发展性评价相结合的综合评价制度。学校将逐步形成、完善促进学生发展的综合素质评价体系,积极探索对教师的评价改革,建立教师绩效、课改参与、学生、家长共同参与的评价机制,促进学生全面有个性发展,促进教师专业发展。

(7)整合综合实践活动课程。用好区域综合实践活动课程资源,如国学、社会实践、始业教育和劳动技术教育等课程。科学设置适合部分学生的跨校、跨区域、跨学科的实践活动课程,在安全的前提下设置部分校外实践活动,满足学生的个性发展。

3. 健全机制,推进课改

(1)科学有序推进。学校充分认识校情学情,科学稳步推进。努力"挖掘已有,借鉴同类,开辟新路"做实、做好课程改革工作,不跟风、不冒进。

(2)加强师资培训。积极培训、储备适合课程改革的一专多能教师队伍,加大对参与课改、有成效的教师培养和支持力度,引导教师专业素养和个人素质提升。

(3)确保经费落实。学校确保课改工作的硬件建设、教师培训、课程实施与开发等方面的经费使用,加大对推进课改工作的团队和个人的奖励。

(四)具体安排

1. 准备阶段：2015 学年第二学期课改安排，见表 8-5。

表 8-5　周浦中学 2015 学年第二学期课改安排

时间	课程规划	课程开发	课程实施	课程评价
2016 年 3 月	1. 成立学校课程改革领导、工作小组；2. 制定课程改革方案；3. 召开课改启动大会	1. 结合校情,构建课程体系；2. 结合区域课程、校本课程、特色活动课程三大块制订计划；3. 探讨基础性课程、拓展性课程、实践活动类课程具体内容。	1. 精算课时；2. 调整作息时间；3. 教师配置	总结现有的学生综合素质评价工作的方法与经验
2016 年 5—6 月	1. 制定课程规划；2. 教师讨论,邀请专家会诊；3. 组织教师学习课改文件、成功经验	1. 选择和整合好课程；2. 梳理拓展性课程、实践活动课程,确定各项目组；3. 召开课程开发项目组会议,进行任务认领		
2016 年 7—8 月	1. 组织教师进一步学习,专家讲座,转变理念；2. 召开研讨会,做好教师的动员、学习工作	1. 各个项目组分工合作,组织工作实施研讨；2. 初步完成项目建设	1. 教导处排课；2. 对全体教师进行课程实施的实务培训；3. 教师分主题、分小组进行研讨	讨论并着手修改深化课改后的学生综合素质评价方案

2. 实施阶段：2016 年第一学期课改安排，见表 8-6。

表 8-6　周浦中学 2016 学年第一学期课改安排

时间	课程规划	课程开发	课程实施	课程评价
2016 年 9 月	1. 学校规划课程实施；2. 推进课程改革有序落地	1. 拓展课程项目落地,整理项目实施计划；2. 初期项目推进会	1. 教学处组织落实拓展性课程进课堂；2. 专用教室设置	学生综合素养评价跟进实施
2016 年 10 月	首月总结反馈、优化	进行诊断性评估,有需要的进行调整	第一个月实施意见汇总,学生教师座谈	

续表

时间	课程规划	课程开发	课程实施	课程评价
2016 年 11 月	课程中期评估	1. 活动课程阶段性调整;2. 德育课程深度开发,优化实施体系	1. 完善细节;2. 各年级开展社会实践活动和专题研究	1. 完善课程管理机制;2. 拓展性课程评价细则研讨
2016 年 12 月	建立完整科学的课程体系	1. 开发艺体拓展课程,先期调查学生需求;2. 知识拓展项目再度整合	教导处落实课程日常实施,其他部门做好配合支持	开展《学生需求和学习效果》《家长课程需求》《教师实施效果》调查
2017 年 1 月	评价、反馈、优化、奖励		做好学期结束课程安排	1. 请专家对课程规划及开发进行评价;2. 校长室对实施进行评价

3. 提升阶段:2016 学年第二学期课改安排,见表 8-7。

表 8-7　周浦中学 2016 学年第二学期课改安排

时间	课程规划	课程开发	课程实施	课程评价
2017 年 2 月	课程改革项目推进疑难问题研讨	花式篮球、"互联网＋"、双浦足印成果开发	专用教室更新、添置设备	特色课程和硬件设施应用反馈
2017 年 4 月	中期评估	知识类拓展根据反馈二度优化		
2017 年 6 月	专家二轮指导	在原有课程基础上整合优化,提升课程品质,编制校本教材	教科室指导进行校本教材资料收集和编写	课改团队、个人绩效考核
2017 年 7—8 月	课程改革提升	在二轮指导的基础上,向课程品牌化、特色化努力,提升课程品质和受欢迎度	校本教材校验、审核、印刷	年度课改评价、典型教师奖励

第三节　农村课改的思考

先进的教学理论可以有效地指导教学工作,促进教育的改革,推动教育的良性发展;同样,任何先进的教育理论都要通过教学实践来验证其理论的可行性,促进教育在探索中发展,在发展中探索。

一、课改三步走战略

课改模式构建的前提是学生的习惯能力,教师的能力能够与之相匹配,根据学校学生的实际,每一届学生都会经历三个阶段:

一模重势,这一阶段注重展示环节,每一堂课每个小组轮流展示,重点培养学生的表达和沟通能力。教学的重点在熟悉教学的流程和培养教学的规范性上。这一阶段要求在入学一个月左右完成。

二模重效,在二模阶段注重小组合作的有效性,重点放在小展示环节,培养学生的辅导和提问能力,课堂的重点从教学流程转到教学实效上来。这一阶段基本在第一学期期中考左右完成二模。

三模重质,第三阶段在"质量至上,能力立意;小立课程,单元展示;学科思想,有效目标;全校一模,学科多模"指导思想的引领下走学科化之路,注重课程的整合和时空的拓展。各学科在学校统一模式下,根据学科采用相应的课堂教学范式。教学的重点在学生的学习能力的培养上,这一阶段的时间是长期的,最终要从教学手段方法转移到教学内容上来。

三步走战略解决了农村中学学生自主合作探究学习能力、意识和习惯不足的问题。

二、课改四大文化

课改不仅是改课,把课堂还给学生,更需要改进的是要完成被动到主动,沉闷到生动,个体到合作,灌输到生成的转变。

教学的核心是学生学的活动,因此课改的核心是"学习能力",课堂一旦仅有知识本位而离开对学习能力的培养,这样的课堂是低层次的甚至是应试的。要使"学习发生在学生身上"从而提高学生的"学习能力"最终形成学生的智慧,必须通过自主、合作、探究的学习方式才能实现,而要实现自主、合作、探究的有效性,前提是培养与之相适应的学习文化(习惯和能力),而习惯和能力的培养需要一个相应的平台,它需要价值文化的支撑、制度文化的保证、理念文化的引领,学习文化的推动,校园文化的熏陶。

"文化立校、印象第一"是学校管理的核心理念,也是指引学校教育教学各项工作的方向和目标,因此做课改也是做文化。价值文化:热爱教育,以生为本;制度文化:团队归属,多维评价;理念文化:相信学生,解放学生,利用学生,发展学生;学习文化:学习习惯,学习能力。

第九章　未来课堂

学生是面向未来的,是未来世界的主人,也是未来世界的创造者。

陶行知先生在 20 世纪 40 年代就提出学生要获得"六大解放":一是解放学生的头脑;二是解放学生的双手;三是解放学生的眼睛;四是解放学生的嘴巴;五是解放学生的空间;六是解放学生的时间。陶先生的创造教育的观点是对传统教学的呼唤,也是对今天素质教育、创新教育、未来课堂的启示。

于是我们在历次改革的基础上,提出面向未来的课堂教学改革。

第一节　未来课堂的研究缘起

一、十五年课堂价值的诉求

课堂是学校中最平常、最细小的教学元素,学生的学习大多在课堂上发生。

2000 年开始,我们响应国家新一轮课改,这其中,我们狠抓课堂这个核心要素,强调通过课改,引进新理念新方法新技术新策略等,解放我们的课堂,让孩子全面生动发展。十几年的实践与探索,我们的经历可以说是一波三折。

我们在课堂教学改革过程中,也经历了谁是"主体"的争论:一是传统的"师为中心"的教学模式;二是教师为主导和学生主体的"双主体"教学模式;三是"学为中心"的教学模式。

2000 年,"师为中心"模式占主要的地位,当时班级的班额也大,一般的班级都有 56～60 人,甚至个别班级达到 70 人。虽然这个时候各种教育理论教育模式也都已经遍地开花,但此时的教育仍然受传统的影响较大,教学仪器设备也是非常的简单与落后,老师主要依靠教材、教案、黑板、粉笔与嘴巴。在这个条件下,这种教学方式也无可厚非,甚至产生很高的效益。我们的评课议课主要看教师对教材的把握与重点难点是否突出,讲解是否符合逻辑,语言是否生动有启发等,教学理念是以教材为上和教师至尊。

此时,另一种方式"双主体"教学模式也在推行。"双主体"确实能克服"师为中心"教师一讲到底的做法,在一定程度上,突出了学生的主体性。比如"一个蜂窝里只能有一个蜂王",若是出现两个蜂王往往是很不协调的,甚至会"打架",那就看谁的力量大。纵观我们当时的课堂,也是这样,双主体的实施仍然没有很好地体现学生的主体地位,许多老师仍然是"霸王独尊"。

随着社会的发展,社会对优质教育需求越来越高,对学校的要求也更多。学校也相继进行改革,2011年,我们提出"学为中心"与"自主合作学习"的教育理念,时至今日还一直在倡导。我们提出"按孩子想象"构建现代课堂,这样一场课堂变革,对我们的课堂秩序、课堂常态、课堂理念、课堂生态因子等进行筛滤,形成自己风格的课堂教学范式。这种范式强调学习是个人的事,要独立客观地认识世界。确实它能突出学生的主体意义,教师退居"幕后",课堂中学生是主人。但也存在一定的不足。初中生还处于身心发展阶段,难以发挥学生真正的主体作用,虽然"合作学习"能起到一定的作用,但学习效率往往会偏低,优秀学生的潜力难以充分的挖掘,容易造成"萝卜炒萝卜还是萝卜"的局面。

二、信息技术在学科教学中的应用

随着社会大发展,信息技术进入我们的生活,它的发展在改变我们的生活的同时,也在改变我们的课堂。在各种形态的课堂教学中,都在使用信息技术,利用信息技术来突破我们教学当中的难点与重点,确实,信息技术的使用,能有效地激发学生的学习兴趣,达到内容充实、图文并茂、声色俱全的效果。

但是,也由于教师对于信息技术的过分依赖,造成由原来的"人灌"变成"机灌",让全体学生跟着计算机大银幕走,教师点点鼠标读读课件,一度让一些教师迷失方向,甚至出现没电就不能上课的恶劣局面。这样的状况下,教学资源还是掌握在老师的手里,学生仍然是等着老师的"喂养",而老师们关注的是如何利用好一个新的技术和方法,没有系统思考信息技术应该使学习方式发生怎么样的变化。因此,课堂的基本形态并没有发生质的变化。

三、未来学生的素养要求

学生是面向未来的,是未来世界的主人,也是未来世界的创造者。基于此,我们需要重新认识、设计和构建未来课堂。那么,未来的人才是一个怎么样的人才?

联合国教科文组织在《学会生存》一书中提出教育的四大支柱:学会做人、学会做事、学会学习和学会与他人共同生活。美国 ORA-CLE 教育基金会提出:21 世纪人才应具备"批判性思维、创造力、团队合作、跨文化理解、人际交往能力、技术素养和自我导向"。2016 年,教育部提出"中国学生发展核心素养",分为文化基础、自主发展、社会参与三个方面,综合表现为人文底蕴、科学精神、学会学习、健康生活、责任担当、实践创新 6 大素养,具体细化为国家认同等 18 个基本要点。无论是中国制造、中国创造、中国智造,还是中国领导、中国参与、中国合作,以及"一带一路"、亚投行等,都需要我们培养符合国家发展需要的未来人才(见图 9-1)。

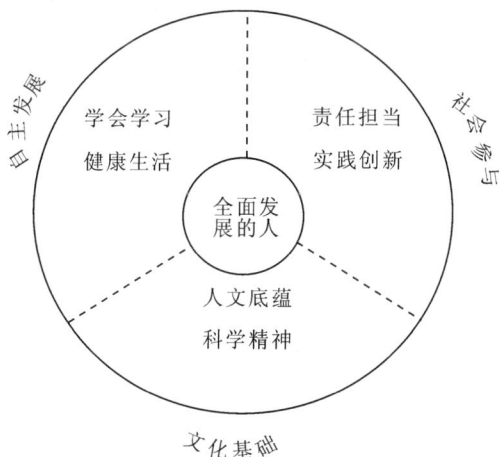

图 9-1　中国学生核心素养总体框架

显然,当前的课堂教学方式,已经难以满足未来人才培养的要求,需要我们变革和重建现有的课堂。作为关注于应用技术促进学习者学习和发展的教育技术研究者,我们需要研究和构建未来课堂。

第二节　未来课堂构建

未来课堂是基于一定的技术和理论，以互动为核心，建构一个服务和支持课堂教学主体的自由发展，构成要素和谐共存的教与学的活动及环境。未来课堂应定位于服务与支持教学主体的自由与发展，定位于建构课堂各要素之间和谐的关系。[①]

一、未来课堂

关于未来课堂的界定，国内外的文献中并不多见。我国台湾地区的《启动学习革命》一书中认为，"未来教室＝无所不在的学习环境＋电子书包＋随意教室＋远距实验室＋高互动教室＋相连教室"。在未来教室里，无处不可以学习，还可以跨班际、校际甚至国际进行交流。[②]

华东师范大学陈卫东博士和张际平教授关于未来课堂的界定如下：未来课堂是相对于传统和现代课堂而言的，在相关的理论和技术支持下，充分发挥课堂组成各要素（人、技术、资源、环境和方法等）的作用，实施教与学，以促进人的认知、技能、情感、学习与发展的活动及环境。

未来课堂是培养面向未来人才的地方，是关注课堂主体发展的新型和谐课堂，主要关注以下几个方面：一是突出学生主体地位，课堂上大部分时间让学生自己动手动脑，培养学生独立思考和解决问题的能力。二是注重团队合作精神，小组成员之间相互依赖、相互合作、共同负责，从而达到共同的目标。三是注重实用技能的培养。四是课堂教学倡导自由，学生可以自主选择学习资源，开展自主探究。

二、未来课堂的学科追求

陈卫东博士认为，未来课堂的特性主要体现在未来课堂的人性化、混合性、开放性、智能性、交互性和生态性等方面。

---

① 陈卫东,张际平.未来课堂设计与应用研究——教育技术研究的一个新领域[J].远程教育杂志,2010(4):27—33.
② 陈德怀,林玉佩.启动学习革命:全球第一个网络教育城市亚卓市[M].台北:远流出版事业股份有限公司,2002:171—181.

(一)语文学科特质:工具性·人文性·思想性

语文是工具性、人文性和思想性统一的基础学科,其根本目标是培养孩子以语感为核心的语文素养,因而语文肩负着语言教学、智力开发、思想教育、人文素养提高等多重任务。

从语文素养的培养和语文学习的规律看,语文学习的基本框架是:语言文字—思想内容—思想感情—积累运用语言。教师通过这样的基本框架,引领学生"走进文本—感知人物—体验情感—体会词句—夯实语文功底—精神升华"。只有这样才能理解文字表述的准确、传神,以及篇章结构布局的精巧、灵动,同时也为学生打下深厚的精神底蕴。

信息技术和网络技术作为现代教学手段引入语文教学须坚持八个字:依据教材、服务教学。

(二)数学学科特质:工具性·抽象性·方法性

数学既是抽象的、系统的、严格的、演绎的理论科学,也具有生动性、直观性、试探性、经验性特征。在数学教学中不仅仅进行数学知识的传授和数学思维能力的培养,更重要的是探究数学知识发生、发展的思维过程,使学生领悟数学的精髓,逐步提高分析问题、解决问题的能力。数学思维的一般方法是指数学思维过程中运用的基本方法:观察与实验,比较分析与系统化,分析与综合,抽象与概括,一般化与特殊化,模型与具体化,类比、映射与联想等。各种思维方法并不是孤立的,而是有机结合的。

因此,我们可以建立数学思维的流程框架:提出问题→经验再现→解决问题→寻求事物的本质→提出新的问题。

初中数学还有比较多的知识难点来考查学生的逻辑是否严密与正确,思考问题是否完整,比如对于分类讨论思想的考查就是重点,而学生在这些方面比较薄弱。

(三)科学学科特质:实验性·探究性·应用性

初中科学教学中,我们通常采取科学探究一般流程:分析现象→提出问题→进行猜想→寻找证据→得出结论→解释现象。就是仿照科学家研究的一般思路,学生在学习过程中,体验科学家思考问题和解决问题的一般方法。当然,我们并非每一节课都是这样标准的执行教学,我们根据教学内容和学生的特点设计灵动的教学流程。

在科学微课堂中,帮助学生实现认知从前概念到科学概念的转变,有效的方法就是给学生准备与前概念冲突的材料,在观察现象、分析数据的基础上,获得更多的信息,让学生将事先的猜想、假设与自己的探究结果加以比较,发现矛盾之处,从而去积极地建立新的科学概念。

(四)历史与社会学科特质:实践性·综合性·应用性

初中地理学科研究自然现象和问题时,一般是通过观察与推理的方法得出结论,并在调查的基础上进一步提出问题,从而找到自然规律。认识的过程一般是由感性到理性。初中地理学科是形象思维和抽象思维相结合的学科,所以地理教学经常与日常生活现象联系比较紧密,对于地理概念、科学规律的掌握,应当注重理解,适当记忆,同时也涉及推理与论证。

对于学科特质的研究,是学校各大教研组力抓的主题,这是学科的本色,绝对不能偏离的方向,也就是说语文课就需要语文味,科学课就需要突出实验与条件,数学课就需要突出逻辑与推理等,学校的英语、历史与社会、音乐、美术、体育、信息技术、劳技等学科都需要潜心研究学科特质。

三、未来课堂的保障

最近几年,为了推进"未来课堂",我们在硬件设施上予以积极的投入。

(一)"微课堂"精品资源库建设

我们建设"微课堂"精品内容资源库,包括名师资源库、知识图谱资源库、公开课资源库,创造性地开发数字课程体系,加强区域内外内容资源建设的交流,提升课程建设水平,形成杭州市教育系统代表性的课程资源特色,实现课改创新典范应用。

1."微课堂"精品资源库的开发与使用

我们将按照不同学科、不同版本教材的特点进行资源建设,形成与当地教材各章节目录相配套的资源体系,保证每节课都有相应的微课教学资源。搭建"教和学"并重的微课资源建设体系,充分调动学校教师、学生和社会力量,进行实用的"微课堂"学科资源建设,并将资源同教师的教学过程和学生的学习过程紧密结合起来,充分发挥资源时效性、实效性。2015年,我们的微课由浙江省音像出版社出版,社会反响良好。

2.微课堂精品资源库平台建设

建成后"微课堂"精品内容资源库包括两个部分:软件平台、微课资源库。前者为支撑和应用平台,后者为数据和信息平台。(1)软件平台:构建微课堂云空间平台,所有班级、学生、教师、家长全部拥有实名制网络学习空间,让所有用户实现全媒体接入(电脑、平板电脑、手机、电视)数字内容。(2)微课资源库：根据不同的维度，设置不同参数进行划分，具体包括年级维度、学科维度、名师维度、知识图谱维度、优质课维度、跨校标杆维度等。

（二）云视窗互动平台

教育集团将打造"微课堂"的协同教研、教学"云视窗"互动平台，通过"云视窗"提供开放的协同教研数字化展示平台空间和丰富的教学资源，以区域协同教研促进本区各校教师间的互动交流，形成教师学习共同体，提升教师的自我学习能力，带动全校教师的专业发展，进而提升全校的教育质量。

1.信息平台，展示之窗

信息平台以液晶视频为基本载体，以先进互联网技术为依托，集合电子海报、电子幻灯片、流媒体视频，对内容和发布形式进行个性化切分，分级分班分发信息，在全校公共空间和班级进行布建，强化教师、学生感知，让"微课堂"以及后续的各项课改真正地扎下根来，实实在在地帮助学校、老师、学生，出成效、出成果、出成绩。

2.互动平台，应用之窗

互动平台以移动应用为基本模式，包括"移动手持云视窗""移动云视窗评价分享和智能学习体系"。

信息技术是一种工具，对学生而言，是一种高效的学习工具。"微课堂"和"云视窗"通过无处不在的网络与移动设备可以为教师、学生搭建联通的学习环境，让学校、家庭、社区都能为学生微学习、泛在化学习、移动学习提供可能，让学习渗透在学生日常生活的每个环节、每个角落，真正实现以学生为中心无缝学习。

"移动云视窗"通过建立开放的数字化教研空间，每位教师可以通过移动终端随时接入进来，方便教师随时随地教研。

第三节 未来课堂的实践思考

课堂是灵动的、富有生机活力的，在课堂上用什么方法教和用什么方法学，是一个永恒的课题。学生的学业水平是参差不齐的，教师若是用一个教学模式可能只适用于某一部分学生，教师要根据学生的基本特点和学科的特点来实施课堂。对教师来说，重要的是要搞清楚以下问题：什么时候什么情况下使用这种教学法效果更好？这种教学法跟具体的教学目的有何关系？怎样正确处理这些关系？只有搞清楚这些问题，才能做到教学过程最优化。

一、积极倡导自主合作学习，让学生成为课堂的主人

"互联网+"教育的今天，教师和学生在课堂中的角色发生很大改变，学生是学习的"主人"，教师是这些"主人"的助学者和引路者，充分体现"学为中心"的理念。教师设计微课、导学案等学习资源，学生通过翻转课堂将学习任务前置，突出体现学生个体"先学"，在课堂中通过小组"质疑、交流、互助"之后再教的教学方式，使学生的个体学习与小组合作学习融为一体，这样促使学生自主学习与合作学习，质疑与沟通等能力得到有效的发展。课后继续拓展，走向纵深的学习，养成独立学习、独立思考、终身学习的好习惯。在整个过程中，教师把课堂还给学生，站在学生身后、身边，为学生提供方法、策略的支持，为学生搭建合作交流的平台，实现学生自主学习、合作交流、实践体验的学习过程。

在选择教法之前，要钻研教材，掌握教材特点。根据不同阶段、不同章节、难易深浅等特点选取适应的教学方法，以便更好地提高课堂教学效率。例如，在用讲解法时，要与练习法适当结合，边讲边练，把几种方法有主有从地结合起来，创造性地加以应用，在学习"平行线的性质和判定"时，选用实验法、引导发现法和探究法等，学生学习积极性高，效果好。进行"几何图形"复习课时，采用图表教学法，进行概念辨析、知识归类等。图表教学法思路清晰、内容直观，学生易于理解和接受。

二、让技术协助自主学习，开辟有效学习路径

未来课堂与传统课堂相比，除了传统的师生、教材、黑板、桌椅、电脑、投影等元素外，更多地融进了先进的信息处理、加工和呈现技术，成为一个满足学习者学习需求的"泛在技术"环境和学习空间，更多地体现对于学习者学习的支持。互动是课堂教学的灵魂、核心，通过"泛在技术"支持学生在学习内容上、形式上、对象上进行互动，并且可以使呈现方式可视化、痕迹化和多元化，并且具有现场生成性。

例如，语文教学通过批注夯实学生文本理解力，是十三中语文教研组的教学重点工作。在实践过程中，通过优化了批注策略，形成"批注+"实践模式。所谓"批注+"形式，即批注作为开放载体，不再局限于文字批注，形式可包含插图、思维导图、表格等多种形式，通过现代教育信息技术呈现，借批注达到主要目的——展现学生思考、鉴赏的过程，引导学生自主结合多种学习形式。

下面的课例以教育部编语文教科书七年级下指导名著阅读《骆驼祥子》的

批注过程为主线,阐述如何构建开放的"批注＋"特色批注体系。

案例 9-1:合作探究和信息技术背景下的"批注＋"模式操作策略

一、批注准备时——导学阶段注重形式

(一)"＝"常规——内容促进常规树立

三年来相同的批注要求会帮助学生树立终身习惯,因为《骆驼祥子》属于经典名著批注,时间应当放在寒暑假,为防止书本上批注对教师的批改造成困难,所以学生应使用摘抄本,便于教师批改反馈,同时确立批改字数,培养学生习惯。为此我们设计了批注基本规范四大要求表(见表 9-1)。

表 9-1 批注基本规范四大要求

批注文体 要求	经典名著精读	教材课文精读
时间要求	寒暑假	周一至周日
位置要求	摘抄本	课本
内容要求	(1)对句子的理解、赏析 (2)对情节的评论、联想 (3)对观点的认同、反驳 (4)对内容的疑虑、质疑 (5)学生自己的创意	
字数要求	每章至少摘抄两句,每句批注不少于 15 字。	每篇课文批注不少于 10 句,字数不少于 150 字。

(二)"批注＋"形式——形式促进素养提升

批注《骆驼祥子》时,教师允许学生采用多种多样的形式对文本进行批注解读思考,批注的形式分为五大类别供学生自主选择(见图 9-2)。

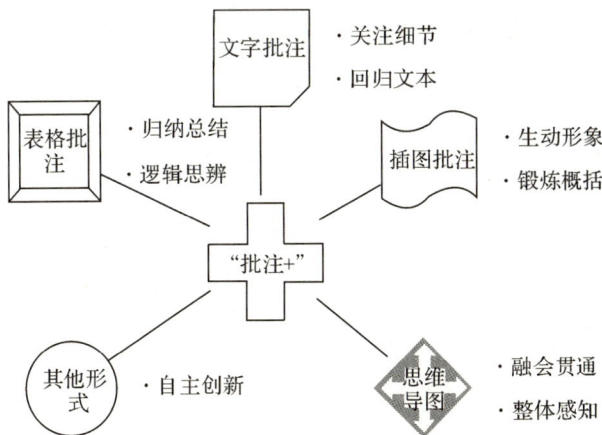

图 9-2 "批注＋"的多种形式

为培养学生习惯，每位同学拿到教师提供的批注提示单，提醒如何进行批注，正面告知学生形式，背面帮助学生树立批注的内容角度，供学生参考，进行有指导的自主学习（见图 9-3）。

自主批注提示单

古希腊哲学家赫拉克利特说：“我寻找过我自己。”当我们在用笔写下自己的想法时，就是寻找“我自己”的过程，让我们上路吧！请你用多种颜色对名著进行批注，你可以选择：

位置：摘抄本

工具：水笔（红色、蓝色）、格尺

方法：下面提供几个批注形式供你选择！

①文字批注：黑笔摘抄原句，蓝笔写下赏析和见解。

②表格批注：表格关注不同事物的区别！你可以用图标来把故事情节发展、不同人物放在一起，看一看会有什么有趣的规律发生！

③插图批注：插图关注某一事物的特殊特征！你可以为故事的某个情节或者整个故事配一个插图，也可以为文章中的人物、风景配上插图！

④思维导图：思维导图关注不同事物间的联系！你可以用思维导图把人物的关系、作者对不同事物的感情联系起来。

⑤其他形式：任何你想在批注中使用的创意都可以，试试看你有什么新创造吧！

批注内容		参考要求（欢迎你采用其他角度进行批注！）	语文书示例句（请思考如何批注下列内容，并和老师讨论！）
赏析句子	描述的句子	①从手法入手，寻找句子优美之处！ ②从描写入手，寻找句子不寻常的描述！ ③从对比入手，寻找句子和你见过的类似描写的不同之处	例句：古老的济南，城里那么狭窄，城外又那么宽敞，山坡上卧着些小村庄，小村庄的房顶上卧着点雪，对，这是张小水墨画，也许是唐代的名手画的吧。（《济南的冬天》）
	评论的句子	①从全文情节入手，想想作者为何会有此议论？ ②从你的生活经历入手，想想作者的议论是否恰当？ ③从别人的议论和作者经历入手，你是否有新发现？	例句：因为吃了他的香油和鸡蛋？因为他来表示感谢，我却拿钱去侮辱他？都不是。几年过去了，我渐渐明白：那是一个幸运的人对一个不幸者的愧怍。（《老王》）
赏析人物		①人物的语言以及其变化 ②人物的动作以及其变化 ③人物的心理以及其变化 ④人物的背景（身世、年龄……）	《骆驼祥子》中的主人公“祥子”是一个怎样的人？
赏析环境		关注环境和情节是否有相关联系	《最后一课》中的环境描写是否对你有启发
赏析细节		与情节相关的重要物品、钱的数量变化	《范进中举》中范进得到的钱数对于范进是什么概念？
其他赏析		其他你关注的有趣的小细节	《西游记》中的定场诗是否能引起你的兴趣和思考？

图 9-3　自主批注提示单

二、批注完成时——合学、拓学阶段呈现展示

比如，批注的完成依赖于最终的课堂呈现，可以借助于信息技术的使用和小组合作探究。

（一）整理批注形成观点笔记

教师要求学生准备专门的批注整理本，将《骆驼祥子》的批注成果组成一篇文章或者比较零碎的段落，目的是在整合过程中，令学生形成自身观点，达到对批注的二遍利用（见图 9-4），促进终身学习（见图 9-5）。

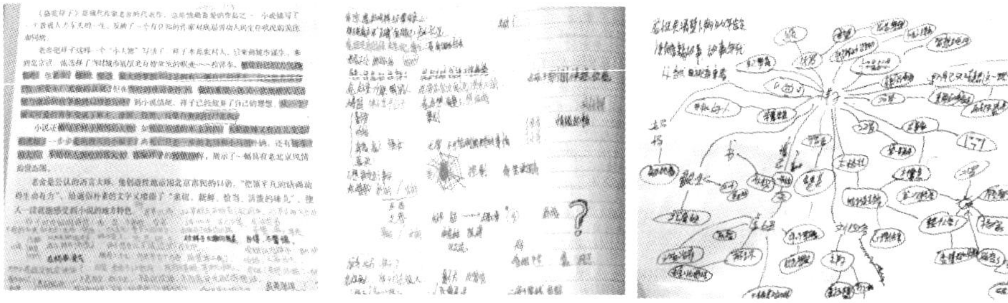

图 9-4　程度不同的学生通过整埋批注达到形成系统

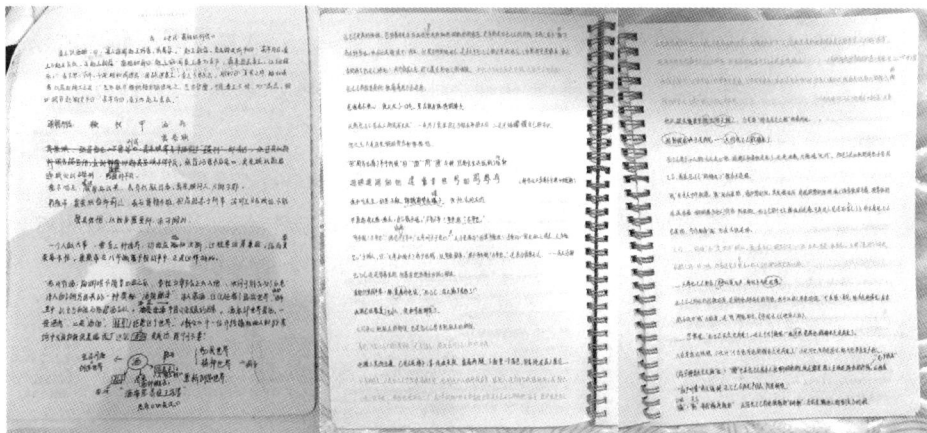

图 9-5　优秀学生的批注笔记本

同时,教师使用扫描全能王等软件(见图 9-6),将学生批注整理快速又清晰地保存(见图 9-7),从而为后期转化为课堂讨论材料提供了材料。

图 9-6　扫描全能王

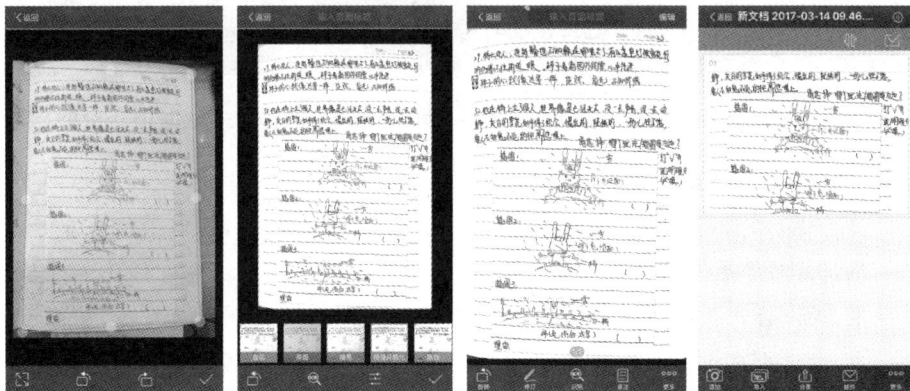

图 9-7　利用扫描全能王扫描《骆驼祥子》批注,进行笔记保存

（二）课堂呈现形成观点讨论

批注更应当成为合作讨论中互动的材料,为了实现互动,在呈现批注形式上可多样化。批注《骆驼祥子》时,有多位同学在批注中画了人物关系示意图,教师在名著导读课中,设置了对比关系图的环节,此环节通过利用同屏技术,连接同屏器与电脑白板(见图9-8),即时展现学生批注(见图9-9),使学生可以根据自己课前的批注进行不同的观点交锋,突出了合作学习中观点碰撞的环节,为后续的合作讨论提供了思考材料。

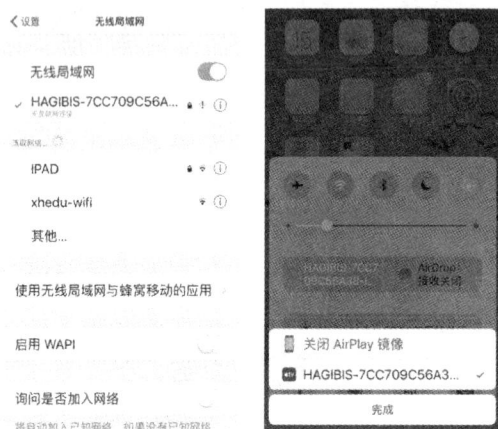

图 9-8　同屏技术发射信号连接电脑

图 9-9　教师通过同屏技术,利用手机和电脑白板展现人物关系图

3.网络呈现形成成果展览

课后的拓展学习环节,教师还继续利用互联网技术,开通微信公众号,用编辑器对学生的素材进行编辑(见图9-10),将学生的批注成果转化为开放成果,供以后的教学使用,同时学生的成果被其他微信公众平台转载,等同于发表,对学生产生激励作用,从而使"批注＋"良性循环(见图9-11)。

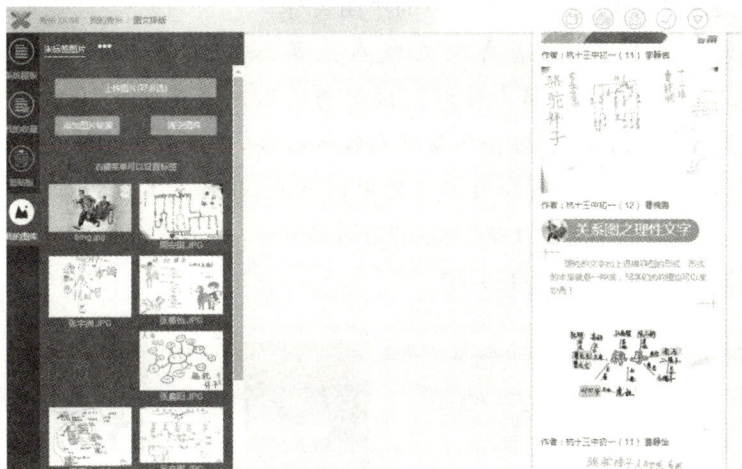

图 9-10 使用软件编辑学生批注成果

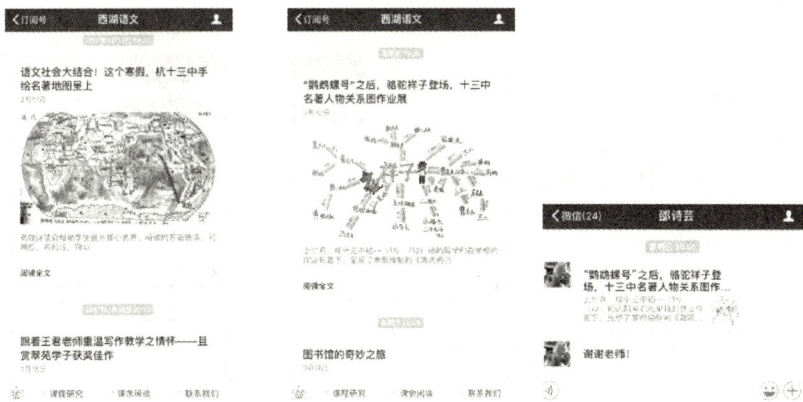

图 9-11 《骆驼祥子》特色批注经由西湖区"西湖语文"公众号发表，对学生产生激励作用

三、学习解放：学习形态呈现个性灵动

(一)让合作学习看得见

每个同学都希望知道其他小组对于同样一个富有挑战性的问题是怎样理解的，尤其是自己在学习上遇到困难，能够有效地得到启发与指导。教师们采用"微信直播""同屏技术"等形式，使全班同学能够清楚地看到各个小组的学习情况。当然，同学们自己的解题过程、实验过程、交流过程等被展示出来的时候，每个学生都像"主播"一样，精彩绽放，全班同学积极参与到课堂互动中，极大地激发了学生的学习热情。

案例 9-2：信息技术背景下的小组合作

案例背景：课程选自人教版八上第八单元 How do you make a banana milk shake? 第二课时。该案例选取的是该课的小组合作环节。目的是展示如何将小组合作与信息技术融合，以达到导学课堂的高效性。

小组合作任务：选择最喜欢的中国菜肴，并展示其烹饪过程。

信息技术名称："口语100＋"白板技术

操作步骤（见图9-12）：

步骤1：app进入　　　　　　　　步骤2：选择上传笔记

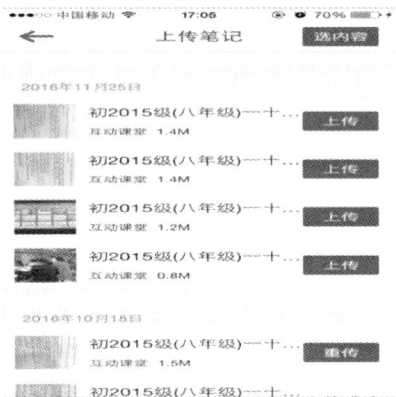

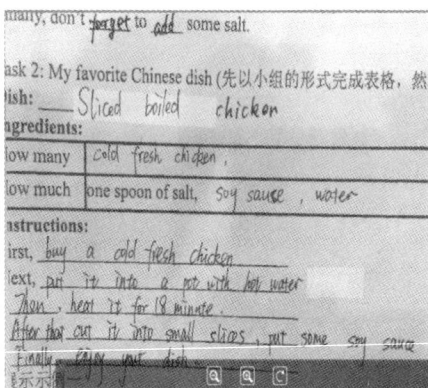

步骤3：检查上传情况　　　　　　步骤4：打开学生学习成果

图 9-12　操作步骤

1.教师从电脑端进入"口语100"网络学习空间。

2.利用手机的拍摄功能，拍下学生的讨论结果。

3.打开手机端的"口语100"应用程序，点击"上传功能"，上传需要的图片。

4. 上传成功后，电脑会实时出现上传成功的图片，点击可以打开图片。

学生在小组讨论时，老师就可以拍下他们的讨论结果，利用"口语100"的上传笔记功能，将讨论结果适时投影到屏幕上，可以让更多的学生在投影仪上看到小组展示的内容，能够让小组合作的展示更有效率。同时利用白板，对讨论结果进行圈点勾画，可以让评价更及时，还能关注书写表达。

例如，学生小组在图片的帮助下进行展示：

S1：We are from group 2, and we would like to show how to make one of Chinese traditional food, dumplings.

S2：We choose dumplings as our favorite dish, because it's tradition to eat them for Spring Festivals.

S1：What do we need?

S3：Flour, meat, and…

S4：I like cabbage and pork dumplings.

S3：So we need one kilogram of flour, and two kilograms of pork, and one cabbage.

S5：And some water, a spoon of pepper, and some salt.

S1：OK, how to make it?

S6：First, mix flour and the water to make Wrappers.

S6：Then, we need to make fillings. Cut up meat and vegetables and mix them all up. Add some salt, soy sauce to them.

S3：After that, put the fillings into wrappers. At last, boil them.

S1：Any more?

S2：Waiting!

(二)开展项目学习与项目评价及时方便

我们的课堂积极尝试与自媒体融合，吸取自媒体资源优势，进行深度改革与探索，为课堂教学注入新的活力。我们通过一个个项目或者目标任务推进自由灵动的学习方式。比如，作为英语学科的重要特质，英语的"听"和"说"一直是教师培养发展学生的重点。但由于课内时间不充足，所以如何在课后让学生进行听说能力的培养一直是困扰很多教师的难题，该案例将展示如何使用信息技术在线下进行学生听说能力的培养。同时，我们尝试通过手机对学习项目进行及时评价，教师既可以在后台及时了解学生的自评、互评，也可以及时了解教学问题,对某一学生进行纠正,还可以进行自动统计,以统计图的形式呈现学生存在的问题等。

案例 9-3：利用信息技术在线下培养学生的听说能力

一、信息技术名称："口语100"

设计说明：教师利用"口语100"应用程序布置跟读作业,学生回家进行跟读,口语100网络空间平台会进行评分。

信息技术与课堂的融合：可以在课堂的导入环节进行学生朗读成果的展示。

达成的效果：检验学生的朗读,同时也相当于一个对上节课内容的复习。

操作过程：

(一)布置作业,选择班级和作业截止日期,发布听说作业

1. 点击"布置作业"；2. 选择班级和作业截止日期,发布听说作业(见图 9-13)。

图 9-13　进入"布置作业"并布置听说作业

(二)查阅作业

1. 点击"查阅作业"；2. 进行查阅(见图 9-14)。

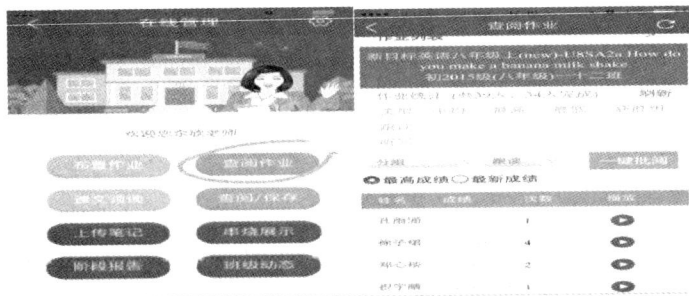

图 9-14　查阅作业

（三）选择好的听说作业，并制成串烧，可用在课堂上进行展示

1. 选择好的学生跟读作品，点击"串烧展示"；2. 制成"串烧"，可在课堂上进行展示，并给予学生评价（见图9-15）。

图 9-15　展示作业

二、项目学习

信息技术名称："盒子鱼"

设计说明：教师利用"盒子鱼"应用程序推送学习任务，学生回家完成任务，盒子鱼平台会进行评分。

达成的效果：学生的学习成果会以排行榜的形式出现，激发学生的竞争意识。

操作过程：

（一）打开"盒子鱼"应用程序，选择要推送的课程（见图9-16）

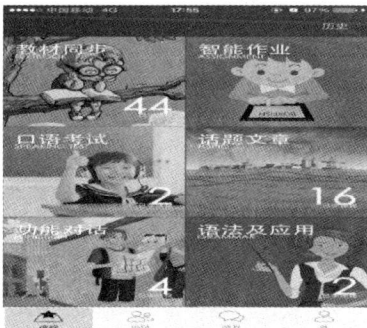

Unit 1 Section A_Words 1

图 9-16　推送的课程

（二）查看学生的完成情况

1. 选择班级；2. 得到榜单；3. 也可以查看某一个同学的完成情况（见图 9-17）。

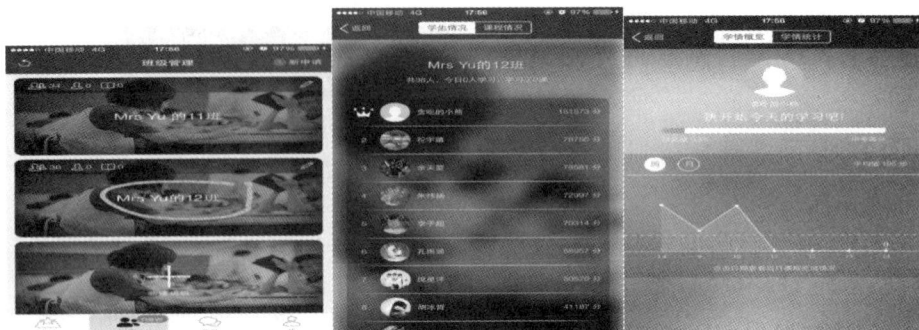

图 9-17　查看作业完成情况

第十章 成就与展望

十年课改,我们的课改进行了三次蜕变,最近一轮蜕变中,我们广泛借鉴并努力完善与之相配套的学校教学管理机制,全面推进新一轮课堂教学改革,集团的课堂已经悄悄地发生变化:以国家课程改革为契机,深化课改成果,推陈出新,形成集团个性灵动的创新范式。

第一节 教师理念和师生行为的更新

一、教师从专制教学到民主教学

经过十年不断实践探索,实践证明取得显著的成效。我们自主课堂建设、优美环境的建设、学生自主管理、自主社团推进,公平公正的评价改革等措施,有效地激发学生和教师的内驱力,有效推进现代学校建设。学校将孩子写进了教育的核心,使得学校教育从专制走向民主。

图 10-1 学生学习活动范式

(一)形成了学为中心的教学理念

从"以教师的教为中心",到"以学生为中心",教学研究的重点,从教师的教法及教的活动设计,变成了学生的学法及学的活动设计(见图 10-1、图 10-2)。我们关注学生课前

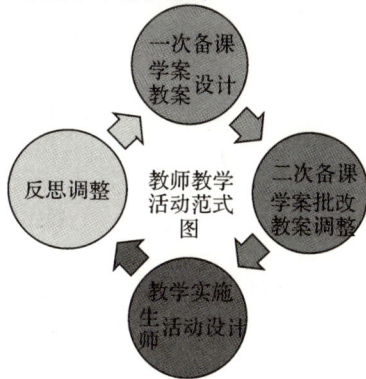

图 10-2 教师教学活动范式

预学,课中独学和合学,课后拓学和总结;教师的备课从一次备课变为二次甚至多次备课,比传统模式增加了"学案批改"和"教案调整",根据学生学的情况来调整教学活动设计。

(二)形成了合作组合式的评价体系

合作组合式评价体系中的评价主体,不再是单一的教师,而是让学生、家长都参与评价(见图 10-3)。各种维度的自评、互评,讲究个性定制、自我突破和团队合作的评价体系,使得教学从专制走向民主。

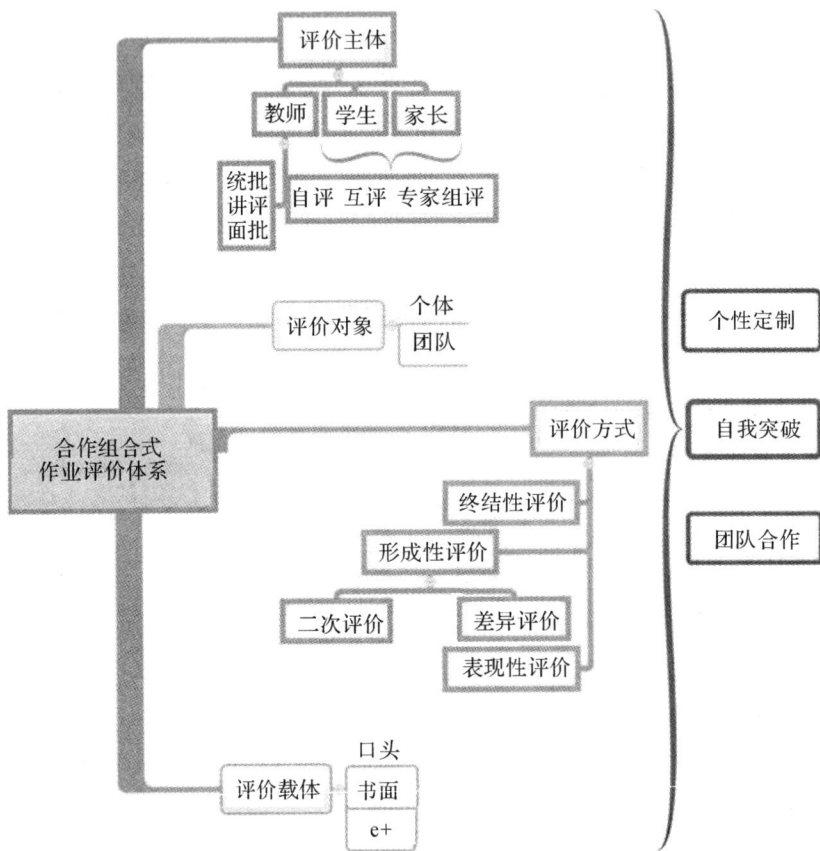

图 10-3　合作组合式的评价体系

灵动的课堂教学评价机制,从学生的学习方式、思维方式、差异现状、学习态度四个维度构建灵动的课堂教学评价机制。

二、学生从依赖教学到自主学习

(一)形成了自主质疑的学习习惯,有效提升自主学习能力

传统模式中,教学问题都是"空降"给学生的,在学生还没有展开思考的时候,问题已经抛出了。当然,这样的课型也有优势,比如可以优化教学进程,提高课堂效率。但从某种程度上,这样的做法也剥夺了学生思考的过程,局限了学生的思路。我们培养学生预学之后自主质疑的习惯,设法在教学中激发学生的"问题意识",让他们大胆质疑,让课堂围绕学生提出的问题来展开。这样的教学行为的改变,使得学生逐渐在学习中形成了自主质疑的习惯,有效地提升了自主学习的能力。

(二)形成了分层合作的学习特色,极大提升了个性学习的效度

在教学实施中,学生的差异客观存在,我们不止一次地发现,每一个孩子都有完成甚至做好学习任务的愿望。习得性无能的产生,最开始是源自超过孩子能力的学习要求。所以,接受差异,设计学习任务的梯度,难度分层,创设灵动的课堂,不仅能够提高学习任务的完成率,更有助于每一个孩子找到"最适合的教育"。我们设计"必做题"和"选做题",为学生提供任务的分层选择,更有助于差异教学;设计各种合作型的学习任务,让学生在项目和问题驱动下,在讨论中分析、比较、辨析、论证,在合作中得到能力和情感交际的锻炼,极大地提升了学生的高阶思维能力,使每一个层次的学习都更有效度,极大地提升了个性学习的效度。

三、课堂从固有模式到混合学式

如果说学生的主动学习提升了学习品质的话,课堂的混合学式则最大限度地促进了人人的发展。我们在强调学生是学习的主体的同时,要注重学生、教师和教学环境三者之间的良好配合。

(一)形成了多种学习变式灵活运用的学式

相对于传统的学生向老师学习的模式,我们现在的学习方式是基于异步教学理论的混学——独学、对学、群学、合学等多种学习方式混合的学式。

任何形式的学习变式,都是建立在有效"独学"基础之上的,我们通过各种措施,来促进独学,保障独学的效果,同时通过教师的指导介入,来帮助"对学""群学""合学"的有效实施。根据教学需要,灵活选择和运用各种学习变式,使课堂焕发了青春活力。独学让孩子们走得更快,而多样的对学、群学和合学则

让他们走得更远,高质独学基础上的有效对学、群学和合学,思维的交流和碰撞,使孩子们的能力提升,尤其是高阶思维的提升,速度加快。同时,课堂组织形态得到了解放,通过小组合作学习、分层走班教学,得以自由灵动。

(二)形成了线上和线下合作交融的混合课式

除了传统的课堂样式,我们开拓了线上和线下合作交融的混合课式。校内,除了利用网络搜选播放各种教学资料之外,利用局域网、交互式媒体和终端(如平板电脑)开设网络教学;校外,借助各种网络交际平台,发布微课或实时进行各种指导。教学的时空,从课内、校内,延伸到家庭、课外。课堂时空的解放,使得线上线下共发展,学习的时空得到拓展。

第二节　学校发展的巨大动力

"学之大者,为有良师。"学校要发展,首先要促成教师成长。通过十年的实践,我们找到了一条教师成长的路径。

一、转变了教师的教学理念

教师要站在传统教学的高度上往前看,在继承和发扬优良传统的基础上,放弃一些落后的事物,去改良、去创新,切不可将传统彻底否定,迷失方向。在以生为本、以学定教、先学后教的同时,教师要有较强的创新能力、指导能力、应变能力和适应能力等,要做到不怕辛苦、有耐心,要有较高的专业知识来积极应对学生的各种问题。各种途径的学习培训,使教师的行为在不同程度上有很大的提升。

二、找到了教师的成长路径

很多的老师在大势所趋的课改背景下也思考着这样的问题:学生有了发展空间,教师自己有哪些发展? 我们在"学为中心"的课改背景下进行课例研究,吸纳了顾泠沅教授的一些做法,并形成了自己的研究路径:教学问题→研究主题→理论学习→选择课题→集体备课→研讨课1→观课议课1→研讨课2→观课议课2→上研讨课3→观课议课3→形成课例。课例研究流程见图10-4。

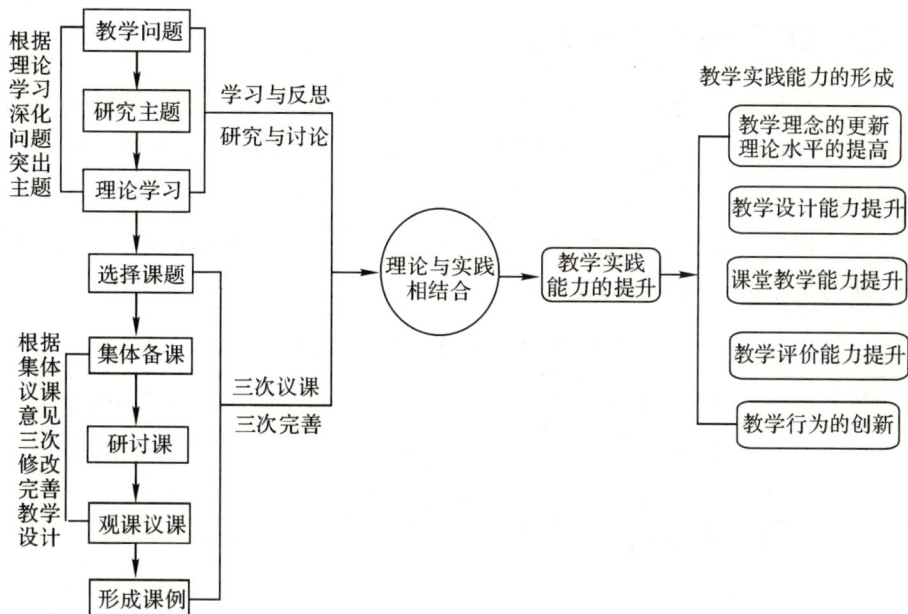

图 10-4　课例研究流程

　　"课例研究"的核心活动是研究小组的各位教师共同致力于"研讨课",这种课是以"学为中心"为观察视角,通过大家的微格分析,充分暴露教师课堂教学的过程,去粗存精,能提高教师的课堂教学实践能力,同伴之间搭建一个有意义的学习平台,为学生创造有效的学习课堂。

　　几年下来师生关系得到极大的改善,课堂效率得到极大的提高,我们可以看看最近两年的调查统计(见表 10-1),学生对于教师的喜欢程度和满意程度都是非常高的。

表 10-1　2015—2017 集团教师喜欢率、学科教师满意率学生问卷统计

调查项目	程度	时间	本校			分校		
			2014学年	2015学年	2016学年	2014学年	2015学年	2016学年
学生对上学的喜爱程度	喜欢率%（前两项）	第一学期	99.4	99.4	98.8	99.4	99.4	99.8
		第二学期	99.5	99.7	99.4	99.7	99.4	99.4
学生对老师的满意程度	满意率%（前两项）	第一学期	98.4	98.7	98.4	99.7	99.6	99.6
		第二学期	98.5	99.3	98.5	98.6	99.6	99.7

三、提高了教师的教学技艺

为了办好学校,集团大力培养了一支能够适应新时代要求的师德高尚、业务精湛、结构合理、乐于奉献、开拓创新、充满活力的高素质专业化教师队伍,来整体提升学校的师资水平,促进学校健康和谐可持续发展,这是集团一直以来追求的目标。学校为教师搭建很多平台,让教师充分展示,以 2012 年下半年活动为例予以说明(见表 10-2)。

表 10-2　2012 年下半年活动统计

时间	活动名称	展示人数	参加人员
5 月	社团节展示	4 校 50 位教师	省市区专家、领导
6 月	两地四校课改展示	4 校 64 位教师	省市区专家、领导
7 月	集团校长课改论坛	10 位校长	集团干部
8 月	集团教师课改论坛	20 位教师	备课组组长以上
9 月	集团课改沙龙	30 位教师	三航教师
10 月	课改展示	150 位教师	省市区专家、领导
11 月	××市课改研讨	5 个班,3 位教师	××市教研室、全市各校
11 月	浙派名师	12 个班,1 位教师	全国各地教师
12 月	浙江省课改展示	10 个班,2 位教师	浙江省教育厅、全省各地

几年过来,集团师资力量渐次雄厚,在 200 多名专任教师中,本科及以上学历占 93%,其中有特级教师 3 名,全国优秀教师 1 名,省名师培养人选 3 名,省教坛新秀 1 名,市学科带头人 20 余名,市教坛新秀 20 余名,区级名师 80 余人。

四、提升了教师的科研水平

我们以"培训、学习、科研、教研一体化"为特色,追求和发扬"求精"精神,以集团三航工程、名师工作室、中老年教师的展示课等为载体,以各级立项课题为抓手,倾力打造"基于集团和谐文化,打造教师发展航行工程",即新教师的"起航"工程研究;中青年骨干教师的"远航"工程研究和中老年教师的"引航"工程研究。为教师成长搭建平台,提升教师素质,促进教师专业成长。

近年来,集团阶段性研究成果陆续发表、获奖,为了让更多的师生体验成功的喜悦,我们编写出版了《按孩子想象构建我们的社团》(中国文史出版社

2012 年版)等。

　　集团科研氛围逐年浓郁,仅 2017 年,省级课题在研或结题达 6 项,市课题7 项,省级课题获奖达 2 项,达历史新高。目前,集团已经建立多级课题网络体系,有力地推进科研工作,带动了学校课题教学改革和课程建设。

　　近 5 年来课题立项情况(见表 10-3)、课题获奖情况(见表 10-4)、论文获奖情况(见表 10-5)统计如下。近 5 年来的科研紧紧围绕着"解放行动"展开研究,取得了丰硕的成果。

表 10-3　2013—2017 年课题立项情况

	区级立项	市级立项	省级立项	市级重点	省级重点	区级规划	市级规划
2013 年度	19	4	1		1	5	3
2014 年度	19	2	1			19	
2015 年度	29	3	2	2		9	
2016 年度	26	1	2			9	
2017 年度	25	6	4			9	2

表 10-4　2013—2017 年课题获奖情况

	区级	市级	省级
2013 年度	19	1	1
2014 年度	13	1	
2015 年度	19	3	
2016 年度	16		
2017 年度	19		2

表 10-5　2013—2017 年论文发表获奖情况

	区级	市级	省级
2013 年度	10	7	
2014 年度	18	1	
2015 年度	34	34	
2016 年度	16	5	
2017 年度	29	18	1

第三节　日渐提升的社会影响力

学校一直稳步走在课程改革的前列,提出"自由灵动、适性发展"课堂教学改革的四大解放行动,学习活力的解放,我们构建了名校版、农村版的两个灵动的课堂教学样态,解放学生学习的活力、激发学习的内驱力。

在打造智慧课堂上,我们取得了很好的成效,形成"学为中心"的微课堂的教育理念,翻转课堂切实做到减负提质,教师的课程建设能力大幅提升,形成精品微课1000多个,200多个微课由浙江省音像出版社出版。我们围绕微课堂建设并进行深度开发使用,通过云视窗平台,班级、学校的文化得到了深化。通过移动终端及相应智慧教学平台,为学生泛在学习提供了途径,增强了学生主动学习、自主学习、合作学习的能力。培养师、生、家长对智能移动设备的网络使用习惯,提高学生课内、课外、校外的学习效率,构成一套完整的虚拟互动智慧教学系统。通过与西湖区微课平台、"视像中国"网络在线教学合作探索,走出一条探索深层次整合的各种教学模式,加快学校教育现代化进程。

我们努力打造梦想课堂,"按孩子想象"拓展学习时空,2015年相关课题"基于孩子想象构建现代学校的实践研究"获钱学森城市奖学金征集评选优秀奖。

一、形成了学为中心的师生关系

"以人为本"理念,就是在集团的发展中树立"学生第一,教师第一"的理念。强调"学生第一",就是大力推进素质教育,在教育教学活动中真正确立学生的主体地位,尊重学生的学习权利,促进学生充分、全面、多元、终身发展和允许有差异的发展;就是要特别注重研究"学生的学",为每个学生提供适合的教育。强调"教师第一",就是要引导教师关注教学,尊重科学规律;就是要尊重教师的个性发展,给教师提供更为广阔的活动空间,为教师的专业发展搭建舞台。所以,我们教育集团的教师、学生培养模式,由原来的金字塔模式过渡为现在的同心圆结构。

二、形成了以学为中心的管理体制

营造和谐的学校文化,就是以整体优化的观点协调各基本要素,找到融合自然性、生态性、人文性、发展性的协调途径。其根本在于人的素质,即人之和谐(见图10-5)。

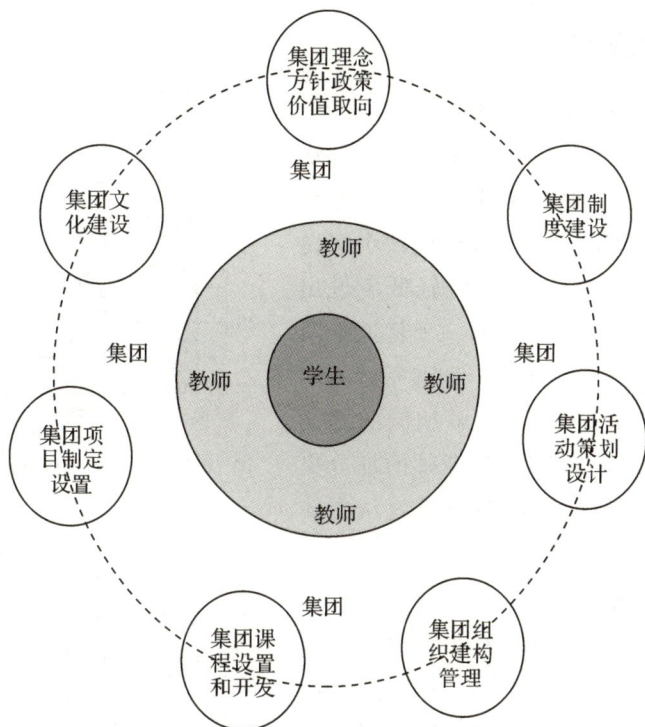

图 10-5　集团教师学生培养模式

　　学生和班级、学生和学生、学生和家长、学生和老师的关系如何,决定着他们求学过程中的人际氛围如何,决定着他们的成功与否。

三、形成了学为中心的学校品牌

　　我们主要从四方面着手建设,以推动优质教育的发展和深入。理念建构是我们学校文化的灵魂,主要包括核心理念、学校精神、办学目标、形象定位、校训、校风、教风、学风以及学校的办学宗旨、用人观、管理观、发展观等内容;行为规范是学校文化建设的保障,包括管理行为、教学行为、学习行为、规章制度等;视觉表征是表层系统,通过个性化、标准化、系统化设计,对校标、基色、校园文字、物化用具等进行完善;环境优化方面,强调精神与物质的统一,包括教室、功能室、办公室、走廊、墙体、绿化等环境文化。

　　集团是浙江省首批行为规范达标学校、首批省文明学校、首批省校本教研示范学校、省现代教育技术实验学校、省绿色学校、省对外交流理事单位,杭州市对外开放学校、市文明学校、市文明单位等。在杭州市"百万家长评学校"活动中荣获"最满意学校"称号。

四、得到各方好评

(一)学生喜欢这所学校

调查显示(见图 10-6)，88％学生喜欢这所学校。其中很喜欢这所学校的有45％。初二(11)班丁同学这样说："小组讨论时六个脑袋凑到一块儿，轻轻低声说出自己的看法，一个人说完，另一个就迫不及待地开口了；全班交流时，一个讲完后不同见解的同学又举起了手，见解相同的则又埋头苦干，寻找另外的答案，老师的加分更是让同学们兴奋，这集体荣誉感就从中体现出来。"

占比/%

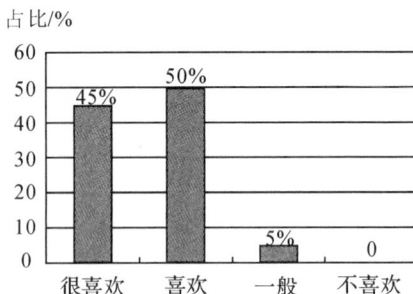

图 10-6 学生对学校喜欢与否调查

(二)家长夸奖这个学校

91％学生家长喜欢这所学校，其中很喜欢有42％(见图 10-7)。九(1)班陈同学的家长说："十三中在群众中口碑极佳，名声远扬，是杭州公办初中的标杆。学习成绩很重要，但合理利用这更多的自主时间，找到平衡点，让自己拥有更多精彩是一件非常美妙的事。"各大媒体也纷纷报道了学校的工作。

占比%

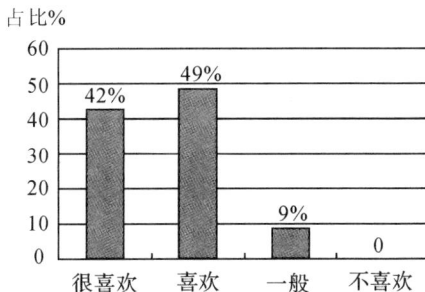

图 10-7 家长对学校喜欢与否调查

(三)专家肯定这样办学

"这不仅仅是一场课堂教学的改革！这是一个实实在在的，真正为了孩子终身发展的学校！"方展画院长如此评价我们学校："学校改革和研究的勇气值得敬佩！"

(四)领导支持这样办学

浙江省教育厅刘希平厅长批示："主动改革，难能可贵，我们要用极大的热情去鼓励和支持。"西湖区教育局局长钱志清同志亲自担任课题组组长，全力推进学校课改工作，实现轻负高质。

参考文献

[1]何东昌.中共中央国务院:关于深化教育改革全面推进素质教育的决定(1999年6月13日)[J].中国高等教育,1999(21).

[2]教育部.中华人民共和国重要教育文献(1998—2002)[M].海南:海南出版社,2002.

[3]杨丽娟,娄辉.借鉴美国课堂教学模式改革高职课堂教学方法的浅析[J].改革与开放,2010(12).

[4]宋秋前.有效教学的涵义和特征[J].教育发展研究,2007 (1) .

[5]陈卫东,张际平.未来课堂设计与应用研究——教育技术研究的一个新领域[J].远程教育杂志,2010(4):27—33.

[6]陈德怀,林玉佩.启动学习革命——全球第一个网络教育城市亚卓市[M].台北:远流出版事业股份有限公司,2002:171—181.

[7]时殿辉,霍汉强.现代学校特征分析[J].当代教育科学,2011(8).

[8]王蕾.基础教育要努力办好优质教育[J].广东教育,2004(1).

[9]韩骅.20世纪美国普通教育中的质量问题[J].湖北大学学报(哲社版),1999(6).

[10]胡庆芳.美国面向全体儿童.实现教育优异的纲领与实践[J].外国中小学教育,2000(1).

[11]钱志清.论教师成长[M].杭州:浙江大学出版社,2011.

[12]徐社东,汪建红.孩子创造的学校[M].杭州:浙江大学出版社,2012.

[13]汪建红,陈超.按孩子想象构建我们的社团[M].北京:中国文史出版社,2012.

[14]谌启标.基于教师专业成长的课例研究[J].福建师范大学学报(哲学社会科学版),2006(1).

[15]胡庆芳.论日本中小学的校本培训:从课例研究的视角[J].外国中小学教育,2007(2).

[16]余慧娟.为了精神生命的主动发展 为了精神生命的主动发展——记叶澜与她的"新基础教育"[J].人民教育,2009(5).

[17]叶澜.实现转型:新世纪初中国学校改革的走向[J].探索与争鸣,2002(7).

[18]张伟.论现代学校的学习型管理[J].四川师范大学学报(社会科学版),2011(9).

[19]张方旭.论马卡连柯要求与尊重相结合的教育思想[J].中国教育学会通讯,1981(1).

[20]余慧娟.把"人"写进教育的核心——课改十年述评[J].人民教育,2012(10).

[21]潘勇.以生为本理念下的中小学德育[J].中小学德育,2012(7).

[22]闫玉双.变尊重概念为行动[J].北京教育(普教版),2006(1).

[23]教育部.科学7—9年级课程标准(实验稿)[M].北京:北京师范大学出版社,2003.

[24]林碧英.构建新的教育活动观,让课堂焕发生命活力——论叶澜教授"新基础教育"之二[J].福建师范大学福清分校学报,1999(4).

[25]吕达,刘立德,邹海燕.杜威教育文集[M],北京:人民教育出版社,2008.

[26]赞科夫.和教师的谈话[M].杜殿坤,译.北京:教育科学出版社,1980.

[27]张斌贤,褚洪启,等.西方教育思想史[M].成都:四川教育出版社,1994.

[28]叶澜.让课堂焕发出生命活力[J].教育研究,1997(9).

[29]余慧娟.为了精神生命的主动发展——记叶澜与她的"新基础教育"[J].人民教育,2009(7).

[30]郝德贤.教师合作的本质、目的、过程与实现的条件[J].教育探索,2010(6).

[31]林碧英.基础·新基础·创新教育——论叶澜教授"新基础教育"之三[J].福建师范大学福清分校学报,2000(1).

[32]袁运开,蔡铁权.科学课程与教学论[M].杭州:浙江教育出版

社,2004.

[33]林虹.建构激活互动的课堂教学模式[J].上海教育科研,2011(4).

[34]陈红."轻负高质"科学课堂"互动"事例举偶[J].浙江教育科学,2008(1).

[35]霍华德·加德纳（Howard Gardner）.智能的结构[M].沈致隆,译.北京:中国人民大学出版社,2008.

[36]杨玉东.课例研究的国际动向与启示[J].全球教育展望,2007(3).

[37]赵化海.教学改革中的教师合作[J].中国校外教育,2010(4).

[38]薛晓阳.学校精神文化建设的新视野[J].教育研究,2003(3).

[39]钱理群.中学校园文化建设：一项不可忽视的教育工程[J].教育参考,2004(3).

[40]余文森.新课程与学校文化重建[J].人民教育,2004(4).

[41]李学农.中学班级文化建设[M].南京:南京师范大学出版社,1999.

[42]周勇.我国班级文化建设现状及展望[J].长沙师范专科学校学报,2005(3).

[43]詹姆斯·H.麦克米伦.学生学习的社会心理学[M].何立婴,译.北京:人民教育出版社,1989.

[44]片冈德雄.班级社会学[M].贺晓星,译.北京:北京教育出版社,1993.

索　引

后　记

2000 年,国家新课程改革号角吹响神州大地。我们着手思考建构一所适合学生发展的现代学校,提出了"按孩子想象构建现代学校新样态"的理念。

按孩子想象,就是尽可能地尊重学生的意见和建议,充分体现学生主体地位,发挥学生的主动性,为学生提供适宜的教育,促进每个学生主动、活泼地发展。根据学生想象来规划、设计、建设一所现代学校,给学生自主管理学校的空间和权利。

为了更大力度地推进"按孩子想象"理念,2012 年掀起一场课堂变革,对我们的课堂秩序、课堂常态、课堂理念、课堂要素等进行筛滤,构建自己风格的课堂教学范式。为了少走弯路,稳健推进课堂教学改革,我们推出许多举措来保驾护航。

首先,我们邀请了各类专家来指点迷津,邀请到浙江省教育科学研究院原院长方展画教授作为我集团课改课题(杭州市重大课题)的指导老师,还邀请到浙江省教育科学研究院副院长王健敏教授、浙江大学盛群力教授、杭州市教研室主任曹宝龙教授、杭州市教育科学研究所俞晓东所长、西湖区教育局钱志清局长、西湖区进修学校王曜君教授、西湖区进修学校王斌特级教师等专家学者为我们的课改指引方向。

其次,我们进行了集团内部制度改革,使之与课堂教学改革相配套,并加大经费投入,确保课改工作顺利进行。

第三,我们先后申报省重点规划课题"按孩子的想象构建现代学校""新'三助':基于自主合作的初中生课堂学习范式研究""基于微课的初中翻转课堂学习范式设计与运用""四形并塑:基于公民意识培养的德育路径的整合研究"等,这些课题也都在省市获奖,其中"构建孩子想象的现代学校的实践研究"获得浙江省规划课题一等奖。

　　构建学校新样态，其最大缔造者当然是我们全体老师。从集团教学改革启动到走进课改深水区，我们经历了一次次的培训与实践、一次次的交流与碰撞、一次次的扬弃与革新，我们的老师都做得非常出色，该说就说该做就做，百家争鸣思想解放，有充分的民主与自由，冲破一次次因改革带来的各种社会压力，最终得到社会的认可与支持。浙江省教育厅原厅长刘希平同志就表扬了我们集团这种无畏精神，浙江省省委省政府也给予支持，浙江省委原书记夏宝龙、省政府原省长李强先后到十三中来慰问老师。

　　构建学校新样态，同样得到学生、家长、社会的支持。我们集团拥有一群富有想象、富有创造力、富有诗意的孩子，正因为他们，带给我们学校前所未有的生机与活力，让十三中为世人所知晓。同样，他们身后就是一群富有耐力、富有爱心、富有教育力的家长，是这一批批家长在背后默默地奉献着他们的力量！

　　本书撰写得到集团各位领导干部的大力支持，他们都积极参加研究并撰写书稿。具体我们做了如下分工：第一章：陈苍鹏、汪建红；第二章：屈强；第三章：林久杏；第四章：邓敬东；第五章：马锦绣；第六章：沈鹿韵；第七章：庞中治；第八章：陈超；第九章：陈苍鹏、汪建红；第十章：吴娟。

　　我们对各位专家、教师、学生、家长以及社会各界表示真挚的谢意！

　　当然，我们的摸索还不止于此，一切都还在路上。文中一些做法与观点，引用了不少专家学者的文献与观点，在此也深表感谢！本书的出版，还得到浙大出版社吴伟伟老师等专家的帮助。

　　我们的做法，尤其是撰写这本书的过程中，肯定存在许多不足之处，恳请各位读者批评指正！

汪建红

2018 年 1 月

图书在版编目(CIP)数据

"五大解放":初中学校新样态 / 汪建红等著. —杭州:
浙江大学出版社,2018.5
ISBN 978-7-308-18148-8

Ⅰ.①五… Ⅱ.①汪… Ⅲ.①初中—教学研究 Ⅳ.
①G632.0

中国版本图书馆 CIP 数据核字(2018)第 075679 号

"五大解放":初中学校新样态

汪建红　屈　强　等著

责任编辑	吴伟伟 weiweiwu@zju.edu.cn
责任校对	杨利军　李瑞雪
封面设计	黄晓意
出版发行	浙江大学出版社
	(杭州市天目山路 148 号　邮政编码 310007)
	(网址:http://www.zjupress.com)
排　　版	杭州隆盛图文制作有限公司
印　　刷	杭州钱江彩色印务有限公司
开　　本	710mm×1000mm　1/16
印　　张	14.5
字　　数	256 千
版 印 次	2018 年 5 月第 1 版　2018 年 5 月第 1 次印刷
书　　号	ISBN 978-7-308-18148-8
定　　价	48.00 元